Gerhard Schmid
Wehr- und Zivildienst in europäischen Ländern

Didaktische Reihe der Landeszentrale für politische Bildung
Baden-Württemberg

Gerhard Schmid, geb. 1953, Dr. rer. soc., Dipl.-Päd., Lehrer und Dozent
in der politischen/beruflichen Weiterbildung.
Dissertation: Entwicklung und Revision der Lehrplankonzeptionen für
die Grundschule – vergleichende Untersuchungen zu den pädagogischen
Begründungen der Grundschullehrpläne Baden-Württembergs, Bayerns
und Nordrhein-Westfalens, Tübingen 1987
Diplomarbeit: Eingliederung deutscher Spätaussiedler – eine empirische
Untersuchung, Esslingen 1979

Gerhard Schmid

Wehr- und Zivildienst in europäischen Ländern

Informationen,
Analysen,
Unterrichtsbausteine

WOCHENSCHAU VERLAG

Die Deutsche Bibliothek – CIP-Einheitsaufnahme

Schmid, Gerhard: Wehr- und Zivildienst in europäischen Ländern :
Informationen, Analysen, Unterrichtsbausteine /
Gerhard Schmid. – Schwalbach/Ts. : Wochenschau-Verl., 1994
  (Didaktische Reihe der Landeszentrale für Politische Bildung
  Baden-Württemberg)
  ISBN 3-87920-378-4

ISBN 3-87920-378-4

Alle Rechte vorbehalten. Kein Teil dieses Buches darf in irgendeiner Form (Druck, Fotokopie oder einem anderen Verfahren) ohne schriftliche Genehmigung des Verlages reproduziert oder unter Verwendung elektronischer Systeme verarbeitet werden.

© 1994 by WOCHENSCHAU Verlag, Schwalbach/Ts.
Einbandgestaltung: HF Ottmann
Satz: Typobauer, Ostfildern
Druck: Gulde-Druck GmbH, Tübingen
Printed in Germany

Inhalt

Vorwort VII

1. **Einführung und europäische Perspektiven** 1
2. **Länderinformationen in Kürze**
   (Daten und Fakten) 7
   Belgien 7
   Dänemark 9
   Deutschland 10
   Finnland 12
   Frankreich 13
   Griechenland 15
   Großbritannien 16
   Irland 17
   Island 18
   Italien 19
   Luxemburg 20
   Malta 21
   Niederlande 22
   Norwegen 23
   Österreich 24
   Polen 26
   Portugal 27
   Schweden 29
   Schweiz 31
   Spanien 32
   Türkei 34
   Ungarn 35
   Zypern 37
   Wehr- und Zivildienst in den Staaten Ost- und
   Südeuropas (»Umbruchländer«) 39

3. **Länderanalysen** 44
   Belgien 44
   Deutschland 50
   Frankreich 85

Griechenland	97
Italien	101
Niederlande	107
Österreich	114
Schweiz	128
Spanien	143

4. Unterrichtspraktische Handreichungen ... 149

Einleitung ... 149

Baustein A:
Entwicklung des Wehrdienstes – Wehrstruktur – Wehrpflicht ... 155

Baustein B:
Legitimation der Kriegsdienstverweigerung und des zivilen Ersatzdienstes/Zivildienstes – Anerkennungsverfahren und Gewissensprüfung – Gewissensgründe ... 181

Baustein C:
Wehrdienst- und Zivildienstdauer ... 202

Baustein D:
Rechte und Pflichten der Dienstleistenden – Dienstalltag – dienstliche Rahmenbedingungen ... 207

Baustein E:
Gesellschaftliche Akzeptanz des Wehr- und Zivildienstes ... 225

Baustein F:
Wehrgerechtigkeit – Frauen in den Streitkräften – Diskussion um allgemeine Dienstpflicht ... 238

Baustein G:
Ergebniszusammenfassung ... 256

Anhang ... 259

Dokumenten- und Literaturverzeichnis ... 259

Ausgewählte Adressen ... 264

Vorwort

Der Auftrag der Bundeswehr wird eindeutig durch die Verfassung festgelegt. Das Grundgesetz (Art. 87a GG) beschränkt die Aufgabe der Streitkräfte auf die Verteidigung. Es war und ist die Aufgabe der Bundeswehr, die Unversehrtheit des Territoriums und die Freiheit der Entwicklung des demokratischen Systems zu gewährleisten. Neben der äußeren Sicherheit weist das Grundgesetz der Bundeswehr auch Aufgaben im Inneren zu. Die Streitkräfte können bei Naturkatastrophen eingesetzt werden. Weiterhin kann die Bundeswehr im Spannungs- und Verteidigungsfall zum Schutz ziviler Objekte wie auch zur Abwehr einer drohenden Gefahr für den Bestand der freiheitlich-demokratischen Grundordnung herangezogen werden.

Die Überwindung des Ost-West-Konfliktes, der Zusammenbruch der kommunistischen Staaten und die deutsche Wiedervereinigung setzen neue Rahmenbedingungen für die Sicherheitspolitik Deutschlands und somit auch für die Aufgabe der Bundeswehr. Lag die Bundesrepublik während des Ost-West-Konflikts an einer Nahtstelle zwischen beiden Systemen, so hat sich das Bedrohungsszenario in den 90er Jahren vollkommen gewandelt. Da jedoch zukünftig militärische Konflikte in Europa nicht auszuschließen sind – wie der Krieg im ehemaligen Jugoslawien zeigt –, ist es für die Bundesrepublik Deutschland eine Aufgabe, Streitkräfte aufrechtzuerhalten, die die nationale Integrität sowie die durch die Vereinigung gewonnene Souveränität wahren. Allerdings dürften die deutschen Streitkräfte in Zukunft stärker für internationale Aufgaben herangezogen werden.

Nach dem Ende des Ost-West-Konfliktes befinden sich auch die Streitkräfte anderer europäischer Staaten in einer Phase der Umorientierung. Europaweit wird intensiv über Fragen des Wehrdienstes und des Zivildienstes diskutiert. Aspekte, die bei diesen kontroversen Diskussionen eine wichtige Rolle spielen, sind: Wehrgerechtigkeit, Wehrdienstdauer und Zivildienstdauer, Anerkennungsverfahren für Kriegsdienstverweigerer, dienstliche Rahmenbedingungen des Wehr- und Zivildienstes und schließlich auch die gesellschaftliche Akzeptanz der Dienste.

Der zwölfte Band der Didaktischen Reihe der Landeszentrale für politische Bildung Baden-Württemberg thematisiert diese Problembereiche und Diskussionszusammenhänge. Dieser Band ist ein Novum, da der Versuch unternommen wird, in einer systematisch-vergleichenden Vorgehensweise sowohl den Wehr- als auch den Zivildienst »grenzüberschreitend« zu behandeln. Der Betrachtungshorizont wird über den Rahmen eines vorgegebenen, selbstverständlich erscheinenden nationalen Systems hinaus erweitert. Entwicklungstrends werden auf ihre europaweiten Zusammenhänge hin untersucht, gleichartige und unterschiedliche Probleme auf ihre übereinstimmenden und abweichenden Voraussetzungen hin geprüft.

Ein weiterer Verdienst dieser vergleichenden Studie ist die didaktische und methodische Aufbereitung der in den Länderstudien und Länderanalysen gewonnenen Erkenntnisse. Abhängig von der Quellenlage werden mehrere Unterrichtsbausteine vorgelegt, die in der schulischen und außerschulischen Bildungsarbeit eingesetzt werden können. Die breit angelegte Dokumentation von Unterrichtsmaterialien erlaubt differenzierte und handlungsorientierte Möglichkeiten politischer Bildung. Die Unterrichtsbausteine sollen zur Diskussion anregen, aber auch zur Umsetzung in der eigenen Unterrichts- und Bildungsarbeit herausfordern und ermutigen.

Siegfried Schiele

Direktor der Landeszentrale für politische Bildung

Baden-Württemberg

1. Einführung und europäische Perspektiven

Nach Ende des Ost-West-Konfliktes befinden sich die Streitkräfte europaweit in einer Phase der Umorientierung, und überall wird intensiv über Fragen des Wehrdienstes und des Zivildienstes diskutiert. Die Diskussionen beziehen sich auf die Struktur und Organisation der Dienste, den Dienstalltag, die dienstlichen Rahmenbedingungen, die Dauer der Dienste sowie auf eventuell vorhandene Probleme mit der Wehrgerechtigkeit. In verschiedenen Ländern ist auch das Kriegsdienstverweigerungsrecht ein wichtiger Diskussionspunkt, insbesondere die Form der Gewissensprüfung. Zusehends wichtiger für den politischen Stellenwert des Wehr- und Zivildienstes wird die gesellschaftliche Akzeptanz. In manchen Ländern mit einer Wehrpflichtarmee führen die durch die Veränderungen in der internationalen Politik forcierten Akzeptanzdebatten zu grundsätzlichen Überlegungen über die Beibehaltung der Wehrpflicht. Die Einführung einer Berufsarmee oder einer allgemeinen Dienstpflicht werden als mögliche Alternativen diskutiert.

Die Untersuchung bzw. Studie thematisiert diese Problembereiche und Diskussionszusammenhänge. Sie stellt insoweit ein Novum dar, als zum ersten Mal der Versuch unternommen wird, in einer systematischen Weise sowohl den Wehr- als auch den Zivildienst »grenzüberschreitend« zu behandeln. Bisherige Darstellungen sind entweder national bzw. binational angelegt oder beziehen sich ausschließlich auf den Wehr- bzw. den Zivildienst. Der Versuch, in dieses Forschungsdesiderat einzudringen, bleibt vorläufig. Anderweitige Studien zur Gesamtthematik oder zu speziellen Fragestellungen sind notwendig und wünschenswert.

Der Verfasser intendiert keinen Anspruch auf Vollständigkeit. Erstens war der Forschungsgegenstand (Wehr- und Zivildienst europaweit) sehr komplex und vielschichtig. Zweitens ergaben sich Probleme infolge der in einigen Ländern in gebündelter Form anzutreffenden aktuellen Veränderungen. Diese Veränderungen konnten nicht lückenlos berücksichtigt werden. Im Falle der ost- und südosteuropäischen Staaten sind die Entwicklungen im einzelnen nicht überschaubar. Deshalb können für diese Länder keine Detailinformationen geliefert werden. Ein dritter Problempunkt betraf die Quellenlage. Die Quantität und die Qualität der für die einzelnen Länder zur Verfügung stehenden Quellen differierte beträchtlich. Bei einigen Ländern gab es erhebliche Probleme hinsichtlich der Materialbeschaffung (vornehmlich ost- und südosteuropäische Staaten), bei anderen Ländern war das Gegenteil der Fall (z. B. Frankreich, Österreich, Schweiz).

Trotz dieser Schwierigkeiten ist es das Bestreben, einen aktuellen und systematischen Überblick über die Situation des Wehr- und Zivildienstes in den europäischen Ländern zu liefern (Stand 1993). Für 23 Länder gibt es übersichtlich gehaltene Informationen. Bei den im Umbruch befindlichen Staaten Ost- und Südosteuropas erfolgt wegen der besonderen Problemlage eine Kurzübersicht. Nicht in die Untersuchung einbezogen werden die Kleinstaaten Andorra, Liechtenstein, San Marino und Vatikanstadt. Sie verfügen allesamt über keine Armee. Gleichfalls nicht untersucht werden die paramilitärischen Verbände, da sie in den verschiedenen Ländern sehr unterschiedlich strukturiert sind (Polizei, Grenzschutz, Nationalgarde usw.).

Ausführliche Analysen erfolgen für neun Länder. Es sind dies: Belgien, Bundesrepublik Deutschland, Frankreich, Griechenland, Italien, Niederlande, Österreich, Schweiz und Spanien. Die Begrenzung auf neun Länder erfolgte, damit die Überschaubarkeit gewahrt bleibt. Eine Analyse für mehr Länder wäre aus Platzgründen nicht möglich gewesen.

Die Kriterien für die Auswahl der genannten Staaten waren:
- Einige der Länder sind als unmittelbare Nachbarstaaten von besonderem Interesse.
- Die Einbeziehung südlicher Länder kann ein Beitrag sein zum interkulturellen Lernen.
- Sieben Staaten sind EG-Länder.
- Die Quellenlage für die neun Länder war zufriedenstellend, in den meisten Fällen sogar gut oder sehr gut.
- Länder mit Berufsarmee, wie z. B. Großbritannien, eigneten sich nicht für eine Analyse.

Die Situation des Wehr- und Zivildienstes in Deutschland wird besonders ausführlich behandelt, da eine nationale Schwerpunktsetzung mit Blick auf das Inland legitim erscheint und außerdem die Quellenlage verständlicherweise hervorragend war.

Bei den untersuchten Ländern gibt es hinsichtlich der Existenz des Wehr- und Zivildienstes verschiedene Varianten:
- Länder mit Wehrpflichtarmee und Zivildienst (z. B. Frankreich);
- Länder mit Wehrpflichtarmee ohne Zivildienst (z. B. Griechenland);

- Länder mit Berufsarmee (z.B. Großbritannien);
- Länder ohne Armee (z.B. Island).

Die Untersuchung bzw. Studie hat einen wissenschaftlichen Anspruch, der insbesondere durch die Analysen gewährleistet ist. Der zweite Anspruch, der didaktische, wird durch einen eigenen Teil (»Unterrichtsbausteine«) realisiert.

Die »Länderinformationen« sind schematisch aufgebaut und bringen übersichtlich gehaltene Basisinformationen. Die »Länderanalysen« hingegen liefern zahlreiche Detailinformationen und zeigen Problemhintergründe auf. Sie sind folgendermaßen gegliedert:
- Sicherheits- und Verteidigungspolitik;
- Struktur des Wehrdienstes;
- Probleme des Wehrdienstes und Kontroversen;
- Akzeptanz, Funktion und Perspektiven des Wehrdienstes;
- das Recht auf Kriegsdienstverweigerung;
- Struktur des Zivildienstes;
- Probleme des Zivildienstes und Kontroversen;
- Akzeptanz, Funktion und Perspektiven des Zivildienstes.

Dieser Grundaufbau wird durchgehalten. Geringe Abweichungen gibt es nur in wenigen Fällen. »Struktur« bedeutet die Organisationsaspekte der Dienste, »Akzeptanz« die Anerkennung der Dienste in der Gesellschaft, »Funktion« die Bedeutung der Dienste, »Perspektiven« künftige Entwicklungen.

Die sieben Unterrichtsbausteine thematisieren unterschiedliche Schwerpunkte und bestehen von der Grundstruktur her aus drei Teilen: einem Ländervergleich, unterrichtspraktischen Anregungen und Unterrichtsmaterialien. Die Materialien bieten eine Chance, die Thematik »Wehrdienst, Kriegsdienstverweigerung und Zivildienst« im Unterricht zu behandeln. Bisher liegen nur wenige Unterrichtsmaterialien vor, die auf nationaler Ebene die Thematik zusammenhängend behandeln.

Der als Dokumentenanalyse angelegten Studie bzw. Untersuchung liegt eine Vielzahl von Primär- und Sekundärquellen zugrunde. Primärquellen sind beispielsweise Gesetzestexte, Veröffentlichungen und Mitteilungen von Ministerien, Botschaften, Behörden und privatrechtlichen Organisationen. Auch Zeitungsberichte zählen zu den Primärquellen. Sekundärquellen hingegen sind solche Quellen, die sich ihrerseits auf Primärquellen beziehen, z.B. Zusammenfassungen in Broschüren, Zeitungsberichte, welche von Instituten durchgeführte Umfrageergebnisse vorstellen, wissenschaftliche Beiträge, die vorhandene Daten und Fakten verarbeiten.

In der Sprachpraxis werden verschiedene mit dem Wehr- und Zivildienst zusammenhängende Begriffe längst synonym verwendet. Für Deutschland bedeutet dies: »Wehrdienst« und »Grundwehrdienst« werden gleichgesetzt, obwohl »Grundwehrdienst« der rechtlich präzise Begriff ist; »Zivildienst« beinhaltet dasselbe wie der verfassungsrechtlich präzise Begriff »Ziviler Ersatzdienst«; »Wehrdienstverweigerung« bedeutet dasselbe wie der verfassungsrechtlich präzise Begriff »Kriegsdienstverweigerung«. Wie das Beispiel Deutschland zeigt, hat der Begriff »Zivildienst« sogar Eingang in Gesetzestexte gefunden (»Zivildienstgesetz«). »Zivildienst« scheint auch geeigneter, die gegenüber dem Wehrdienst funktionelle Andersartigkeit herauszustellen, als dies bei dem verfassungsrechtlichen Begriff »Ziviler Ersatzdienst« der Fall ist.

Im Ausland werden die Begriffe entweder synonym verwendet, oder es ist beispielsweise von »Zivildienst« oder von »Gewissensverweigerung« die Rede.

Die Studie trägt der Verwendungspraxis Rechnung und benützt die Begriffe synonym. Auch Praktikabilitätsgründe sprechen dafür, gängige, z.T. kürzere Termini zu verwenden. Um die Einheitlichkeit zu wahren, werden in Überschriften dieselben Begriffe benutzt.

Im Sinne des »Beutelsbacher Konsenses« der politischen Bildung werden Wertungen vermieden. Andererseits kann es keine völlig werturteilsfreie Art der Darstellung geben. Vermieden werden pointierte persönliche Stellungnahmen des Verfassers. Erforderliche politische Einschätzungen basieren in erster Linie auf einer kritischen Presseberichterstattung. Der Verfasser ist sich der Problematik dieses Vorgehens bewußt, hat sich aber bemüht, glaubhafte Quellen heranzuziehen. Bei besonders »kritischen« Sachverhalten werden nach Möglichkeit mehrere, sich in ihrer Grundaussage überschneidende Quellen herangezogen.

Den Rahmen der Studie würde es sprengen, wenn der Problembereich bestehender und künftiger kollektiver Sicherheitssysteme eigens und ausführlich behandelt werden würde. Zu diesem Problembereich gibt es zahlreiche Vorschläge und Diskussionsbeiträge, wie z.B. Bildung einer Europa-Armee unter dem Dach der KSZE oder der WEU (Westeuropäische Union), Konstruktion eines »Europäischen Sicherheitsrates«, Verflechtung der Strukturen von NATO, KSZE und WEU, Ausweitung der sicherheitspolitischen Instrumentarien der UNO. Die Vielzahl der Vorschläge zeigt, daß es noch keine schlüssige Antwort darauf gibt, wie europäische Sicherheitsgemeinschaften und -kooperationen künftig aussehen werden. Prognosen über die künftige Rolle und Bedeutung der bestehenden internationalen Organisationen sind schwierig. Eine wichtige Grundfrage wird sein, ob ein »europäisches Europa« in Abgrenzung von den USA eine eigenständige sicherheitspolitische Rolle spielen kann, oder ob die atlantische Partnerschaft so eng sein soll, daß alle wichtigen Maßnahmen nur gemeinsam mit den USA ergriffen werden können (vgl. Picht 1991, S. 18).

Eine Europäisierung der Sicherheitspolitik steht zur Zeit auch vor der Schwierigkeit, daß die ost- und südosteuropäischen Staaten dem Aufbau und Umbau ihrer Streitkräfte eine höhere Priorität einräumen als dem Aufbau gemeinschaftlicher Institutionen. Die momentane »Renationalisierung« der Streitkräfte läßt in Ost- und Südosteuropa keine regionale Zusammenarbeit zu. Bisher suchten die ost- und südosteuropäischen Staaten vielmehr Einzelkontakte zu den bestehenden westlichen Institutionen. Allerdings kann davon ausgegangen werden, daß mittelfristig europaweit die Notwendigkeit einer (stärkeren) Einbindung in kollektive Sicherheitssysteme wächst. Der gesamteuropäische Sicherheitsanspruch wird sich inhaltlich und geographisch erweitern (Krisenbewältigung, Friedenswahrung, »friedenschaffende« Operationen und Option militärischer Intervention). Insgesamt kann Europas Sicherheit künftig wohl nur durch einen Ausbau der bestehenden Institutionen und Konzepte in Richtung Ost umfassend gestaltet werden (vgl. Gasteyger 1992, S. 479ff.).

Künftig wird im Zuge einer Europäisierung der Sicherheitspolitik verstärkt darüber diskutiert werden, inwieweit beim Wehr- und Zivildienst Harmonisierungen bzw. Angleichungen erfolgen sollen. Diskussionsbedarf entsteht schon deswegen, weil verschiedene Länder die Wehrpflicht haben, andere hingegen eine Berufsarmee unterhalten oder die Einführung einer solchen planen oder zumindest diskutieren. Denkbar ist für die Zukunft eine sogenannte Euro-Wehrpflicht. Der Grundwehrdienst könnte dann wahlweise im In- oder Ausland abgeleistet werden. Die Ableistung im Ausland könnte mit einer verkürzten Wehrdienstdauer »honoriert« werden. Parallel dazu könnten auch Berufssoldaten im Ausland regulär Dienst tun.

Prognosen darüber, ob es in Europa zukünftig mehr Berufsarmeen geben wird oder ob die Wehrpflicht in ihrer heutigen Bedeutung erhalten bleibt (1994 haben »nur« fünf europäische Länder eine Berufsarmee), können hier nicht getroffen werden. Möglich sind beide Entwicklungen.

Im Oktober 1989 verabschiedete das Europäische Parlament eine Resolution zum Thema »Verweigerung«. Der Gedanke einer »Internationalisierung« des Zivildienstes ist in dieser Resolution ein wichtiger Bestandteil. Im Zeichen der europäischen Integration soll jeder Verweigerer die Möglichkeit haben, den Zivildienst in einem beliebigen Land der EG abzuleisten. Das Parlament forderte auch die Abschaffung von Gewissensprüfungen und eine im Vergleich mit dem Grundwehrdienst »angemessene« Zivildienstdauer (höchstens eineinhalbmal so lang). Es bleibt abzuwarten, inwieweit solche Forderungen realisiert werden können. Immerhin belegen die in einigen Ländern verwirklichten liberaleren Formen der Gewisssensprüfung sowie Verkürzungen der Zivildienstdauer, daß die politischen Positionen grundsätzlich nicht unverrückbar sind.

Insgesamt zeigt die Untersuchung bzw. Studie auf, daß von einer Harmonisierung beim Wehr- und Zivildienst noch nicht die Rede sein kann. Zwischen den verschiedenen europäischen Ländern bestehen noch gravierende Unterschiede.

Der Verfasser bedankt sich bei den Herren Werner Fichter und Siegfried Frech von der Landeszentrale für politische Bildung Baden-Württemberg für die redaktionelle Betreuung. Dank gebührt auch den Herren Dr. Michael Bosch (Europazentrum Tübingen) und Dr. Michael Wild (Zivildienstschule Bodelshausen) für ihre beratende Unterstützung.

2. Länderinformationen in Kürze
(Daten und Fakten)

Die folgenden Strukturdaten und Informationen wurden hauptsächlich aus folgenden Quellen zusammengestellt:
Mitteilungen von Botschaften und Ministerien; Informationsbroschüren der UNO, des Europarats und des Europäischen Parlaments; Übersichten des Internationalen Instituts für strategische Studien, London (IISS); Berichte von Amnesty International; Pressemeldungen und -berichte (u.a. FAZ, Frankfurter Rundschau, Der Spiegel, Stuttgarter Zeitung, Süddeutsche Zeitung, Die Welt, Le Monde, Neue Zürcher Zeitung, Die Presse, Le Soir); Munzinger-Archiv; Fischer-Weltalmanach; Aktuell – Das Lexikon der Gegenwart; Publikationen des Bundesamtes für den Zivildienst, Köln; Mitteilungen von Verweigererorganisationen und Selbsthilfeorganisationen der Zivildienstleistenden.
Polen und Ungarn wurden nicht in die Übersicht »Umbruchländer« aufgenommen. Für die beiden Länder erfolgt eine gesonderte Präsentation, da hier mehr Informationen zur Verfügung standen.

Königreich Belgien

Strukturdaten

Fläche: 30500 km^2
Einwohner: 10 Millionen
Staatsform: Parlamentarisch-demokratische Monarchie; Bundesstaat
Anteil des Streitkräftebestandes an der Bevölkerung: ca. 0,8%

Wehrdienst

Wehrstruktur: Wehrpflichtarmee; Berufsarmee ab 1994
Rechtsgrundlage: Verfassung von 1993; Gesetz betreffend den Status des Wehrpflichtigen von 1989; Wehrdienstgesetze von 1962, 1987 und 1993
Dauer des Grundwehrdienstes: 8 Monate (6 Monate für in Deutschland Dienende, Auslandsbonus)
Grundwehrdienstleistende: ca. 32000

Gesamtzahl der Dienstleistenden: ca. 80 000
Anteil der Grundwehrdienstleistenden an der Gesamtzahl der Dienstleistenden: ca. 40%
Bisherige Entwicklung und Perspektiven: Die NATO rügte Belgien während der vergangenen Jahre mehrfach wegen der zu geringen militärischen Erfüllungsquote (vgl. Länderanalyse). Diese Kritik war der Hauptgrund dafür, daß 1987 die Grundwehrdienstdauer von zehn auf zwölf Monate heraufgesetzt wurde. 1992 erfolgte wieder eine Reduzierung auf zehn Monate. Zum 1. Januar 1994 wurde die allgemeine Wehrpflicht abgeschafft. Die Umstrukturierung der Streitkräfte soll so aussehen, daß bis 1997 eine Berufsarmee im Umfang von etwa 40 000 Soldaten vorhanden sein wird. Anfang 1993 wurde die Grundwehrdienstdauer von zehn auf acht Monate reduziert (für in Deutschland Stationierte von acht auf sechs Monate).

Kriegsdienstverweigerung und Zivildienst

Existenz: Es bestehen das Recht auf Verweigerung und die Möglichkeit zum Zivildienst; der Zivildienst wird als »Bürgerdienst« bezeichnet.
Rechtsgrundlage: Es gibt verschiedene Gesetze und königliche Beschlüsse. Das neue Verweigerungsgesetz stammt von 1989.
Antragstellung: Die Antragstellung erfolgt über die Kommune an den Innenminister, der über den Antrag befindet. Eine formelle Überprüfung vor einer Kommission (»Rat«) findet nur noch in Ausnahmefällen statt. Anerkannt werden alle schwerwiegenden Gewissensgründe.
Anerkennungsquote: hoch (ca. 98%)
Dauer des Zivildienstes: 10 Monate im Gesundheitswesen, in sozialen Einrichtungen und im Zivilschutz, 12 Monate in kulturellen Einrichtungen
Zivildienstleistende: ca. 2200
Einsatzbereiche: Zivilschutz, Gesundheitswesen, Behinderteneinrichtungen, Vereine, akademische Forschung, Umweltschutz, pazifistische Organisationen
Bisherige Entwicklung und Perspektiven: Die Anerkennungsquote stieg in den letzten Jahren an. 1992 wurde die Zivildienstdauer von 16 bzw. 20 Monaten auf 14 bzw. 18 Monate reduziert. 1993 erfolgte eine abermalige Verkürzung (s.o.). Künftig wird der Zivildienst entfallen, da ab 1994 eine Berufsarmee eingeführt wird. Angesichts der durch die Abschaffung des Wehr- und Ersatzdienstes ansteigenden Arbeitslosenzahlen wird die Einführung eines Pflichtdienstes (allgemeine Dienstpflicht) geprüft.

Königreich Dänemark

Strukturdaten

Fläche: 43 000 km²
Einwohner: 5,2 Millionen
Staatsform: Parlamentarisch-demokratische konstitutionelle Monarchie
Anteil des Streitkräftebestandes an der Bevölkerung: ca. 0,6 %

Wehrdienst

Wehrstruktur: Wehrpflichtarmee
Rechtsgrundlage: In der Verfassung von 1953 wird in § 81 die Wehrpflicht angeführt. Das Gesetz über den Militärdienst von 1980 regelt die Einzelheiten.
Dauer des Grundwehrdienstes: 9 Monate
Grundwehrdienstleistende: ca. 8500
Gesamtzahl der Dienstleistenden: ca. 21 000
Anteil der Grundwehrdienstleistenden an der Gesamtzahl der Dienstleistenden: ca. 40 %
Bisherige Entwicklung und Perspektiven: Die Wehrdienstdauer blieb in den letzten Jahren unverändert. Eine Reduzierung ist nicht geplant, da sie aufgrund der Ausbildungserfordernisse für nicht sinnvoll erachtet wird. Mit der erstmaligen Kürzung des Militärhaushalts 1992 wurde die Zahl der einberufenen Wehrpflichtigen weiter verringert. Umstritten ist das in den letzten Jahren angewandte Losverfahren (»Freilose«) bei der Heranziehung zum Grundwehrdienst. Die relativ gute Besoldung der Wehrpflichtigen und die Möglichkeit, bei mindestens zweijähriger Verpflichtung berufliche Qualifikationen zu erwerben, führen dazu, daß sich viele freiwillig als Rekrut melden. Nur noch eine geringe Zahl des Musterungsjahrgangs besteht dann noch aus »Zwangsverpflichteten«. 1988 nahm Dänemark als erstes NATO-Land Frauen auf freiwilliger Basis in die Front-Verbände auf. Zur Zeit leisten ca. 1000 Frauen den Dienst ab. Diskutiert wird über die Einführung einer Berufsarmee. Eine Prognose hierzu läßt sich allerdings zur Zeit nicht stellen.

Kriegsdienstverweigerung und Zivildienst

Existenz: Das Recht auf Verweigerung und die Möglichkeit zum Zivildienst sind vorhanden.
Rechtsgrundlage: Gesetze aus den Jahren 1980, 1987 und 1990 regeln die Einzelheiten.

Antragstellung: Erforderlich ist ein schriftlicher Antrag an das zentrale Erfassungsamt. Es genügt eine formlose Erklärung, daß der Antragsteller den Wehrdienst mit seinem Gewissen nicht vereinbaren kann.
Anerkennungsquote: hoch (ca. 98%)
Dauer des Zivildienstes: 11 Monate
Zivildienstleistende: ca. 800
Einsatzbereiche: Sozialhilfeinstitutionen, Seniorenbetreuung, Museen, Kultureinrichtungen, Friedensorganisationen, Forstwirtschaft
Bisherige Entwicklung und Perspektiven: Gewissensprüfungen durch eine Kommission gibt es seit Anfang der 70er Jahre nicht mehr. Seit 1990 beträgt die Dauer des Zivildienstes einheitlich elf Monate. Die umstrittene Regelung, wonach der Zivildienst bei Tätigkeiten in kulturellen und sozialen Einrichtungen bis zu zwei Jahre dauern konnte, wurde abgeschafft. Weitere Änderungen sind zur Zeit nicht zu erwarten, es sei denn, eine Berufsarmee würde eingeführt, was den Wegfall des Zivildienstes bedeuten würde.

Trotz der liberalen Rahmenbedingungen bei der Antragstellung und bei der Durchführung des Zivildienstes ist die Zahl der Zivildienstleistenden gering. Dafür gibt es zwei Hauptgründe: Die Freiwilligenmeldungen führen dazu, daß nur etwa 35% der Grundwehrdienstleistenden zwangsverpflichtet werden müssen. Ehe die Einberufungen verschickt werden, kommen viele wegen Zurückstellung, Untauglichkeit oder »Freilosen« nicht mehr für den Grundwehrdienst in Betracht.

Bundesrepublik Deutschland

Strukturdaten

Fläche: 357000 km²
Einwohner: 80 Millionen
Staatsform: Demokratisch-parlamentarischer Bundesstaat
Anteil des Streitkräftebestandes an der Bevölkerung: ca. 0,5%

Wehrdienst

Wehrstruktur: Wehrpflichtarmee
Rechtsgrundlage: In Artikel 12a des Grundgesetzes wird die Wehrpflicht angeführt. Dieser Artikel wurde 1968 in das Grund-

gesetz aufgenommen. Das Wehrpflichtgesetz von 1956 (Fassung von 1990) regelt die Details.
Grundwehrdienstdauer: 12 Monate
Grundwehrdienstleistende: ca. 170 000 (Frühjahr 1994)
Gesamtzahl der Dienstleistenden: ca. 380 000 (Frühjahr 1994)
Anteil der Grundwehrdienstleistenden an der Gesamtzahl der Dienstleistenden: ca. 45 %
Bisherige Entwicklung und Perspektiven: 1986 beschloß der Deutsche Bundestag die Verlängerung der Grundwehrdienstdauer von 15 auf 18 Monate. Die für 1989 geplante Verlängerung wurde aufgrund der veränderten sicherheitspolitischen Lage aber zurückgenommen. Statt dessen erfolgte ab 1. Oktober 1990 eine Verkürzung auf zwölf Monate. Am 3. Oktober 1990 wurde die Nationale Volksarmee der DDR (NVA) von der Bundeswehr übernommen. Diese Übernahme war eine große Herausforderung (vgl. Länderanalyse). Am Tag der Übernahme betrug die Gesamtstärke der deutschen Streitkräfte ca. 580 000 Soldaten, etwa 490 000 Mann waren aus West- und rund 90 000 Mann aus Ostdeutschland. Der Bestand an Berufs- und Zeitsoldaten der ehemaligen NVA wurde 1991/92 beträchtlich reduziert.

Bis Ende 1994 erfolgt eine Verringerung der Bundeswehr auf 370 000 Soldaten (völkerrechtlich verbindliche Höchstgrenze). Voraussichtlich wird die Truppenstärke in der zweiten Hälfte der 90er Jahre weiter reduziert. Gleichzeitig soll dann die Grundwehrdienstdauer auf zehn oder neun Monate verkürzt werden. Diskussionen gibt es auch darüber, ob langfristig eine Berufsarmee oder eine allgemeine Dienstpflicht eingeführt wird.

Kriegsdienstverweigerung und Zivildienst

Existenz: Es bestehen das Recht auf Verweigerung und die Möglichkeit zum Zivildienst.
Rechtsgrundlage: Artikel 4 und Artikel 12 (2) des Grundgesetzes regeln das Recht auf Kriegsdienstverweigerung und die Möglichkeit zum Zivildienst. Das Nähere regeln das Kriegsdienstverweigerungsgesetz von 1983 und das Zivildienstgesetz von 1983 (Fassung von 1991).
Antragstellung: Schriftlicher Antrag an das zuständige Kreiswehrersatzamt mit Darlegung der Gründe für die Gewissensentscheidung. Im Regelfall spricht das Bundesamt für den Zivildienst die Anerkennung aus. Anerkannt werden religiöse und ethisch-moralische Gewissensgründe. Das Bundesamt kann den

Antrag an den Prüfungsausschuß für Kriegsdienstverweigerung beim Kreiswehrersatzamt weiterleiten, sofern bei der Prüfung der Unterlagen Zweifel entstehen. In solchen Fällen kommt es meist zu einer mündlichen Prüfung.
Anerkennungsquote: hoch (ca. 98%, etwa 90% direkt durch das Bundesamt)
Zivildienstdauer: 15 Monate
Zivildienstleistende: ca. 120000
Einsatzbereiche: Gesundheitswesen, Hilfsdienste, Krankentransport, Schwerstbehindertenbetreuung, Versorgungsdienste, Umweltschutz, Hausmeistertätigkeiten u. a. m.
Bisherige Entwicklung und Perspektiven: Bis 1983 gab es für jeden Antragsteller eine Gewissensprüfung vor dem Ausschuß für Kriegsdienstverweigerung. Die Zivildienstdauer betrug 16 Monate. Gemäß der Neuregelung von 1984 findet die Gewissensprüfung vor dem Ausschuß nur noch im Ausnahmefall statt (vgl. Länderanalyse). Die Zivildienstdauer wurde 1984 auf 20 Monate festgesetzt. 1989 sollte der Zivildienst auf 24 Monate verlängert werden. Die geplante Verlängerung wurde im selben Jahr aber zurückgenommen. Statt dessen gibt es seit 1. Oktober 1990 einen verkürzten Zivildienst von 15 Monaten. Einschneidende Änderungen beim Kriegsdienstverweigerungsrecht und beim Zivildienst sind nur zu erwarten, wenn sich beim Grundwehrdienst bzw. bei der Wehrpflicht Neuerungen ergeben sollten.

Republik Finnland

Fläche: 338000 km^2
Einwohner: 5 Millionen
Staatsform: Parlamentarisch-demokratische Republik
Anteil des Streitkräftebestandes an der Bevölkerung: ca. 0,6%

Wehrdienst

Wehrstruktur: Wehrpflichtarmee
Rechtsgrundlage: Verfassung von 1919 mit Änderungen 1957 und 1987/1988; Regelung der Wehrpflicht in § 75; das Wehrpflichtgesetz von 1989 regelt die Einzelheiten.
Dauer des Grundwehrdienstes: 8 Monate
Grundwehrdienstleistende: ca. 30000
Gesamtzahl der Dienstleistenden: ca. 40000

Anteil der Grundwehrdienstleistenden an der Gesamtzahl der Dienstleistenden: ca. 75%
Bisherige Entwicklung und Perspektiven: Die Grundwehrdienstdauer blieb in den letzten Jahren unverändert. Modifizierungen sind zur Zeit nicht zu erwarten.

Kriegsdienstverweigerung und Zivildienst

Existenz: Es gibt das Recht auf Verweigerung und die Möglichkeit zum Zivildienst.
Rechtsgrundlage: Die entsprechenden Regelungen finden sich im Zivildienstgesetz von 1992.
Antragstellung: Schriftlicher Antrag an den Verteidigungsminister; der Antragsteller hat dabei zu erklären, ob seine Entscheidung »ethisch« oder »religiös« begründet ist. Eine Prüfung der Gewissensgründe findet nicht statt.
Anerkennungsquote: hoch (nahezu 100%)
Dauer des Zivildienstes: 13 Monate
Zivildienstleistende: ca. 1000
Einsatzbereiche: Gesundheitswesen (z.B. Krankenhäuser), sozialer Sektor (z.B. Behindertenbetreuung), Bildungsbereich (z.B. Assistent in Blindenschulen, Museen und Gefängnisschulen)
Bisherige Entwicklung und Perspektiven: 1987 wurde die Zivildienstdauer von 12 auf 16 Monate verlängert. Im Gegenzug dazu entfiel jegliche Prüfung der Gewissensgründe. Die Verkürzung der Dienstdauer auf 13 Monate erfolgte 1992.

Republik Frankreich

Strukturdaten

Fläche: 551 000 km^2
Einwohner: 57,2 Millionen
Staatsform: Demokratische Repbulik
Anteil des Streitkräftebestandes an der Bevölkerung: ca. 0,8%

Wehrdienst

Wehrstruktur: Wehrpflichtarmee
Rechtsgrundlage: In der Verfassung der V. Republik aus dem Jahre 1958 wird auf die Wehrpflicht nicht Bezug genommen. Die gültigen Wehrdienstgesetze stammen von 1927, 1959 und 1983.

Dauer des Grundwehrdienstes: 10 Monate
Grundwehrdienstleistende: ca. 200 000
Gesamtzahl der Dienstleistenden: ca. 400 000
Anteil der Grundwehrdienstleistenden an der Gesamtzahl der Dienstleistenden: ca. 50 %
Bisherige Entwicklung und Perspektiven: Die Grundwehrdienstdauer betrug bis zum 30. September 1991 zwölf Monate. Mit Wirkung vom 1. Oktober 1991 erfolgte die Verkürzung auf zehn Monate. Eine weitere Reduzierung ist nicht geplant. Diskussionen gibt es über die Einführung einer Berufsarmee. Zumindest mittelfristig dürfte die allgemeine Wehrpflicht aber beibehalten werden. Bis 1995 wird die Truppenstärke auf 370 000 Soldaten reduziert.

Kriegsdienstverweigerung und Zivildienst

Existenz: Es gibt das Recht auf Verweigerung und die Möglichkeit zum Zivildienst.
Rechtsgrundlage: Verweigerungsgesetz von 1983
Antragstellung: Schriftlicher Antrag an das Verteidigungsministerium bzw. die nachgeordnete Behörde. Ein dreiköpfiger Ausschuß entscheidet über den Antrag. Die Ablehnung des Wehrdienstes braucht nicht begründet zu werden, es erfolgt keine Gewissensprüfung.
Anerkennungsquote: hoch (ca. 99 %)
Dauer des Zivildienstes: 20 Monate
Zivildienstleistende: ca. 5000
Einsatzbereiche: Soziale Hilfsdienste, Erziehungssektor, Jugendhilfe, Umweltschutz, Naturschutz, Forstwirtschaft, Kulturarbeit, Friedensgruppen
Bisherige Entwicklung und Perspektiven: Die Zivildienstdauer betrug bis zum 30. September 1991 24 Monate. Seither beträgt sie 20 Monate. Nach den gesetzlichen Bestimmungen muß der Zivildienst doppelt so lange wie der Grundwehrdienst dauern. Über diese Differenz gibt es intensive Diskussionen. Die geringe Zahl der Zivildienstleistenden dürfte wohl vor allem mit der langen Zivildienstdauer zusammenhängen. Zur Zeit ist nicht absehbar, ob die Differenz verringert wird (Einzelheiten vgl. Länderanalyse).

Hellenische Republik (Griechenland)

Strukturdaten

Fläche: 132 000 km²
Einwohner: 10,2 Millionen
Staatsform: Parlamentarisch-demokratische Republik
Anteil des Streitkräftebestandes an der Bevölkerung: ca. 1,7%

Wehrdienst

Wehrstruktur: Wehrpflichtarmee
Rechtsgrundlage: In der Verfassung von 1975 (Änderungen 1985/86) ist die Wehrpflicht in Artikel 4 geregelt. Das Wehrpflichtgesetz von 1988 enthält die Detailregelungen.
Grundwehrdienstdauer: Heer 15 bis 19 Monate, Luftwaffe 17 bis 21 Monate, Marine 19 bis 23 Monate; Familienväter leisten einen verkürzten Dienst von zwölf Monaten ab.
Grundwehrdienstleistende: ca. 125 000
Gesamtzahl der Dienstleistenden: ca. 160 000
Anteil der Grundwehrdienstleistenden an der Gesamtzahl der Dienstleistenden: ca. 76%
Bisherige Entwicklung und Perspektiven: Die aktuelle Grundwehrdienstdauer besteht seit Anfang 1991. Bis Ende 1990 betrug die Dienstdauer beim Heer 20 Monate, bei der Luftwaffe 22 und bei der Marine 24 Monate. Ende der 80er Jahre hatte es bereits bei den drei Teilstreitkräften geringfügige Verkürzungen der Dienstdauer gegeben. Zur Zeit sind keine Planungen hinsichtlich einer Dienstdauerreduzierung bekannt.

Kriegsdienstverweigerung und Zivildienst

Existenz: Es gibt kein Recht auf Kriegsdienstverweigerung. Auf Antrag können Verweigerer aus religiösen Gründen einen unbewaffneten Wehrdienst ableisten. Auch philosophische Gründe sind möglich.
Rechtsgrundlage: Wehrpflichtgesetz von 1988
Dauer des waffenlosen Wehrdienstes: 40 Monate
Bisherige Entwicklung und Perspektiven: Bis 1977 gab es auch für religiös Motivierte keine Möglichkeit zum waffenlosen Dienst. 1990 dauerte der waffenlose Dienst noch bis zu 52 Monaten. Parallel zur Verkürzung der Grundwehrdienstdauer erfolgte eine Reduzierung der Dauer des waffenlosen Dienstes.

Wer sich weigert, den waffenlosen Wehrdienst abzuleisten, wird zu einer mehrjährigen Gefängnisstrafe verurteilt (vgl. Länderanalyse).
Bereits 1988 kündigte die griechische Regierung die Einführung eines zivilen Ersatzdienstes an. Konkrete Planungen gibt es allerdings hierzu bis heute nicht. Wann ein Zivildienst eingeführt wird, bleibt vorerst ungewiß.

Vereinigtes Königreich von Großbritannien und Nordirland

Strukturdaten

Fläche: 244 000 km²
Einwohner: 57,8 Millionen
Staatsform: Parlamentarisch-demokratische Monarchie
Anteil des Streitkräftebestandes an der Bevölkerung: ca. 0,5 %

Wehrdienst

Wehrstruktur: Berufsarmee
Rechtsgrundlage: In Großbritannien gibt es keine formelle Verfassung. In den verschiedenen Gesetzen, die in materieller Hinsicht Verfassungscharakter haben, finden sich keine expliziten Hinweise auf die Wehrstruktur. Gesetzliche Regelungen aus den Jahren 1957 und 1960 die Wehrstruktur betreffend sind vorhanden.
Dauer des Wehrdienstes: Freiwilliger Dienst von mindestens drei Jahren
Gesamtzahl der Dienstleistenden: ca. 300 000
Bisherige Entwicklung und Perspektiven: Die bereits in der ersten Hälfte der 50er Jahre kontrovers geführten Diskussionen über die Beibehaltung der allgemeinen Wehrpflicht intensivierten sich während der Suez-Krise 1956. Der mäßige Erfolg der britischen Streitkräfte in Ägypten und insbesondere die ineffektive Einberufung von Reservisten führten dazu, daß im April 1957 die Aufhebung der allgemeinen Wehrpflicht beschlossen wurde (»Englisches Weißbuch«). Die Aufhebung wurde 1960 wirksam. Gleichzeitig wurde ab 1957 das Verteidigungsprogramm grundlegend geändert, es erfolgte eine Umstellung auf Atomwaffen. Im Mai 1957 zündete das Königreich eine Wasserstoffbombe

und wurde damit zur sogenannten »H-Waffen-Macht«. Zunächst entstand Anfang der 60er Jahre durch einen Rückgang der Freiwilligen-Meldungen eine Rekruten-Lücke. Trotz dieser Lücke und der Empfehlung seitens der NATO, die allgemeine Wehrpflicht wieder einzuführen, blieben die Briten bei der Berufsarmee. Der Gedanke einer selektiven Wehrpflicht (Losverfahren) wurde verworfen. Seit 1964 stiegen dann die Freiwilligenzahlen wieder an: Die Zulassung von Farbigen zum Militärdienst wurde erleichtert, der Anfangssold wurde heraufgesetzt. Gleichzeitig wurden die militärischen Verpflichtungen in Übersee verringert.

In den 70er und 80er Jahren gab es keine gravierenden Rekrutierungsprobleme. Für eine Wiedereinführung der allgemeinen Wehrpflicht bestehen keine Planungen. Hingegen wird bis Mitte der 90er Jahre die Gesamtstärke der Streitkräfte auf 250000 Mann verringert. Gleichzeitig ist geplant, die Personalstärke der in Deutschland stationierten Streitkräfte (Rheinarmee und Truppen in Norddeutschland) von 67000 (1990) bis 1995 auf etwa 25000 Soldaten zu reduzieren.

Kriegsdienstverweigerung und Zivildienst

Existenz: Soldaten können aus Gewissensgründen ihre Entlassung beantragen. Dem Antrag wird immer stattgegeben. Hierfür gibt es entsprechende Erlasse.
Zivildienst: entfällt.

Irische Republik

Strukturdaten

Fläche: 70000 km²
Einwohner: 3,6 Millionen
Staatsform: Parlamentarisch-demokratische Republik
Anteil des Streitkräftebestandes an der Bevölkerung: ca. 0,4%

Wehrdienst

Wehrstruktur: Berufsarmee
Rechtsgrundlage: In der Verfassung von 1937 finden sich keine expliziten Hinweise auf die Wehrstruktur. Gesetzliche Regelun-

gen aus dem Jahre 1954 sind vorhanden. Die Wehrpflicht kann eingeführt werden, wenn sich das Land im Ausnahmezustand befindet.
Wehrdienstdauer: Freiwilliger Dienst von mindestens drei Jahren (Heer) bzw. vier Jahre (Luftwaffe, Marine)
Gesamtzahl der Dienstleistenden: ca. 13000
Bisherige Entwicklung und Perspektiven: Seit 1954 gibt es in Irland keine allgemeine Wehrpflicht mehr. Es sind keine Änderungen zu erwarten. Erwähnenswert ist, daß Irland als einziges EG-Land nicht Mitglied der NATO ist.

Kriegsdienstverweigerung und Zivildienst

Existenz: Während der Ableistung des Dienstes kann kein Antrag auf Kriegsdienstverweigerung aus Gewissensgründen gestellt werden. Nach der Ableistung des Dienstes wird einem Antrag immer stattgegeben.

Republik Island

Strukturdaten

Fläche: 103000 km²
Einwohner: 260000
Staatsform: Parlamentarisch-demokratische Republik
Anteil des Streitkräftebestandes an der Bevölkerung: entfällt

Wehrdienst

Existenz: Island ist zwar NATO-Mitglied, verfügt aber über keine eigene Armee. Leidiglich eine Küstenwache ist vorhanden. Es gibt keine allgemeine Wehrpflicht. Artikel 75 der Verfassung von 1944 besagt jedoch, daß bei einer »nationalen Gefahr« die Wehrpflicht eingeführt werden kann. Die Insel ist ein strategisch wichtiger Flottenstützpunkt der USA (Hafenstadt Keflavik). Im Kriegsfall wird Island auch von den Vereinigten Staaten vereidigt (Abkommen von 1951).
Bisherige Entwicklung und Perspektiven: Island hatte noch nie eine eigene Armee. Änderungen sind nicht zu erwarten.

Kriegsdienstverweigerung und Zivildienst entfallen

Republik Italien

Strukturdaten

Fläche: 301 000 km²
Einwohner: 58 Millionen
Staatsform: Parlamentarisch-demokratische Republik
Anteil des Streitkräftebestandes an der Bevölkerung: ca. 0,4 %

Wehrdienst

Wehrstruktur: Wehrpflichtarmee
Rechtsgrundlage: In der Verfassung von 1947 (Fassung von 1967) wird in Artikel 52 auf die Wehrpflicht Bezug genommen. Gesetzliche Regelungen aus den Jahren 1936, 1964 und 1986 legen die Einzelheiten fest.
Grundwehrdienstdauer: 12 Monate
Grundwehrdienstleistende: ca. 197 000
Gesamtzahl der Dienstleistenden: ca. 210 000 (ohne 90 000 Carabinieri, die Polizei in ländlich strukturierten Gebieten)
Anteil der Grundwehrdienstleistenden an der Gesamtzahl der Dienstleistenden: ca. 93 %
Bisherige Entwicklung und Perspektiven: Anfang der 80er Jahre erfolgte eine Reduzierung der Grundwehrdienstdauer beim Heer und bei der Luftwaffe von 15 auf zwölf Monate, bei der Marine von 24 auf 18 Monate. Die Truppenstärke wird seit 1990 reduziert. Bis Ende der 90er Jahre wird der Anteil der Freiwilligen erhöht, die Zahl der Grundwehrdienstleistenden gesenkt. Diskutiert wird über die Aufstellung einer Berufsarmee bzw. die Einführung einer sozialen Dienstpflicht (vgl. Länderanalyse).

Kriegsdienstverweigerung und Zivildienst

Existenz: Es bestehen das Recht auf Verweigerung und die Möglichkeit zum Zivildienst.
Rechtsgrundlage: Kriegsdienstverweigerungsgesetz und Zivildienstgesetz 1972
Antragstellung: Die Antragstellung erfolgt schriftlich an das zuständige Rekrutierungsamt. Vom Verteidigungsminister wird ein Rekrutierungsausschuß gebildet, der eine Stellungnahme abgibt. Diese ist dann für den Minister die Entscheidungsgrundlage. Im Regelfall erfolgt keine mündliche Anhörung. Anerkannt werden Gewissensgründe religiöser, ethischer und philosophischer Art.

Anerkennungsquote: hoch (je nach Jahrgang zwischen 90 und 97%)
Zivildienstdauer: 12 Monate
Zivildienstleistende: ca. 18000
Einsatzbereiche: Sozialer Bereich, Gesundheitswesen, Kultureinrichtungen, Umweltschutz, Friedensgruppen, Zivilschutz
Bisherige Entwicklung und Perspektiven: Lange Zeit bestand die Regelung, daß der Zivildienst acht Monate länger zu dauern hat als der Wehrdienst. Das Verfassungsgericht verwarf diese Regelung aber im Jahre 1989. Derzeit wird vom Parlament eine Gesetzesvorlage geprüft, wonach dem Zivildienst eine dreimonatige Ausbildungszeit vorangestellt werden soll.

Großherzogtum Luxemburg

Strukturdaten

Fläche: 2586 km²
Einwohner: 400000
Staatsform: Parlamentarisch-demokratische Monarchie
Anteil des Streitkräftebestandes an der Bevölkerung: ca. 0,2%

Wehrdienst

Wehrstruktur: Berufsarmee
Rechtsgrundlage: Die Verfassung von 1868 führt in Artikel 96 einen Gesetzesverweis an: »Alles, was die Streitmacht betrifft, ist durch das Gesetz geregelt.« Gesetzliche Regelungen aus den Jahren 1952, 1967, 1988 und 1989 nennen die Details.
Dauer des Wehrdienstes: Freiwilliger Dienst von mindestens drei Jahren
Gesamtzahl der Dienstleistenden: ca. 800
Bisherige Entwicklung und Perspektiven: Als NATO-Gründungsmitglied schuf Luxemburg 1948 durch Verfassungsänderung die Neutralität ab. 1967 wurde dann die Wehrpflicht abgeschafft, es erfolgte der Aufbau einer Berufsarmee. Änderungen der Wehrstruktur sind nicht zu erwarten.

Kriegsdienstverweigerung und Zivildienst

Existenz: Soldaten können auf Antrag wegen vorgebrachter Gewissensgründe entlassen werden. Hierfür gibt es entsprechende Erlasse.
Zivildienst: entfällt

Republik Malta

Strukturdaten

Fläche: 316 km²
Einwohner: 360000
Staatsform: Parlamentarische Republik
Anteil des Streitkräftebestandes an der Bevölkerung: ca. 0,4 %

Wehrdienst

Wehrstruktur: Berufsarmee und paramilitärische Verbände.
Rechtsgrundlage: Entsprechende Gesetze
Dauer des Wehrdienstes: Freiwilliger Dienst von mindestens drei Jahren
Gesamtzahl der Dienstleistenden: ca. 800 Mann Berufsarmee; ca. 700 Mann paramilitärische Verbände
Bisherige Entwicklung und Perspektiven: Die Wehrstruktur blieb in den letzten Jahren unverändert. Änderungen sind nicht geplant. Malta ist seit 1974 blockfrei. Seit Ende der 70er Jahre gibt es keine ausländischen Militärstützpunkte mehr. Seit 1987 ist die Neutralität in der Verfassung verankert.

Kriegsdienstverweigerung und Zivildienst

Existenz: Soldaten können aus Gewissensgründen den Wehrdienst abbrechen.
Zivildienst: entfällt

Königreich der Niederlande

Strukturdaten

Fläche: 42 000 km²
Einwohner: 15,2 Millionen
Staatsform: Konstitutionelle parlamentarisch-demokratische Monarchie
Anteil des Streitkräftebestandes an der Bevölkerung: ca. 0,6 %

Wehrdienst

Wehrstruktur: Wehrpflichtarmee
Rechtsgrundlage: Artikel 97 und 98 der Verfassung von 1983; Dienstpflichtgesetz aus dem Jahre 1922; weitere gesetzliche Regelungen von 1991.
Dauer des Grundwehrdienstes: 9 Monate (ab 1994)
Grundwehrdienstleistende: ca. 30 000
Gesamtzahl der Dienstleistenden: ca. 80 000
Anteil der Grundwehrdienstleistenden an der Gesamtzahl der Dienstleistenden: ca. 37 %
Bisherige Entwicklung und Perspektiven: 1991 wurde die Grundwehrdienstdauer von 14 auf zwölf Monate verkürzt. Bis 1998 wird die Truppenstärke reduziert. Die Friedensstärke soll dann etwa 55 000 Mann betragen. Zum 1. 1. 1998 wird die allgemeine Wehrpflicht abgeschafft und eine Berufsarmee eingeführt. Formell bleibt die Wehrpflicht bestehen, um im Krisenfall auf Wehrpflichtige zurückgreifen zu können.

Kriegsdienstverweigerung und Zivildienst

Existenz: Das Recht auf Verweigerung und die Möglichkeit zum Zivildienst sind vorhanden.
Rechtsgrundlage: Wehrdienstverweigerung ist ein Grundrecht und wird in Artikel 99 der Verfassung angesprochen. Das Verweigerungsgesetz von 1978 (Fassung 1991) regelt die Details.
Antragstellung: Schriftliches Gesuch an das Verteidigungsministerium; nach einem Gespräch mit einem Beamten kann bereits die Anerkennung ausgesprochen werden; erfolgt sie in diesem Stadium noch nicht, so kommt es zu einer Anhörung vor einer dreiköpfigen Prüfungskommission des Ministeriums. Anerkannt werden religiöse, philosophische, ethische und sonstige »ernste« Gewissensgründe.

Anerkennungsquote: ca. 50%
Zivildienstdauer: 12 Monate
Zivildienstleistende: ca. 2500
Einsatzbereiche: Gesundheitswesen, Sozialbereich, Wasserwirtschaft, Umweltschutz, Zivilschutz, Friedensgruppen.
Bisherige Entwicklung und Perspektiven: 1991 wurde die Zivildienstdauer von 18 auf 16 Monate reduziert. Ab 1. 1. 1998 gibt es den Zivildienst nicht mehr. Über die Einführung einer allgemeinen Sozialdienstpflicht wird diskutiert.

Königreich Norwegen

Strukturdaten

Fläche: 324000 km^2
Einwohner: 4,3 Millionen
Staatsform: Konstitutionelle Monarchie auf parlamentarisch-demokratischer Grundlage
Anteil des Streitkräftebestandes an der Bevölkerung: ca. 0,8%

Wehrdienst

Wehrstruktur: Wehrpflichtarmee
Rechtsgrundlage: In § 109 der Verfassung von 1814 (Fassung von 1962) wird die Wehrpflicht angeführt. Gesetzliche Regelungen sind vorhanden, insbesondere das Wehrpflichtgesetz von 1953.
Dauer des Grundwehrdienstes: 12 Monate Heer/Luftwaffe; 15 Monate Marine
Grundwehrdienstleistende: ca. 25000
Gesamtzahl der Dienstleistenden: ca. 30000
Anteil der Grundwehrdienstleistenden an der Gesamtzahl der Dienstleistenden: ca. 83%
Bisherige Entwicklung und Perspektiven: Der 12monatige Grundwehrdienst beim Heer besteht schon lange. In der zweiten Hälfte der 80er Jahre wurde die Grundwehrdienstdauer bei der Luftwaffe von 15 auf 12 Monate reduziert. Verkürzungen der jetzigen Grundwehrdienstdauer bei den drei Teilstreitkräften sind in der Diskussion.

Kriegsdienstverweigerung und Zivildienst

Existenz: Es bestehen das Recht auf Kriegsdienstverweigerung und die Möglichkeit zum Zivildienst.
Rechtsgrundlage: Es gibt keine verfassungsrechtlichen Bestimmungen, sondern ein einschlägiges Gesetz über die Freistellung vom Militärdienst aus Gewissensgründen (1965).
Antragstellung: Der Antrag ist schriftlich an den zuständigen Erfassungsausschuß oder das »Büro des Kriegsbeauftragten« zu stellen. Der Polizeipräsident lädt den Antragsteller zu einer mündlichen Anhörung. Die Justizbehörden befinden schließlich über den Antrag. Anerkannt werden alle ernsthaften Gewissensgründe; rein politische Motive werden nicht akzeptiert.
Anerkennungsquote: ca. 75%
Dauer des Zivildienstes: 16 Monate
Zivildienstleistende: ca. 2500
Einsatzbereiche: Sozialbereich, Gesundheitswesen, daneben auch Land- und Forstwirtschaft
Bisherige Entwicklung und Perspektiven: Die Zivildienstdauer ist seit längerer Zeit unverändert. Eine Verkürzung wird dann realisiert, wenn die Dauer des Grundwehrdienstes reduziert werden sollte. 1990 trat ein Gesetz in Kraft, durch welches das Recht auf Kriegsdienstverweigerung auf diejenigen ausgedehnt wird, die den Kriegsdienst aufgrund ihrer Ablehnung von Atomwaffen verweigern. Über die konkrete Bedeutung und Ausgestaltung des Gesetzes bestehen allerdings noch Unklarheiten.

Republik Österreich

Strukturdaten

Fläche: 84000 km^2
Einwohner: 7,9 Millionen
Staatsform: Parlamentarisch-demokratische Bundesrepublik
Anteil des Streitkräftebestandes an der Bevölkerung: ca. 0,7%

Wehrdienst

Wehrstruktur: Wehrpflichtarmee mit milizartiger Ausrichtung
Rechtsgrundlage: 1975 wurde die Wehrpflicht in die mehrmals überarbeitete Bundesverfassung von 1920 aufgenommen (Arti-

kel 9a). Das Wehrgesetz von 1990 löste das seitherige Gesetz von 1978 ab und bringt nähere Ausführungen zum Wehrsystem und zur Wehrpflicht.

Dauer des Grundwehrdienstes: 6 Monate zusammenhängender Dienst und 2 Monate Übungen bei der Landwehrtruppe; 8 Monate zusammenhängender Dienst bei der Bereitschaftstruppe.
Grundwehrdienstleistende: ca. 23 000
Gesamtzahl der Dienstleistenden: ca. 43 000
Anteil der Grundwehrdienstleistungen an der Gesamtzahl der Dienstleistenden: ca. 53 %
Bisherige Entwicklung und Perspektiven: Die Grundwehrdienstdauer blieb in den letzten Jahren unverändert. Verschiedene Änderungsvorschläge sind in der Diskussion: Sie reichen von der Verkürzung der Grundwehrdienstdauer bis zur Einführung einer Berufsarmee. Konkrete Planungen gibt es diesbezüglich aber nicht (vgl. Länderanalyse).

Kriegsdienstverweigerung und Zivildienst

Existenz: Das Recht auf Verweigerung und die Möglichkeit zum Zivildienst sind vorhanden.
Rechtsgrundlage: Verweigerung ist ein Verfassungsgrundrecht (Artikel 9a der Bundesverfassung). Einzelheiten sind im Zivildienstgesetz von 1991 geregelt.
Antragstellung: Eine persönliche Erklärung an den Innenminister genügt. Gewissensgründe brauchen nicht angeführt zu werden. Es gibt keine Gewissensprüfung.
Anerkennungsquote: hoch (nahezu 100 %)
Dauer des Zivildienstes: 10 Monate (8 Monate bei »besonders belastenden« Einsätzen)
Zivildienstleistende: ca. 5000
Einsatzbereiche: Rettungswesen, Behindertenhilfe, Krankenanstalten, Zivilschutz
Bisherige Entwicklung und Perspektiven: Bis Ende 1991 mußte der Verweigerer seine Gewissensgründe vor einer Prüfungskommission geltend machen. Mit der Abschaffung der Kommission wurde Anfang 1992 die Zivildienstdauer um zwei Monate verlängert. Die Verweigererzahlen stiegen stark an. Es gibt Überlegungen, die Zivildienstdauer auf 12 Monate zu verlängern.

Republik Polen

Strukturdaten

Fläche: 313 000 km²
Einwohner: 38,5 Millionen
Staatsform: Demokratischer Rechtsstaat auf parlamentarischer Grundlage
Anteil des Streitkräftebestandes an der Bevölkerung: ca. 0,7%

Wehrdienst

Wehrstruktur: Wehrpflichtarmee
Rechtsgrundlage: Verfassungsrechtliche Bestimmungen und gesetzliche Regelungen sind vorhanden. Die Verfassung von 1976 wurde 1988/89 abgeändert. Das aus dem Jahr 1967 stammende Wehrpflichtgesetz wurde 1988 grundlegend novelliert.
Dauer des Grundwehrdienstes: 12 Monate Heer/Luftwaffe; 18 Monate Marine
Grundwehrdienstleistende: ca. 160 000
Gesamtzahl der Dienstleistenden: ca. 280 000
Anteil der Grundwehrdienstleistenden an der Gesamtzahl der Dienstleistenden: ca. 57%
Bisherige Entwicklung und Perspektiven: Die Grundwehrdienstdauer betrug bis zum Oktober 1990 24 Monate bei Heer/Luftwaffe und 36 Monate bei der Marine. Die Wehrdienstdauer bei der Marine wurde dann auf 24, die beim Heer und bei der Luftwaffe auf 18 Monate festgelegt. 1991 erfolgten erneute Reduzierungen: Marine 18 Monate, Heer/Luftwaffe 12 Monate. Mitte der 80er Jahre betrug die Gesamttruppenstärke noch etwa 450 000 Mann. 1987 bis 1990 erfolgte eine Reduzierung auf 350 000 Mann. Bis Mitte der 90er Jahre soll die Gesamtstärke der Armee rund 250 000 Mann betragen.

Mit der Auflösung der Militärstrukturen der WVO (Warschauer Vertragsorganisation = Warschauer Pakt) im April 1991 kam es zu einer endgültigen Umorientierung des militärischen Organisationsrahmens in Polen. Zu den wichtigsten Neuerungen gehörten 1991/1992: Herabsetzung der Grundwehrdienstdauer (s.o.); Möglichkeit des Dienstes auf Zeit; junge Polen können bei der Musterung zwischen Militär und Polizei wählen.

Kriegsdienstverweigerung und Zivildienst

Existenz: Es bestehen das Recht auf Verweigerung und die Möglichkeit zum Zivildienst.
Rechtsgrundlage: In der Verfassung wird seit 1988 das Recht auf Verweigerung anerkannt. Das gültige Zivildienstgesetz stammt von 1988 und trat 1989 in Kraft.
Antragstellung: Ein schriftlicher Antrag mit Darlegung der Gewissensgründe ist an das zuständige Gericht zu stellen. Die Entscheidung erfolgt über den Amtsweg. Bei negativem Entscheid kommt es zu einer mündlichen Anhörung. Diese findet vor einer Kommission statt, deren Mitglieder sich aus Personen der kommunalen Behörde und Armeeangehörigen zusammensetzen. Anerkannt werden moralische und religiöse Gründe. Es kommt vor, daß abgelehnte Verweigerer gerichtlich verurteilt werden.
Anerkennungsquote: ca. 50%
Dauer des Zivildienstes: 18 Monate
Zivildienstleistende: ca. 4000
Einsatzbereiche: Sozialfürsorge, Gesundheitswesen, Kommunal- und Wasserwirtschaft (z.B. Tiefbauarbeiter, Müllfahrer)
Bisherige Entwicklung und Perspektiven: Polen enttabuisierte als erstes Land im damaligen Warschauer Pakt die Kriegsdienstverweigerung. Bereits seit 1980 gab es eine Möglichkeit zum Ersatzdienst. Allerdings war dieser Dienst für Wehruntaugliche gedacht. Er wurde vorwiegend im Werksschutz oder bei der Feuerwehr abgeleistet. 1988 führte dann Polen als erstes Land des Ost-Blocks das Recht auf Verweigerung ein. 1989 wurde der »reguläre« Zivildienst institutionalisiert. Der zunächst 36 Monate dauernde Dienst wurde 1990 auf 24 und 1991 auf 18 Monate verkürzt.

Über die Zukunft der Verweigerung und des Zivildienstes läßt sich zur Zeit nichts Konkretes sagen.

Republik Portugal

Strukturdaten

Fläche: 92 000 km^2
Einwohner: 10,3 Millionen
Staatsform: Republik auf parlamentarisch-demokratischer Grundlage
Anteil des Streitkräftebestandes an der Bevölkerung: ca. 0,7%

Wehrdienst

Wehrstruktur: Wehrpflichtarmee
Rechtsgrundlage: In der 1982 novellierten Verfassung von 1976 wird die Wehrpflicht in Artikel 275 thematisiert. Das Wehrpflichtgesetz von 1988 regelt die Einzelheiten.
Dauer des Grundwehrdienstes: 7 Monate
Grundwehrdienstleistende: ca. 43 000
Gesamtzahl der Dienstleistenden: ca. 68 000
Anteil der Grundwehrdienstleistenden an der Gesamtzahl der Dienstleistenden: ca. 63 %
Bisherige Entwicklung und Perspektiven: Bis zum Staatsstreich im Frühjahr 1974, der die Beseitigung der Diktatur brachte, umfaßte die portugiesische Armee 205 000 Soldaten. Mitte der 80er Jahre betrug die Grundwehrdienstdauer noch 16 Monate beim Heer sowie 24 Monate bei Luftwaffe und Marine. Bis 1992 dauerte der Grundwehrdienst beim Heer zwölf, bei der Luftwaffe und der Marine 18 Monate.

Kriegsdienstverweigerung und Zivildienst

Existenz: Es bestehen das Recht auf Verweigerung und die Möglichkeit zum Zivildienst.
Rechtsgrundlage: Die Verweigerung ist in der Verfassung als Grundrecht ausgewiesen (Artikel 41 und 276). Ein Verweigerungsgesetz von 1985 sowie ein Erlaß vom September 1992 regeln die Einzelheilten.
Antragstellung: An das Amtsgericht des Bezirks wird ein schriftlicher Antrag gerichtet. Das Amtsgericht befindet über den Antrag (Einzelrichter). Anerkannt werden religiöse, moralische und philosophische Gewissensgründe.
Anerkennungsquote: nicht ermittelbar
Dauer des Zivildienstes: 10 Monate
Zivildienstleistende: Zahl nicht ermittelbar
Einsatzbereiche: soziale und humanitäre Einrichtungen; Entwicklungsarbeit in ehemaligen Kolonien
Bisherige Entwicklung und Perspektiven: Mitte der 80er Jahre betrug die Zivildienstdauer noch 24 Monate. Bis zum September 1992 dauerte der Zivildienst nach Musterung als Heeressoldat zwölf, nach Musterung als Luftwaffen- und Marinesoldat 18 Monate.

Königreich Schweden

Strukturdaten

Fläche: 450 000 km²
Einwohner: 8,6 Millionen
Staatsform: Parlamentarisch-demokratische Monarchie
Anteil des Streitkräftebestandes an der Bevölkerung: ca. 0,7 %

Wehrdienst

Wehrstruktur: Wehrpflichtarmee mit milizähnlichem Charakter (keine stehenden Verbände)
Rechtsgrundlage: In der Verfassung von 1975 finden sich keine expliziten Hinweise auf die Wehrpflicht. Es gibt aber eine Generalklausel in Kapitel 8, § 3. Sie weist darauf hin, daß Bestimmungen über die Pflichten einzelner durch Gesetz erlassen werden. Außerdem thematisiert Kapitel 10, § 9 die Modalitäten des Einsatzes der Verteidigungskräfte. Das Wehrpflichtgesetz mit ausführlichen Regelungsbestimmungen stammt aus dem Jahre 1941.
Dauer des Grundwehrdienstes: Beim Heer dauert der Dienst zwischen 7½ und 15 Monaten, je nach Waffengattung; bei der Luftwaffe beträgt die Dauer zwischen 8 und 14 Monaten; bei der Marine inkl. Küstenartillerie dauert der Dienst zwischen 8 und 17 Monaten.
Grundwehrdienstleistende: ca. 35 000
Gesamtzahl der Dienstleistenden: ca. 55 000; da es in Schweden traditionell eine starke Gesamtverteidigung mit defensivem Charakter gibt, können im Krisenfall bis zu 750 000 Personen mobilisiert werden.
Anteil der Grundwehrdienstleistenden an der Gesamtzahl der Dienstleistenden: ca. 63 %
Bisherige Entwicklung und Perspektiven: Bis auf geringfügige Modifikationen bei der Marine und Luftwaffe blieb die Grundwehrdienstdauer in den letzten Jahren unverändert. Seit 1992 gibt es Diskussionen über die bisherige militärische Allianzfreiheit und über das schwedische Neutralitätsverständnis. Zur Zeit läßt sich nicht darüber befinden, welcher Weg konkret eingeschlagen wird. Bemerkenswert ist, daß die Schweden 10 % aller bisher ausgesandten Blauhelme der UNO stellten. 1992 war Schweden das einzige europäische Land, das sein Militärbudget erhöhte. Begründet wurde dies mit der materiellen Erneuerung der Streitkräfte. Gleichzeitig erfolgt ein Personalabbau bei den

Soldaten, auch bei den Grundwehrdienstleistenden. Ab 1993 werden weniger Rekruten eingezogen. Es wird zwar an der allgemeinen Wehrpflicht festgehalten, aber das Prinzip wird erstmals durchbrochen. Nach dem Verteidigungsbeschluß von 1992 wird der Bedarf an Wehrpflichtigen pro Jahr etwa 27000 betragen.

Kriegsdienstverweigerung und Zivildienst

Existenz: Es bestehen das Recht auf Verweigerung und die Möglichkeit zum Zivildienst.
Rechtsgrundlage: Das Recht auf Verweigerung ist im Verweigerungsgesetz von 1991 festgelegt.
Antragstellung: Schriftliche Erklärung an die zum Verteidigungsministerium gehörende Zivildienstbehörde (Regelfall)
Anerkennungsquote: ca. 60%
Zivildienstdauer: 14 Monate (10 Monate zusammenhängender Dienst, 4 Monate Übungen)
Zivildienstleistende: ca. 3000
Einsatzbereiche: Zivile Verteidigung, Reparaturdienste der Eisenbahnen, Energieversorgung und des Kabelnetzes, Gesundheitswesen, Rotes Kreuz, soziale Dienste, Landwirtschaft, Feuerwehr, Rettungsdienste der Flughäfen, Schulwesen, Fahrdienste in Behörden
Bisherige Entwicklung und Perspektiven: Bis 1991 mußten die Verweigerer gegenüber einem Beamten der Zivildienstbehörde in mündlicher Anhörung ihre Gründe geltend machen. Der Beamte leitete sein Gutachten an seine Behörde weiter. Die Behörde sprach dann die Anerkennung oder Ablehnung aus. Anerkannt wurden moralische oder religiöse Gewissensgründe.

Auch nach der Reform bleibt die Organisation des schwedischen Zivildienstes beim Verteidigungsministerium. Das Verweigerungsgesetz spricht bei den Zivildienstleistenden im Verteidigungsfall von »Kriegsplazierung«. Der Zivildienst soll demnach in einem Bereich geleistet werden, der in Notstandszeiten von Bedeutung für die Allgemeinheit ist (Lazarette, Zivilschutz usw.). Änderungen der jetzigen Dienstform und -dauer sind schwer einschätzbar. Wegen des künftig geringeren Rekrutierungsbedarfes an Grundwehrdienstleistenden wird auch für die Kriegsdienstverweigerer eine neue Situation entstehen. Prognosen können noch nicht gestellt werden.

Schweizerische Eidgenossenschaft

Strukturdaten

Fläche: 41 000 km²
Einwohner: 6,8 Millionen
Staatsform: Parlamentarisch-direktdemokratischer Bundesstaat
Anteil des Streitkräftebestandes an der Bevölkerung: ca. 8,8%
(vgl. unten)

Wehrdienst

Wehrstruktur: Milizarmee
Rechtsgrundlage: Bundesverfassung von 1874 (Artikel 18 und 19); Militärorganisationsgesetz von 1907; Wehrgrundgesetz (Entwurf 1992)
Grundwehrdienstdauer: Insgesamt 331 Tage; 118 Tage davon sind Rekrutenschule; in der verbleibenden Zeit finden Wehrübungen statt. Der Anteil des eigentlichen Grundwehrdienstes von vier Monaten (Rekrutenschule) ist somit relativ gering, wie es der Struktur einer Milizarmee entspricht.
Grundwehrdienstleistende: ca. 18 000 (Rekrutenschule)
Gesamtzahl der Dienstleistenden: ca. 20 000 im aktiven Dienst; etwa 600 000 Mann stehen aufgrund der Milizstruktur ständig unter Waffen; zusammen mit dem Zivilschutz ergibt sich sogar ein Bestand von 1,1 Millionen Mann.
Anteil der Grundwehrdienstleistenden an der Gesamtzahl der Dienstleistenden (aktiver Dienst): ca. 90%
Bisherige Entwicklung und Perspektiven: Im November 1989 kam es zu einer Volksabstimmung über die Abschaffung der Armee. 35,6% stimmten für die Abschaffung, 64,4% waren für die Beibehaltung. 1990/91 wurde die Wehrdienstdauer inkl. Übungen von 364 Tagen auf 331 Tage gekürzt. 1995 erfolgt eine abermalige Kürzung auf 295 Tage. Das Konzept »Armee 95« sieht eine Verringerung der Mannschaftsstärke der Armee bis 1995 auf 400 000 Mann vor. Die Wehrpflicht endet bereits mit 40 Jahren (bisher mußten die Übungen bis zum 51. Lebensjahr abgeleistet werden). Vorschläge hinsichtlich der Einführung einer allgemeinen Dienstpflicht haben momentan keine Realisierungschance.

Kriegsdienstverweigerung und Zivildienst

Existenz: Es besteht das Recht auf Verweigerung. Die Einführung eines Zivildienstes ist geplant.

Rechtsgrundlage: Zivildienstgesetz (Entwurf 1993)
Antragstellung: Ein schriftlicher Antrag ist an das »Bundesamt für Industrie, Gewerbe und Arbeit« zu stellen. Ob es zu einer mündlichen Gewissensprüfung für alle Antragsteller kommt, ist noch nicht entschieden.
Anerkennungsquote: zur Zeit noch nicht ermittelbar.
Dauer des Zivildienstes: mindestens 450 Tage (inkl. Übungen)
Zivildienstleistende: Zahl zur Zeit noch nicht ermittelbar.
Einsatzbereiche: Gesundheitswesen, Sozialdienst, Umwelt- und Naturschutz, Landschaftspflege, Forstwesen, Katastrophenhilfe
Bisherige Entwicklung und Perspektiven: Im Mai 1992 sprach sich die Schweizer Bevölkerung in einer Volksabstimmung für die Einführung eines Zivildienstes aus. Bis zu diesem Zeitpunkt wurden Verweigerer in der Schweiz mit Gefängnis bestraft, zumindest diskriminiert (Einzelheiten vgl. Länderanalyse). Bei der Institutionalisierung des Zivildienstes sind insbesondere Probleme der Arbeitsorganisation zu lösen.

Jeder Schweizer, der keinen Wehr- oder Zivildienst ableistet, muß Ersatz in Geld leisten (3% des zu versteuernden Einkommens).

Königreich Spanien

Strukturdaten

Fläche: 505 000 km^2
Einwohner: 39,5 Millionen
Staatsform: Monarchie auf parlamentarisch-demokratischer Grundlage
Anteil des Streitkräftebestandes an der Bevölkerung: ca. 0,7%

Wehrdienst

Wehrstruktur: Wehrpflichtarmee
Rechtsgrundlage: In der Verfassung von 1978 (Novellierung 1992) wird in Artikel 30 die Wehrpflicht angesprochen. Das Wehrpflichtgesetz von 1984 regelt die Einzelheiten.
Dauer des Grundwehrdienstes: 9 Monate
Grundwehrdienstleistende: ca. 170 000
Gesamtzahl der Dienstleistenden: ca. 230 000
Anteil der Grundwehrdienstleistenden an der Gesamtzahl der Dienstleistenden: ca. 75%

Bisherige Entwicklung und Perspektiven: 1984 wurde die Grundwehrdienstdauer von 18 auf zwölf Monate reduziert. Mitte der 80er Jahre schrumpfte der Rekrutenbedarf mit dem Bevölkerungswachstum und der beginnenden Verringerung des Personalbestandes der Streitkräfte. Deshalb wird seit 1986 in den Militärdienstämtern ausgelost, wer den Wehrdienst ableisten muß.

Bis 1990 betrug die Gesamtstärke der Armee noch rund 320000 Soldaten. 1991 begann der Truppenabbau. 1994 soll die Gesamtstärke etwa 220000 Soldaten betragen. Die Grundwehrdienstdauer wurde 1992 von zwölf auf neun Monate reduziert. Eine weitere Änderung ist nicht zu erwarten.

Kriegsdienstverweigerung und Zivildienst

Existenz: Das Recht auf Verweigerung und die Möglichkeit zum Zivildienst sind vorhanden.

Rechtsgrundlage: In der Verfassung wird in Artikel 30, § 2 die Verweigerung als Verfassungsrecht anerkannt. Das Gesetz zur Kriegsdienstverweigerung von 1984 trat Ende 1987 in Kraft. Eine königliche Verordnung vom Januar 1988 ist die Organisationsgrundlage für den Zivildienst.

Antragstellung: Der Verweigerer muß gegenüber dem »Nationalrat für Gewissensverweigerung« eingehend seine Entscheidung begründen. Anerkannt werden religiöse, ethische, moralische, humanitäre und philosophische Gewissensgründe. Politische Motive gelten nicht. Die Entscheidung erfolgt in der Regel nach Anhörung des Verweigerers.

Anerkennungsquote: ca. 90%

Dauer des Zivildienstes: 13 Monate

Zivildienstleistende: ca. 1500

Einsatzbereiche: Zivilschutz, Rotes Kreuz, Gesundheitswesen, Jugendhäuser, Jugendverbände, Schwerbehindertenbetreuung, Umweltschutz, Feuerwehr

Bisherige Entwicklung und Perspektiven: Das Gesetz zur Kriegsdienstverweigerung von 1984 trat erst Ende 1987 in Kraft. Die Folge war, daß bis dahin eine formale Erklärung genügte. Die MOC (»Bewegung für Gewissensverweigerung«) lehnte das Gesetz mit den strengen Prüfungsverfahren ab. Sie startete deshalb 1985 eine Kollektivverweigerungskampagne. Als das Gesetz in Kraft trat, wurden alle Kollektivverweigerer abgeurteilt. Die MOC rief zum verstärkten Widerstand auf. In der Folge erzielte die MOC eine breite Öffentlichkeitswirksamkeit. Viele Dienststellen weigerten sich von sich aus, Verweigerer heranzuziehen.

1990 zog der Oberste Gerichtshof die Verordnung zur Durchführung des Zivildienstes zurück. Die Situation des Zivildienstes ist zur Zeit diffus (vgl. Länderanalyse). Prognosen, wie es weitergeht, sind schwierig.

1992 wurde die Zivildienstdauer von 18 auf 13 Monate verkürzt. Eine weitere Änderung diesbezüglich ist nicht zu erwarten.

Türkische Republik

Strukturdaten

Fläche: 780 000 km²
Einwohner: 57 Millionen
Staatsform: Republik
Anteil des Streitkräftebestandes an der Bevölkerung: ca. 1,1 %

Wehrdienst

Wehrstruktur: Wehrpflichtarmee
Rechtsgrundlage: In Artikel 72 der neuen Verfassung von 1982 wird die Wehrpflicht angeführt. Das Wehrpflichtgesetz von 1927 regelt die Details.
Dauer des Grundwehrdienstes: 15 Monate; 6 Monate für bedingt Taugliche; 2 Monate Kurzdienst (s. unten)
Grundwehrdienstleistende: ca. 450 000 Mann
Gesamtzahl der Dienstleistenden: ca. 600 000
Anteil der Grundwehrdienstleistenden an der Gesamtzahl der Dienstleistenden: ca. 75 %
Bisherige Entwicklung und Perspektiven: Die Grundwehrdienstdauer wurde Mitte der 80er Jahre von 20 auf 18 und später auf 15 Monate verkürzt. Zur Zeit gibt es Pläne, die Dienstdauer weiter auf zwölf Monate zu reduzieren.

Wenn in einem Quartal die Anzahl der Wehrpflichtigen den Bedarf übersteigt, wird die Überzahl ausgeschrieben. Freiwillige können sich dann für den »Freikauf« des Wehrdienstes anmelden. Übersteigt die Anzahl der Bewerber um einen »Freikauf« die Überzahl, so wird unter ihnen verlost. Der zugelassene »Freikäufer« bezahlt in türkischer Währung.

Eine Sonderregelung gilt für türkische Arbeitnehmer im Ausland: Bei ihnen dauert der Wehrdienst lediglich zwei Monate. Allerdings muß hierfür ein Ausgleich geleistet werden. Z. B. bezahlen in Deutschland lebende türkische Arbeitnehmer 17000 DM. Laut Verfassung muß ein Türke bis zum vollendeten 32. Lebensjahr den Wehrdienst abgeleistet haben. Im Ausland lebende Türken können ausgewiesen werden, wenn sie bis dahin den Wehrdienst nicht absolviert haben.

Ab September 1993 beträgt die Grundwehrdienstdauer für türkische Arbeitnehmer im Ausland einen Monat. Hinzu kommt eine Ablösung in Höhe von 10000 DM.

Kriegsdienstverweigerung und Zivildienst

Existenz: Es gibt kein Recht auf Verweigerung und keine Möglichkeit zum Zivildienst. In der Verfassung von 1982 wird zwar das Recht auf Gewissensfreiheit anerkannt, doch muß der Verweigererstatus in einem Prozeß erstritten werden.

Bisherige Entwicklung und Perspektiven: Bis vor wenigen Jahren waren Verweigerung und Zivildienst weitgehend ein Tabu. Seit 1985 gibt es eine kleine antimilitaristische Bewegung, die von Pazifisten getragen wird und das Recht auf Kriegsdienstverweigerung fordert. Mittelfristig dürfte in der Türkei aber noch kein Verweigerungsrecht eingeführt werden.

Erwähnt werden muß, daß neben dem »normalen« Wehrdienst die Alternative eines waffenlosen Wehrdienstes besteht. Der Soldat dient 18 Monate; drei Monate davon sind normale Grundausbildung, 15 Monate erfolgt ein Einsatz bei zivilen öffentlichen Behörden oder in Krankenhäusern.

Ungarische Republik

Strukturdaten

Fläche: 93000 km^2
Einwohner: 10,6 Millionen
Staatsform: Parlamentarische Republik
Anteil des Streitkräftebestandes an der Bevölkerung: ca. 0,8 %

Wehrdienst

Wehrstruktur: Wehrpflichtarmee
Rechtsgrundlage: Verfassung von 1989 mit umfangreichen Änderungen 1990; »Heimatverteidigungsgesetz« 1989

Dauer des Grundwehrdienstes: 12 Monate
Grundwehrdienstleistende: ca. 60000
Gesamtzahl der Dienstleistenden: ca. 90000 inkl. Grenztruppen
Anteil der Grundwehrdienstleistenden an der Gesamtzahl der Dienstleistenden: ca. 66%
Bisherige Entwicklung und Perspektiven: In den 80er Jahren betrug die Grundwehrdienstdauer 18 Monate für das Heer sowie 24 Monate für die Luftwaffe. Ende 1990 wurde die Dienstdauer generell auf 12 Monate reduziert. Eine weitere Verkürzung ist zur Zeit nicht geplant. Unter den Staaten des Warschauer Paktes hatte Ungarn die kleinste Armee. 1989 betrug die Gesamtstärke 107000 Soldaten. Ab 1993 beträgt die Gesamtstärke 80000 Soldaten. Geplant ist eine materielle Modernisierung.

Kriegsdienstverweigerung und Zivildienst

Existenz: Es gibt das Recht auf Verweigerung und die Möglichkeit zum Zivildienst.
Rechtsgrundlage: Das Kriegsdienstverweigerungsgesetz von 1989 legt die Einzelheiten fest.
Antragstellung: Schriftlicher Antrag an das Verteidigungsministerium mit Darlegung der Gewissensgründe. Ein Beamter des Ministeriums entscheidet über den Antrag (Einzelentscheidung). Anerkannt werden religiöse, ethische und moralische Gründe. Politische Gründe werden nicht anerkannt. Eine Antragstellung während des Wehrdienstes ist nicht möglich. Die Anhörung vor einer Kommission wurde 1992 abgeschafft.
Anerkennungsquote: nicht ermittelbar
Dauer des Zivildienstes: 22 Monate
Zivildienstleistende: ca. 1000
Einsatzbereiche: Sozialbereich, Gesundheitswesen, Umweltschutz
Bisherige Entwicklung und Perspektiven: 1989 wurde das Verweigerungsrecht eingeführt. Die Zivildienstdauer betrug zunächst 28 Monate. 1990 erfolgte dann die Reduzierung. Zur Zeit gibt es Diskussionen über die Abschaffung der Gewissensprüfung sowie über eine weitere Verkürzung der Zivildienstdauer.

Republik Zypern

Strukturdaten

Fläche: 9200 km²
Einwohner: 700 000
Staatsform: Präsidialrepublik
Anteil des Streitkräftebestandes an der Bevölkerung: ca. 1,5%

Wehrdienst

Wehrstruktur: Wehrpflichtarmee
Rechtsgrundlage: Verfassung von 1960; Wehrpflichtgesetz von 1964
Dauer des Grundwehrdienstes: 26 Monate
Grundwehrdienstleistende: Zahl nicht ermittelbar
Gesamtzahl der Dienstleistenden: ca. 10 500 inkl. 2500 Mann aus Griechenland
Anteil der Grundwehrdienstleistenden an der Gesamtzahl der Dienstleistenden: nicht ermittelbar
Bisherige Entwicklung und Perspektiven: Nach der Verfassung von 1960 besteht die Republik Zypern bis heute. Seit der Invasion türkischer Truppen (1974) ist die Insel jedoch in einen griechischen Süd- und einen türkischen Nordstaat geteilt. Deshalb gilt die Verfassung faktisch nur für den international anerkannten südlichen Teil. Der türkische Teil wird nur von der Türkei anerkannt. Im Südosten der Insel gibt es einen souveränen militärischen britischen Militärstützpunkt mit 4000 Mann. Seit 1964 (Bürgerkrieg zwischen griechischen und türkischen Zyprioten) ist auf Zypern eine friedenserhaltende Truppe der UNO stationiert (1000 »Blauhelme«). Sollten die »Zyperngespräche« bei der UNO in New York zu keiner Lösung (Schaffung eines Bundesstaates) führen, wird sich an der Situation des Wehrdienstes nichts ändern.

Kriegsdienstverweigerung und Zivildienst

Existenz: Verweigerungsrecht und Möglichkeit der Ableistung eines Ersatzdienstes
Rechtsgrundlage: Gesetz von 1993
Antragstellung: Erfolgt an die Militärbehörden. Anerkannt werden religiöse, ethisch-moralische sowie politische Verweigerungsgründe.

Anerkennungsquote: nicht ermittelbar
Dauer des zivilen Ersatzdienstes: 42 Monate außerhalb einer militärischen Anlage (innerhalb einer militärischen Anlage 34 Monate)
Zivildienstleistende: Zahl nicht bekannt
Einsatzbereiche: soziale Einrichtungen, Gesundheitswesen
Bisherige Entwicklung und Perspektiven: Bis Ende 1992 gab es kein Verweigerungsrecht und keinen Zivildienst. Auch die Ableistung eines unbewaffneten waffenlosen Wehrdienstes war nicht möglich. Mittelfristig wird es bei der 1993 eingeführten Regelung bleiben.

Türkische Republik Nordzypern

Fläche: 3300 km²
Einwohner: 160 000
Türkisch-zyprische Sicherheitskräfte: ca. 4000 Mann
Dauer des Grundwehrdienstes: 24 Monate
Stationierungsstreitkräfte: ca. 30 000 Mann türkische Truppen

Wehrstrukturen in ausgewählten europäischen Staaten

Berufsarmeen	Großbritannien; Irland; Luxemburg; Malta; Belgien (ab 1994); Niederlande (ab 1998)
Wehrpflichtarmeen mit mittlerem Anteil an Grundwehrdienstleistenden (35–50%)	Belgien (bis 1993); Dänemark; Deutschland; Frankreich; Niederlande (bis 1997)
Wehrpflichtarmeen mit hohem Anteil an Grundwehrdienstleistenden (mehr als 50%)	Finnland; Griechenland; Italien; Norwegen; Polen; Portugal; Spanien; Türkei; Ungarn; Zypern
Milizarmeen und Wehrpflichtarmeen mit milizartiger Ausrichtung	Österreich; Schweden; Schweiz
Keine Armee	Andorra; Island; Liechtenstein; San Marino; Vatikanstadt

Wehr- und Zivildienst in den Staaten Ost- und Südosteuropas

Albanien:

Bisher gab es eine Wehrpflichtarmee. Ein Recht auf Kriegsdienstverweigerung war nicht vorhanden. Nachdem das »Land der Skipetaren« mehr als 40 Jahre lang eine Enklave in Europa war, gibt es seit 1990 eine Politik der Öffnung. Die Demokratisierungsprozesse in Politik und Gesellschaft sind mit Schwierigkeiten verbunden. Dies gilt auch für die Armee. Sie befindet sich in einem Neuaufbau. Die Einführung von Kriegsdienstverweigerung und Zivildienst wird diskutiert. Die Gesamtstärke der Streitkräfte betrug bisher ca. 45000 Mann, davon etwa 20000 Grundwehrdienstleistende (Dienstzeit 15 Monate).

Bulgarien:

In dem von bäuerlich-patriarchalischen Strukturen geprägten Land hatte der Wehrdienst bislang einen relativ hohen Stellenwert. Hieran hat sich heute nicht viel geändert. Die Wehrpflichtarmee wird beibehalten. Gleichzeitig erfolgt eine Umstrukturierung der Teilstreitkräfte. Seit 1990 (Abbau des Eisernen Vorhangs an der Grenze zu Jugoslawien) wird darüber diskutiert, die Kriegsdienstverweigerung zu legalisieren und einen Zivildienst einzuführen. Ein Gesetz über den Zivildienst ist in Vorbereitung. Bisher war nur die Ableistung eines waffenlosen Wehrdienstes möglich. Die Gesamtstärke der Streitkräfte betrug bislang ca. 130000 Mann, davon etwa 80000 Grundwehrdienstleistende (Dienstzeit zwölf Monate).

Rumänien:

Die Wehrpflicht wird beibehalten. Seit 1992 gibt es Planungen zur Einführung der Verweigerung und eines Zivildienstes. Bisher gab es lediglich die Möglichkeit eines waffenlosen Wehrdienstes. Die Gesamtstärke der Streitkräfte betrug bislang 240000 Mann, davon ca. 100000 Grundwehrdienstleistende (Dienstzeit zwölf Monate). Eventuell kommt es zu einer weiteren Verkürzung der Grundwehrdienstdauer.

Bisherige Tschechoslowakei (CSFR) und Nachfolgestaaten:
In der CSFR (bis 1990 CSSR) gab es eine Wehrpflichtarmee. 1990 bis 1992 erfolgten erhebliche Truppenreduzierungen (von 200000 auf 130000 Mann). Im April 1990 trat ein neues Wehrgesetz in Kraft. Dieses Gesetz brachte erstmals das Recht auf Wehrdienstverweigerung (ohne Gewissensprüfung) und die Möglichkeit zum Zivildienst.

Nach der am 1. Januar 1993 erfolgten Auflösung der Föderation wurde die tschechoslowakische Armee aufgeteilt. Die Armee der tschechischen Republik umfaßt etwa 90000, die der slowakischen Republik ungefähr 40000 Mann. Die Grundwehrdienstdauer beträgt jeweils zwölf Monate, der Zivildienst dauert jeweils 24 Monate. Die Zielplanungen sehen vor, in beiden Armeen den Anteil der Berufs- und Zeitsoldaten von ca. 40% (1993) auf etwa 60% (1997) zu erhöhen. Es bestehen Pläne, gleichzeitig die Grundwehrdienstdauer zu reduzieren.

Seitheriges Jugoslawien und Nachfolgestaaten
Im früheren Jugoslawien gab es eine Wehrpflichtarmee. Seit 1989 hatten religiös motivierte Verweigerer die Möglichkeit, einen waffenlosen Wehrdienst abzuleisten. Dieser war aber nicht mit einem Zivildienst gleichzusetzen und dauerte doppelt so lang (zwei Jahre).

Die Situation in den Nachfolgestaaten des früheren Jugoslawien – ein synoptischer Überblick:

Staat bzw. Republik	Armee und Wehrdienst	Kriegsdienstverweigerung und Zivildienst
Slowenien (anerkannt Januar 1992)	Wehrpflichtarmee; Beginn des Aufbaus einer eigenen Armee im Sommer 1991; Einführung der Wehrpflicht Ende 1991; sieben Monate Grundwehrdienst	Seit 1991 Kriegsdienstverweigerungsrecht (unter Kontrolle des Verteidigungsministeriums); Zivildienst im Aufbau, Dauer sieben Monate
Kroatien (anerkannt Januar 1992)	Wehrpflichtarmee; Beginn des Aufbaus einer eigenen Armee im Sommer 1991; Einführung der Wehrpflicht Ende 1991; zehn Monate Grundwehrdienst	Seit 1991 Recht auf Kriegsdienstverweigerung in Friedenszeiten; Aufbau eines Zivildienstes, Dauer 15 Monate

Staat bzw. Republik	Armee und Wehrdienst	Kriegsdienstverweigerung und Zivildienst
Bosnien und Herzegowina (anerkannt April 1992) **Serbien und Montenegro** (Föderation und Verfassung April 1992)		Aufgrund des Bürgerkrieges ist es nicht möglich, präzise Informationen zu liefern. Es gibt kein Recht auf Kriegsdienstverweigerung. Ein beträchtliches Problem ist die Desertion junger Männer, welche die Kriegsteilnahme verweigern. Die Aushebung von Wehrpflichtigen wird schwieriger, viele leisten der Einberufung nicht Folge. Ungewiß ist, was im Falle eines Machtwechsels in Serbien aus den Streitkräften wird. In der neu gegründeten Bundesrepublik Jugoslawien (Serbien und Montenegro) gab es im Herbst 1993 ca. 120000 Soldaten, davon etwa 60% Grundwehrdienstleistende. Die Grundwehrdienstdauer beträgt sieben Monate. Vorgesehen ist auch die Einführung eines Zivildienstes (Dauer 24 Monate). Dieser gilt allerdings als eine Form des Militärdienstes. Auch zukünftig wird es keine Möglichkeit einer Kriegsdienstverweigerung geben.
Makedonien	keine Daten vorhanden	

Frühere Sowjetunion und Nachfolgestaaten

Im europäischen Teil der vormaligen UdSSR gibt es sieben Nachfolgestaaten: Rußland, Weißrußland, Ukraine, Moldawien, Litauen, Lettland und Estland. Die drei baltischen Staaten Litauen, Lettland und Estland gehören der am 8. Dezember 1991 gegründeten GUS (Gemeinschaft Unabhängiger Staaten) nicht an.

In der Armee der am 8. Dezember 1991 aufgelösten Sowjetunion (ca. 4 Millionen Mann) gab es zuletzt Zerfallserscheinungen. Es war vorgesehen, die Wehrdienstverweigerung einzuführen. Hierzu kam es jedoch nicht mehr.

Die Situation in den Nachfolgestaaten der früheren Sowjetunion – eine synoptische Übersicht

Staat	Armee und Wehrdienst	Kriegsdienstverweigerung und Zivildienst
Russische Föderation – Rußland (keine Unabhängigkeitserklärung)	Wehrpflichtarmee; Ende 1991 Übernahme des größeren Teils der sowjetischen Streitkräfte (ca. 3 Mill. Mann); Frühjahr 1992 Aufbau eigener Streitkräfte; Neustrukturierung der russischen Armee in drei Stufen bis 2000 (1,5 Mill. Mann im Endausbau); Überlegungen, eine Berufsarmee einzuführen; Teilung der Schwarzmeerflotte mit der Ukraine (gemeinsames Oberkommando). Grundwehrdienstdauer: 18 Monate. Die Ukraine plant, ihren Anteil an der Schwarzmeerflotte an Rußland zu verkaufen.	Einführung der Kriegsdienstverweigerung und eines Zivildienstes 1994; Länge des Zivildienstes nicht bekannt
Weißrußland (August 1991 Unabhängigkeitserklärung)	Wehrpflichtarmee; Aufbau eigener Streitkräfte seit Anfang 1992; ca 100000 Mann; Grundwehrdienstdauer 12 Monate	Einführung der Kriegsdienstverweigerung und eines Zivildienstes geplant (voraussichtliche Dauer: 36 Monate)
Ukraine (Unabhängigkeitserklärung August 1991)	Wehrpflichtarmee; Aufbau eigener Streitkräfte seit Januar 1992; Angaben über die geplante Truppenstärke schwanken zwischen 150000 und 420000 Mann; Grundwehrdienstdauer 12 Monate	Ersatzdienst für Wehrdienstpflichtige, deren religiöses Bekenntnis das Tragen von Waffen verbietet (Dauer 36 Monate)
Moldawien (August 1991 Unabhängigkeitserklärung)	Wehrpflichtarmee; Grundwehrdienstdauer 12 Monate	1991 Verkündung eines Gesetzes über die Einführung eines Zivildienstes; Zivildienst im Aufbau (24 Monate)

Staat	Armee und Wehrdienst	Kriegsdienstverweigerung und Zivildienst
Litauen * (Unabhängigkeitserklärung März 1990)	Wehrpflichtarmee; Armee seit Herbst 1991 im Aufbau (Landeswehr); Grundwehrdienstdauer 12 Monate.	1990 Recht auf Kriegsdienstverweigerung und Möglichkeit zum Zivildienst; Zivildienst im Aufbau (Dauer 24 Monate)
Lettland * (Unabhängigkeitserklärung Mai 1990)	Wehrpflichtarmee; Armee seit Herbst 1991 im Aufbau; die Planungen sehen 21 000 Soldaten vor, davon ca. 9000 Grundwehrdienstleistende (Dienstdauer 18 Monate)	1990 Recht auf Kriegsdienstverweigerung und Möglichkeit zum Zivildienst; Zivildienst im Aufbau (Dauer 24 Monate)
Estland * (Unabhängigkeitserklärung März 1990)	Wehrpflichtarmee; Armee seit September 1991 im Aufbau; 5000 Soldaten, davon 4500 Grundwehrdienstleistende (Dienstdauer 12 Monate)	1990 Recht auf Kriegsdienstverweigerung und Möglichkeit zum Zivildienst (Arbeitsdienst, Dauer bis 24 Monate)

* Die internationale Anerkennung der baltischen Staaten erfolgte im September 1991.

3. Länderanalysen

Wehr- und Zivildienst in Belgien

Sicherheits- und Verteidigungspolitik in Belgien

Das belgische Heer als wichtigste Teilstreitkraft besteht aus dem Ersten Belgischen Korps (ca. 28000 Mann) und der Heimatschutztruppe (Territorialarmee, ca. 35000 Mann).

Das Erste Korps ist die Eingreiftruppe für die NATO. Es setzt sich aus zwei Divisionen zusammen: Die 16. Division war bislang in Deutschland stationiert (Nordrhein-Westfalen); die Erste Division war bisher in Teiltruppen in Deutschland und in Belgien stationiert.

Bis 1995 wird der Personalbestand in Deutschland stark verringert: Von etwa 26000 Soldaten (1991) werden dann lediglich noch ca. 3500 in der Bundesrepublik dienen.

Struktur des Wehrdienstes

Artikel 118 der Verfassung von 1831 bezieht sich auf die Streitkräfterekrutierung. Dieser Artikel (vgl. Unterrichtsmaterial A 15) wurde in die neue Verfassung von 1993 übernommen. Rechtliche Grundlagen sind außerdem: Wehrdienstgesetze von 1962, 1987 und 1993, königliche Beschlüsse (Rechtsverordnungen der Regierung) 1987 bis 1990, Gesetz hinsichtlich des Status des Wehrpflichtigen von 1989.

Die Wehrpflicht (mögliche Dienstverpflichtungszeit) reicht vom vollendeten 16. Lebensjahr bis zum vollendeten 45. Lebensjahr (Territorialarmee) bzw. bis zum vollendeten 35. Lebensjahr (Eingreiftruppe). Die Grundwehrdienstdauer betrug bis 1987 zehn Monate für im Inland Dienende und acht Monate für im Ausland Dienende. 1987 wurde die Dienstzeit verlängert: Sie belief sich bis 1991 auf zwölf Monate für in Belgien Stationierte und zehn Monate für im Ausland Dienende. 1992 wurde die Grundwehrdienstdauer wiederum auf zehn bzw. acht Monate festgesetzt. 1993 erfolgte eine Reduzierung auf acht bzw. sechs Monate. Es besteht die Möglichkeit zum waffenlosen Wehrdienst. Für eine begrenzte Anzahl von Wehrpflichtigen (jährlich etwa 400) ist auch ein Dienst in der Gendarmerie möglich. Die Einberufung erfolgt in der Regel im Alter von 19 Jahren.

Zurückstufungen (sursis) sind möglich für Studenten und Auszubildende sowie in Fällen, in denen der Wehrpflichtige unabkömmlich ist (z. B. Mitarbeit im elterlichen Betrieb). Befreiungen (dispenses) werden dann ausgesprochen, wenn der Betreffende allein für die Lebenshaltung seiner Familie aufkommen muß, der Handelsmarine angehört oder Waise ist. Eine Befreiungsmöglichkeit besteht, wenn die Eltern des Wehrpflichtigen ein geringes Einkommen haben. Allerdings wird hierbei überprüft, inwieweit der Wehrpflichtige seine Eltern tatsächlich unterstützt.

Aus physischen oder psychischen Gründen kann eine Ausmusterung während des Wehrdienstes erfolgen.

Bei der dienstlichen Verwendung kann der Wehrpflichtige eigene Wünsche vorbringen. Es gibt soziale Prioritäten beim Einsatzort und beim Dienstantrittsdatum. Es besteht die Möglichkeit, anstelle des Wehrdienstes einen Entwicklungsdienst abzuleisten. Diese Möglichkeit ist allerdings faktisch begrenzt.

Probleme des Wehrdienstes und Kontroversen

Diskutiert werden bzw. wurden vor allem folgende Probleme:
- Von allen NATO-Staaten hat Belgien bisher die geringste Erfüllungsquote bei den Streitkräftezielen (1989 waren es nur 56%): Die belgischen Streitkräfte nehmen nur begrenzt an NATO-Übungen teil; der finanzielle und personelle Beitrag zum Verteidigungsbündnis erreichte in der Vergangenheit nicht die Soll-Zahlen. In den 80er Jahren wurde als Begründung für diese geringe Erfüllungsquote immer wieder die Finanzmisere angeführt, die das Land zwang, Abstriche am Militärhaushalt vorzunehmen. Die stärker wirksam werdenden Gründe liegen indes tiefer: Die belgischen Regierungen waren in den 70er und 80er Jahren wegen anhaltender innenpolitischer Spannungen und Konflikte außenpolitisch und verteidigungspolitisch oft in ihrer Handlungsfähigkeit eingeschränkt. Das Problem der Regionalisierung (Flamen im Norden, Wallonen im Süden) beeinflußt bis heute jede politische Entscheidung. Jede Koalitionsregierung sitzt auf einem politischen Pulverfaß (vgl. Döpfner, in: FAZ vom 11. 4. 1992, sowie FAZ vom 5. 9. 1980).
- Aufgrund der sicherheitspolitischen Veränderungen in Europa sind die Stationierungskosten der belgischen Truppen in Deutschland nicht mehr gerechtfertigt. Zwischen den politischen Parteien besteht ein Konsens über den Truppenabzug.

Der Truppenabzug wurde 1991 eingeleitet. Eine Folge des Abzugs ist, daß in Belgien sich die Auseinandersetzungen über die Erfüllungsquote (s. o.) verstärken. Ob der Aufbau einer Berufsarmee ab 1994 zu einer Erhöhung der Quote führt, bleibt abzuwarten.
- Die unterschiedlichen Organisationsstrukturen des Ersten Korps und der Territorialarmee schwächten bisher die Schlagkraft insgesamt. Die Territorialarmee verfügt über keine operativen Einheiten, sondern allein über Verwaltungseinheiten (Personalwesen, Ausbildung, Logistik).
- Die dienstliche Belastung ist in der Eingreiftruppe höher als in der Heimatschutztruppe.
- Es gibt relativ wenig Grundwehrdienstleistende (ca. 30000 in allen Teilstreitkräften) im Verhältnis zur Zahl der Berufs- und Zeitsoldaten (ca. 60000). Jedes Jahr werden etwa 35000 junge Männer zum Grundwehrdienst einberufen. Der Musterungsjahrgang beläuft sich hingegen jährlich auf etwa 80000. Weniger als 50% leisten also den Wehrdienst ab. Viele werden zurückgestellt, befreit oder ausgemustert. Die Zurückstellungen und der dadurch gegebene Zurückstellungsstau bewirken, daß oftmals Wehrpflichtige nicht mehr eingezogen werden.
- Die Verkürzung der Grundwehrdienstdauer auf acht Monate bei Inlandsdienst und zehn Monate bei Auslandsdienst ist umstritten. Die flämischen Sozialisten beispielsweise fordern eine Dienstzeit von sechs Monaten und meinen, auf den operativen Auftrag der Armee verzichten zu können. Demgegenüber vertreten die konservativen Parteien die Auffassung, die Dienstzeit dürfe keinesfalls kürzer als acht Monate sein (vgl. Le Soir vom 3. 5. 90).
- Der Diensttag wird oft kritisiert (Leerläufe, Langeweile, geringe Motivation etc.). Auch der soziale Aspekt der Ausbildung weist Mängel auf; die Führungsstile mancher Vorgesetzter seien verbesserungswürdig (vgl. The Right to Refuse to Kill, July 1990, sowie Le Soir vom 4. 10. 1989).
- Von 1990 bis 1992 gab es heftige Diskussionen über die Abschaffung der allgemeinen Wehrpflicht. Ein Parteienkonsens stellte dann die Abschaffung zum 1. Januar 1994 sicher.

Akzeptanz, Funktion und Perspektiven des Wehrdienstes

1989 führte die belgische Zeitung Le Soir eine repräsentative Umfrage über den Militärdienst durch. Die Umfrage erbrachte folgende Ergebnisse (vgl. Le Soir vom 3. 10. 1989):

- Nur 32,6% der Bevölkerung haben ein positives Bild vom Wehrdienst.
- 49,6% sind für die Abschaffung der Wehrpflicht.

Die Frage nach dem Grund für diese geringe Akzeptanz muß von mehreren Richtungen her beantwortet werden:
- Die Belgier sind in verstärktem Maße der Meinung, daß ihr Territorium nicht bedroht ist.
- Die ständigen Auseinandersetzungen um regionale Probleme wiesen der Armee in den letzten 20 Jahren einen geringeren Stellenwert zu. Hinzu kamen die permanenten Finanzprobleme.
- Vielen Belgiern sind die gegenwärtige Armeegliederung und der Dienstalltag mit seinen Problemen ein Dorn im Auge.

Der Armee kommt keine starke integrativ-gesellschaftliche Bedeutung zu. Für die Bevölkerung hat sie eher die Funktion eines notwendigen Anhängsels der Gesellschaft (vgl. Le Soir vom 3. 10. 1989).

Um die Akzeptanz anzuheben, wurden bisher folgende Maßnahmen diskutiert: Modernisierung der Ausrüstung; Straffung der Befehlsstrukturen; Intensivierung der Ausbildung und Wegfall der Leerlaufzeiten; bessere Verteilung der Wachdienste; Anhebung des Solds (bisher ca. 7 DM pro Tag); verstärkte Berücksichtigung der Wünsche der Wehrpflichtigen nach bestimmten Verwendungen und Einsatzorten; Stärkung der Rechte der Soldaten, z.B. verbesserte Beschwerdemöglichkeiten; Einführung eines fest umrissenen dienstlichen Reglements; Ausweitung des politischen Unterrichts; Einführung sog. komplementärer Maßnahmen, wie z.B. Mechanikerkurse, Computerkurse; mehr Urlaub.

Einige dieser Aspekte wurden bereits in die Tat umgesetzt. Seit 1990 haben die Wehrpflichtigen einen regulären Status (Le statut du milicien). Er bringt folgende Vorteile: Erhöhung des Wehrsolds entsprechend dem Lebenshaltungsindex; Anrechnung der Wehrdienstzeit als Versicherungszeit; mehr Urlaub (zwei Tage pro Monat statt bisher einem); Verbesserung der Rechte des Wehrdienstleistenden (z.B. Beschwerderecht).

Die künftige Rolle Belgiens in der NATO kann nur innerhalb eines NATO-Gesamtkonzepts festgelegt werden, das die Aufgaben der einzelnen Mitgliedsstaaten ausbalanciert. Die Funktion der belgischen NATO-Truppen muß angesichts des Abzugs aus Deutschland und wegen der geplanten Reduzierung des Personalbestandes der gesamten Armee neu definiert werden.

Der Schwerpunkt soll künftig auf leichten und beweglichen

Truppen liegen, die sich für den Einsatz in regionalen Krisengebieten eignen.

Eine Prognose, ob die Einführung einer Freiwilligenarmee (Berufsarmee) zu einer Erhöhung der Akzeptanz führen wird, kann nicht gestellt werden. Die faktische Entwicklung muß hier abgewartet werden. Die Einführung der Berufsarmee erfolgt schrittweise (allmähliche Steigerung des Anteils an Berufs- und Zeitsoldaten bei gleichzeitiger Reduzierung der Zahl der Grundwehrdienstleistenden).

Das Recht auf Kriegsdienstverweigerung

1989 trat ein neues Verweigerungsgesetz in Kraft, das die Voraussetzungen für eine Erleichterung der Verweigerung schuf. Bis 1989 kam es vor dem »Rat für Wehrdienstverweigerer« in sämtlichen Fällen zu einer öffentlichen Anhörung. Diese Anhörung war allerdings nicht mit einer strengen Gewissensprüfung gleichzusetzen. Mit dem Inkrafttreten des neuen Gesetzes entfiel weitgehend das Verfahren vor dem Rat. Der Rat tritt nur noch in Ausnahmefällen zusammen. Er besteht aus einem Richter, einem Rechtsanwalt und einem Beamten des Innenministeriums als Berichterstatter.

Die Antragstellung erfolgt heute nicht mehr an das Innenministerium, sondern an die Verwaltung der Kommune, in der der Antragsteller seinen Wohnsitz hat. Die kommunale Behörde prüft den Antrag auf Vollständigkeit und sachliche Richtigkeit und leitet ihn dann an das Innenministerium weiter. Diese Änderung beschleunigt das Verfahren, zumal der Antragsteller bei Unklarheiten mit der kommunalen Behörde einen direkten Ansprechpartner hat.

Jährlich werden ca. 2500 Anträge gestellt. Anerkannt werden alle schwerwiegenden Gewissensgründe. Die Anerkennungsquote liegt bei 98 %.

Struktur des Zivildienstes

Der Zivildienstleistende kann den Zivildienst (in Belgien »Bürgerdienst«) in verschiedenen Einrichtungen ableisten. Die Dienstdauer beträgt im Zivilschutz, im Gesundheitswesen oder in Behinderteneinrichtungen 10 Monate. In Vereinen (sozialpädagogische, kulturelle und handwerkliche Tätigkeiten sowie Büroarbeit) und in der akademischen Forschung (Hilfstätigkeiten) dauert der Zivildienst 12 Monate. Für alle Zivildienstleistenden gibt es eine zwei- bis dreimonatige allgemeine und tätigkeitsbezogene Ausbildung. Die meisten Verweigerer wählen einen Dienst in Vereinen. Diese Dienste sind relativ gut ausgebaut. Der Verweigerer kann seinen Dienst auch in Organisationen ableisten, die sich mit Menschenrechten, Friedenspolitik, Ausländerpolitik oder Umweltfragen beschäftigen.

Bereits bisher erhielten alle Zivildienstleistenden eine obligatorische Grundausbildung an der Friedensuniversität Namur. Die Ausbildung dort ist jetzt in die Gesamtausbildung integriert und beinhaltet zum einen den Status des Zivildienstleistenden, seine Rechte und Pflichten; ein weiterer Schwerpunkt ist die politische Bildung, wobei auch Möglichkeiten friedlicher Konfliktlösungen behandelt werden.

Probleme des Zivildienstes und Kontroversen

Trotz der angeführten Änderungen gibt es noch Probleme:
- Nach wie vor ist die im Verhältnis zum Grundwehrdienst längere Dauer des Zivildienstes umstritten.
- Die Anhebung der Vergütung wird gefordert. Bisher orientiert sich die Entlohnung am Wehrsold.
- Die Unterscheidung in »Vollverweigerung« und »Teilverweigerung« ist problematisch. »Teilverweigerung« bedeutet die Ableistung des waffenlosen Wehrdienstes. »Vollverweigerung« wendet sich gegen den Wehrdienst und ist mit der Verpflichtung zur Ableistung des Zivildienstes verbunden. Insbesondere die Verweigerer-Organisationen kritisieren, daß mit dieser Art der Unterscheidung die Verweigerung und die Möglichkeit zum waffenlosen Dienst gedanklich miteinander in Verbindung gebracht werden (vgl. Centre Jeunesse Défense, Info-Broschüre 1990, S. 13f.).
- Der Verweigerer wird oft nicht an dem von ihm gewünschten Ort eingesetzt. Dies gilt vor allem für den sozialen Bereich.
- Das Innenministerium kann von den Beschäftigungsstellen für jeden Zivildienstleistenden monatlich 3000 Belgische Francs (ca. 150 DM) einholen. Der Minister befindet darüber, inwieweit diese Möglichkeit zur Anwendung kommt. Die Verantwortlichen der Beschäftigungsstellen appellierten mehrfach an den Minister, auf eine Umsetzung in die Praxis zu verzichten.

Akzeptanz, Funktion und Perspektive des Zivildienstes

Von breiten Teilen der Öffentlichkeit werden die Zivildiensttätigkeiten inzwischen für sinnvoll angesehen. Allerdings belegt die relativ geringe Anzahl der Verweigerer, daß die Funktion des Zivildienstes nach wie vor eine dem Wehrdienst nachgeordnete ist. Es ist zu vermuten, daß die bis 1991 erheblich längere Zivildienstdauer manchen potentiellen Verweigerer von einer Antragstellung abhielt. Die Regelung, daß Verweigerer in Kriegs- oder Krisenfällen zu einem außerordentlichen Zivildienst herangezogen werden können (Tätigkeiten im Zivil- oder Katastrophenschutz), ist umstritten.

Mit der Einführung der Berufsarmee entfallen Grundwehrdienst und ziviler Ersatzdienst. Gegenwärtig wird geprüft, ob ein Pflichtdienst (allgemeine Dienstpflicht) eingeführt werden kann. Hintergrund ist die Überlegung, daß damit der Anstieg der Arbeitslosenzahlen begrenzt werden kann (vgl. Schreiben der Brüsseler Botschaft der Bundesrepublik Deutschland vom 7. 9. 1992).

Prognosen über die Akzeptanz eines Pflichtdienstes lassen sich nicht treffen. Denkbar sind zwei Möglichkeiten:
– Der Pflichtdienst (Zivildienst in veränderter Form) stärkt die gesellschaftliche Einsicht in die volkswirtschaftliche und sozialpolitische Bedeutung sozialer Dienstleistungen. Der Pflichtdienst kann ein eigenes Profil aufbauen und seine Funktion für die Gesellschaft unterstreichen.
– Der Pflichtdienst kann kein eigenständiges Profil aufbauen und kann nicht den gesellschaftlichen Erwartungen gerecht werden (aufgrund etwaiger Probleme bei der Ablauforganisation o.ä.). Die Akzeptanz bleibt begrenzt.

Die Verweigererorganisationen fordern die Beibehaltung des Rechts auf Kriegsdienstverweigerung auch nach Einführung der Berufsarmee bzw. eines etwaigen Pflichtdienstes. Sie begründen dies damit, daß die Wehrpflicht in einem internationalen Krisenfall wieder eingeführt werden könnte (vgl. Biesemans 1992, S. 133).

Wehr- und Zivildienst in Deutschland

Sicherheits- und Verteidigungspolitik in Deutschland

Die sicherheits- und verteidigungspolitischen Zielsetzungen der Bundesrepublik Deutschland wie die der anderen NATO-Staaten orientierten sich bis 1991 am sogenannten Harmel-Bericht. Dieser 1967 veröffentlichte Bericht galt als die grundlegende sicherheitspolitische Konzeption der Atlantischen Allianz. Verteidigungsfähigkeit und Entspannungspolitik ergänzen sich dabei nach der Formel:

Verteidigung + Entspannung = Sicherheit

Der Bericht ist zwar nach wie vor ein Orientierungspunkt, da er wichtige Richtlinien der Sicherheitspolitik festlegt, wie z. B. die Bedeutung hinreichender militärischer Stärke, die Ablehnung von Gewaltanwendung zur Lösung politischer Konflikte, die Förderung der Zusammenarbeit mit anderen Staaten sowie Abrüstungsverhandlungen.

Mit dem Ende des Ost-West-Konflikts kann der Bericht aber nicht mehr als grundlegende sicherheitspolitische Konzeption gelten. Im November 1991 beschlossen die NATO-Staaten eine neue Militärstrategie, die sich den veränderten sicherheits- und verteidigungspolitischen Rahmenbedingungen anpaßt. Das seitherige Prinzip der »flexible response« wird damit aufgegeben. Kernpunkte der neuen Strategie sind: Bildung mobiler Eingreiftruppen, Schaffung multinationaler Streitkräftestrukturen, ausgefeiltes Krisenmanagement, Verzicht auf das Bedrohungsschema, Einkalkulieren gewisser Risiken, Erhaltung des Friedens in Europa mit den Elementen Dialog, Zusammenarbeit und Verteidigung.

Die Bundeswehr hatte bisher einen dreifachen grundlegenden Auftrag: Abschreckung gegenüber einem möglichen Gegner im Frieden; Stärkung der Verhandlungsposition der Bundesregierung im Krisenfall; Schutz des deutschen Territoriums im Verteidigungsfall. Dieser Auftrag ist nach wie vor gültig. Unter Zugrundelegung der veränderten sicherheitspolitischen Lage ist es allerdings erforderlich, den Auftrag zu erweitern und zu ergänzen. Als Elemente des erweiterten Auftrags der Bundeswehr gelten:

– Beteiligung am Krisenmanagement;
– Ausweitung multinationaler Strukturen der NATO;
– Vorbereitung auf die angestrebte Bildung von Streitkräften der Westeuropäischen Union (WEU);
– vertiefte Zusammenarbeit mit allen europäischen Partnern Deutschlands über die NATO und WEU hinaus;
– Beitrag für internationale Hilfen in Not- und Katastrophenfällen (siehe auch Unterrichtsmaterial A 10/5)

Der Grundsatz der defensiven Ausrichtung der Bundeswehr bleibt hiervon unberührt. Nach Artikel 87a des Grundgesetzes sind die Streitkräfte zur Verteidigung vorgesehen. »Verteidigung« ist aber keine Beschränkung auf Landesverteidigung. Verboten ist hingegen der Angriffskrieg (Artikel 26, Absatz 1).

Bis 1991 sah die Organisationsstruktur der Bundeswehr so aus (Heer, inkl. der Bundeswehr-Ost): Die operativen Einheiten (»Feldheer«) umfaßten 65% des gesamten Heeres, die für die Territorialverteidigung vorgesehenen Einheiten hatten einen Anteil von 35%. Der NATO stand im Krisenfall das Feldheer zur Verfügung. Auch die 1992 eingeleitete Zusammenfassung von operativen Einheiten und zur Landesverteidigung vorgesehenen Truppen wird sicherstellen, daß ein beträchtlicher Teil der deutschen Streitkräfte den operativen Planungen der Allianz zur Verfügung steht.

Über eine eigenständige operative Verteidigungsplanung verfügt die Bundeswehr nicht. Dafür sind die NATO-Kommandobehörden zuständig (Kommandobereiche Europa-Mitte und Europa-Nord). Schon 1960 wurde die AMF (Schnelle Eingreiftruppe in Europa) mit Sitz in Heidelberg aufgestellt. Dieser Verband umfaßt Truppen von sieben Nationen und ist im Gegensatz zu »normalen« Verbänden bereits in Friedenszeiten dem NATO-Kommando unterstellt. Auch das bislang einzige multinationale Korps »Landjut« der NATO (nationale Heeres- und Marineeinheiten) mit Sitz in Schleswig-Holstein untersteht bereits im Frieden dem NATO-Kommando.

Gemäß Artikel 3 des »2+4-Vertrages« von 1990 verzichtet Deutschland auf die Produktion von ABC-Waffen, strategischen Bombern und gelenkten Raketen oberhalb bestimmter Größenordnungen. Außerdem gibt es keine nationale Verfügungsgewalt über ABC-Waffen. Bis Ende 1994 wird gemäß dem »2+4-Vertrag« die Personalstärke der Bundeswehr auf 370000 Soldaten reduziert (völkerrechtlich fixierte Höchstgrenze). Im KSE-Ia-Abkommen (Abschließende Akte der Verhandlungen über Personalstärken der konventionellen Streitkräfte in Europa) vom 10. 7. 1992 wurde diese Höchstgrenze bestätigt. Ab 1995 kommt es voraussichtlich zu weiteren Reduzierungen. Am 3. Oktober 1990 betrug die Truppenstärke der Bundeswehr aufgrund der Übernahme der NVA ca. 580000 Mann. Ein Jahr später gab es dann etwa 520000 Bundeswehrsoldaten. Im Frühjahr 1993 dienten noch ungefähr 420000 Mann. Die Teilstreitkräfte haben folgende Anteile: Heer ca. 70%, Luftwaffe ca. 22%, Marine ca. 8%. Hieran wird sich im wesentlichen auch ab 1995 nichts ändern.

Künftig gibt es drei zusammengefaßte Korps-/Territorialkommandos mit Sitz in Münster, Ulm und Potsdam. Im Zuge der neuen Stationierungsplanung werden bis 1995 zahlreiche Standorte aufgegeben oder beträchtlich reduziert.

Bis Ende 1994 werden auf dem Gebiet der Ex-DDR ausschließlich deutsche Verbände stationiert, die nicht in die Bündnisstruktur der NATO integriert sind. Danach können dort auch in die NATO-Struktur eingebundene Verbände gebildet werden, allerdings ohne Kernwaffenträger. Ab Sommer 1994 werden in Ostdeutschland nur noch Bundeswehrsoldaten stationiert sein, da der Abzug der russischen Streitkräfte bis dahin abgeschlossen ist.

Eine verkleinerte Bundeswehr bedingt eine Umstrukturierung zu einer weniger schwer bewaffneten, zum Teil hochmobilen Streitkraft (vgl. Lapins 1992, S. 37ff.). Kennzeichnende Merkmale der neuen Streitkräftestruktur sind die Umfangsreduzierung, eine deutliche Verminderung der Präsenz für den größten Teil der Streitkräfte, die Senkung von Bereitschaftsforderungen und eine durchgreifende Straffung und Rationalisierung der Führungsstrukturen. Wesentliches Kennzeichen der Strukturplanung ist daneben die Anpassung an die neue NATO-Strategie mit den Forderungen nach gesteigerter Flexibilität, erhöhter Mobilität und weitgehender Verwirklichung des Prinzips der Multinationalität (vgl. Naumann 1992, S. 6).

Der Grundsatz »leichter, schneller, beweglicher« bestimmt die Bundeswehrplanung für die Jahre 1994 bis 2006. Demzufolge werden die Streitkräfte in einen präsenten, sehr rasch einsetzbaren »Kern« und in einen größeren »Mantel« gegliedert. Den Kern, die sogenannten Krisenreaktionskräfte, bilden sieben Heeresbrigaden mit einer Stärke von rund 50000 Soldaten. Diese Einheiten stehen innerhalb weniger Tage der NATO zur Verfügung. Der Mantel besteht aus den Hauptverteidigungskräften mit längerer Mobilmachungszeit (vgl. SZ vom 16. 12. 1992).

Im Oktober 1992 wurde als Kernstück der neuen NATO-Militärstrategie das »Rapid Reaction Corps« (RRC) gegründet. Bis 1995 wollen zwölf der 16 NATO-Staaten zehn Heeresdivisionen mit rund 100000 Soldaten aufstellen. Im Ernstfall sollen maximal vier Divisionen eingesetzt werden, je nach Art des Einsatzgebietes. Hauptquartier des RRC wird bis 1995 Bielefeld sein, danach Rheindalen bei Mönchengladbach. Die Einheiten werden erst im Krisenfall der NATO unterstellt.

Seit 1993 werden zwei deutsch-amerikanische Korps mit Sitz in Frankfurt/Main und Ulm aufgestellt. Die Korps sollen einen wesentlichen Bestandteil der künftigen Hauptverteidigungskräfte der NATO in Mitteleuropa bilden.

Informationen zum »Eurokorps« siehe »Länderanalyse Frankreich«.

Struktur des Wehrdienstes

Die Wehrpflicht ist in Artikel 12a, Absatz 1 des Grundgesetzes festgelegt: »Männer können vom vollendeten achtzehnten Lebensjahr an zum Dienst in den Streitkräften... verpflichtet werden.«

Die Wehrpflicht wurde 1956 in das Grundgesetz aufgenommen. 1978 wies das Bundesverfassungsgericht darauf hin, daß der Staat, der Menschenwürde und Freiheit als Grundrecht schütze, dieser Schutzverpflichtung nur mit Hilfe der Bürger nachkommen könne. Dementsprechend sei es eine grundsätzliche staatsbürgerliche Pflicht, Wehrdienst zu leisten.

Nach § 3, Absatz 1 des Wehrpflichtgesetzes wird die Wehrpflicht durch den Wehrdienst erfüllt. Der zu leistende Wehrdienst umfaßt im Frieden den 12monatigen Grundwehrdienst, im Anschluß daran eine 12monatige Verfügungsbereitschaft sowie Wehrübungen (vgl. § 4, Absatz 1 Wehrpflichtgesetz sowie §§ 5, 5a, 6). Zum Grundwehrdienst kann der Wehrpflichtige bis zum vollendeten 28. Lebensjahr herangezogen werden. Bei militärfachlicher Verwendung ist eine Einberufung bis zum vollendeten 32. Lebensjahr möglich (z.B. bei Ärzten). Die Wehrpflicht endet mit Ablauf des Jahres, in dem der Wehrpflichtige das 45. Lebensjahr vollendet (§ 3, Absatz 3 und § 5 des Wehrpflichtgesetzes). Nach Vollendung des 45. Lebensjahres kann der Wehrpflichtige im Frieden in keinem Fall mehr zu Wehrübungen eingezogen werden. Für Offiziere und Unteroffiziere gilt im Frieden das vollendete 60. Lebensjahr. Im Verteidigungsfall endet für alle Dienstgrade die Wehrpflicht mit dem vollendeten 60. Lebensjahr (§ 3, Absätze 3, 4 und 5 des Wehrpflichtgesetzes).

Das Einberufungsalter zum Grundwehrdienst endet künftig mit dem vollendeten 25. Lebensjahr (gilt nicht bei Zurückstellungen). Zum Grundwehrdienst werden nicht herangezogen: Untaugliche, Geistliche, Polizisten, Angehörige des Bundesgrenzschutzes und der Berufsfeuerwehr. Wehrpflichtige, die sich auf mindestens acht Jahre zum Dienst im Zivil- oder Katastrophenschutz (inkl. freiwilliger Feuerwehr) verpflichten, werden ebenfalls nicht herangezogen. Nicht einberufen wird auch, wer sich für mindestens 17 Monate Entwicklungsdienst verpflichtet.

Neben den gesetzlich festgelegten Wehrdienstausnahmen gibt es eine Reihe sogenannter »administrativer« Wehrdienstausnahmen. Diese Ausnahmen sind durch Richtlinien des Bundesministers der Verteidigung festgelegt. Zur Zeit gelten hier folgende Regelungen: Nicht herangezogen werden alleinerziehende Väter sowie dritte und weitere Söhne, wenn zwei Brüder Wehr- oder Zivildienst geleistet haben. Vorrangig sollen jüngere vor älteren Wehrpflichtigen einberufen werden. Ältere Wehrpflichtige sind nicht mehr einzuberufen, wenn sie das 25. Lebensjahr vollendet haben und mehr als drei Jahre vom Kreiswehrersatzamt nichts mehr gehört haben.

Zurückstellungen sind möglich, wenn persönliche oder berufliche Härtegründe vorliegen. Auch die Vorbereitung auf das geistliche Amt ist ein Zurückstellungsgrund.

Der Grundwehrdienst dauert seit 1990 zwölf Monate. Die ersten drei Monate dienen der Grundausbildung. Nach dem zwölften Monat hat der Soldat die Vollausbildung abgeschlossen. Das militärische Bundeswehrpersonal besteht zu ca. 45% aus Grundwehrdienstleistenden, zu 42% aus Soldaten auf Zeit sowie zu 13% aus Berufssoldaten (Stand 1993). Während 1993 etwa 180000 Grundwehrdienstleistende dienten, soll ihre Zahl ab 1995 auf ungefähr 155000 sinken. Diesen Planungen zufolge sinkt der Anteil der Grundwehrdienstleistenden auf etwa 40%.

Nach Ableistung des Grundwehrdienstes sollen die Reservisten künftig im Regelfall nur noch vier Jahre lang zu einer Reserveübung eingezogen werden (vgl. SWP vom 20. 6. 1992).

Status, Rechte und Pflichten des Soldaten sind im Soldatengesetz geregelt (letzte Änderung 1992). Die Soldaten haben als »Staatsbürger in Uniform« grundsätzlich dieselben staatsbürgerlichen Rechte wie alle Bürger, z.B. Meinungsfreiheit, Möglichkeit der Mitgliedschaft in Parteien und Gewerkschaften usw. Nach Artikel 17a, Absatz 1 des Grundgesetzes können für Soldaten bestimmte Grundrechte eingeschränkt werden, aber nur insoweit, als dies zur Durchführung der Aufgaben notwendig ist, die der Bundeswehr gestellt sind. Die Einschränkungen werden im Soldatengesetz konkretisiert: Die »Freizügigkeit« wird durch die Pflicht begrenzt, in einer Gemeinschaftsunterkunft zu wohnen (auf dienstliche Anordnung, vgl. § 18 Soldatengesetz); das »Recht der freien Meinungsäußerung« wird dadurch begrenzt, daß der Soldat zwar im Gespräch mit Kameraden offen seine Meinung äußern darf, es ihm aber untersagt ist, sich im Dienst zugunsten oder zuungunsten einer bestimmten politischen Richtung zu betätigen. Außer Dienst hat sich der Soldat außerhalb der dienstlichen Unterkünfte und Anlagen so zu verhalten, daß er das Ansehen der Bundeswehr nicht ernsthaft beeinträchtigt (§§ 12 und 15 des Soldatengesetzes).

Das Soldatenbeteiligungsgesetz von 1991 regelt in Artikel 1 die Beteiligungs- und Mitbestimmungsrechte der Soldaten. Die Grundwehrdienstleistenden wählen in geheimer Wahl Vertrauenspersonen. Diese haben ein Anhörungsrecht bei Personalangelegenheiten, ein Vorschlagsrecht bei der Gestaltung des Dienstbetriebs sowie ein Vorschlagsrecht bei Fragen der Berufsförderung. Das Beschwerderecht ist in der Wehrbeschwerdeordnung geregelt. Die Grundwehrdienstleistenden erhalten Wehrsold. Der Tagessatz beträgt 13,50 DM (niedrigster Dienstgrad, Stand 1993). Dazu tritt der Anspruch auf unentgeltliche Unterkunft, Verpflegung, Dienstbekleidung und Heilfürsorge. Nach sechs Monaten erfolgt die Regelbeförderung zum Gefreiten (Tagessatz 15 DM).

Von den Pflichten des Wehrdienstleistenden sind hervorzuheben:
- Die Grundpflicht; der Bundesrepublik Deutschland treu zu dienen und das Recht und die Freiheit des deutschen Volkes tapfer zu verteidigen (§ 7 Soldatengesetz/SG);
- die Anerkennung der freiheitlich-demokratischen Grundordnung im Sinne des Grundgesetzes (§ 8 SG);
- die Ablegung des Gelöbnisses für Grundwehrdienstleistende bzw. des Eides für Berufs- und Zeitsoldaten (§ 9, Absätze 1 und 2 SG);
- die Gehorsamspflicht; den Vorgesetzten zu gehorchen (§ 11, Absatz 1 SG);
- das Verbot der politischen Betätigung im Dienst (§ 15, Absätze 1, 2 und 4 SG).

Seit Bestehen der Bundeswehr gibt es den Begriff der »Inneren Führung«. Die Konzeption der Inneren Führung soll das Werte- und Normensystem des Grundgesetzes mit Führung, Erziehung und Ausbildung in der Bundeswehr verbinden. Damit bestimmt sie den Standort der Armee in der Demokratie und setzt einen werteorientierten Bezugsrahmen für soldatisches Selbstverständnis. Dieser Zielprojektion entspricht das Leitbild vom »Staatsbürger in Uniform«. Damit ist gemeint: Wie beim »normalen« Staatsbürger sollen die staatsbürgerlichen Rechte des Soldaten mit seinen Pflichten in Einklang gebracht werden. Die Innere Führung als Konzeption der modernen Menschenführung geht davon aus, daß militärische Ausbildung mitdenkenden Gehorsam fördert und selbständiges Handeln auf keiner Ebene behindern darf.

Die Innere Führung hat drei Hauptziele:
- die Streitkräfte und den Soldaten in Staat und Gesellschaft einzubinden (Integrationsaspekt);
- den Auftrag der Bundeswehr und den soldatischen Dienst zu begründen (Legitimationsaspekt);
- die Bereitschaft des Soldaten zum Dienen zu fördern (Motivationsaspekt).

Die Konzeption der Inneren Führung ist eine Denkvorstellung und muß selbstverständlich in der täglichen Praxis (Dienstalltag) umgesetzt werden. Diese Umsetzung vollzieht sich in folgenden Wirkungsfeldern:

Menschenführung:	Gemeint ist, daß Vorgesetzte einen integrativen Führungsstil haben sollten; dies schließt die Aufgeschlossenheit für Anliegen der Soldaten ebenso ein wie die Reflexion des eigenen Verhaltens.
Politische Bildung:	Die politische Bildung soll dazu verhelfen, daß der Soldat seine Entscheidung aus Verantwortung gegenüber dem freiheitlichen Rechtsstaat trifft; dies ist nur möglich, wenn der Lehrende umfassend informiert, auf Indoktrination verzichtet sowie das Verständnis füreinander fördert.
Betreuung und Fürsorge:	Der Vorgesetzte steht vor der Aufgabe, die innerhalb und außerhalb des Dienstes vom Soldaten erbrachten Leistungen anzuerkennen; weiterhin ist die Betreuung der Soldaten in der Freizeit wichtig.
Soldatische Ordnung und Wehrrecht:	Die soldatische Ordnung soll genau, aber nicht überzogen eingehalten werden; Formen und Regeln müssen begründet und vom Vorgesetzten vorgelebt werden; der Vorgesetzte hat Ermahnung, Belehrung und Disziplinierung gezielt einzusetzen; zu einem guten Vorgesetzten gehört, daß er auf Pedanterie und auf drakonische Strafen verzichtet.

Wehrpflicht und Wehrdienst – wichtige Daten und Fakten

1955	Gründung der Bundeswehr
1956	Einführung der Wehrpflicht; 12 Monate Grundwehrdienst
1957	Einberufung der ersten Wehrpflichtigen
1962	Verlängerung der Grundwehrdienstdauer auf 18 Monate
1965	Senkung des Einberufungsalters von 20 auf 18 Jahre; Abschaffung des Lossystems zugunsten des Musterungsauswahlverfahrens
1972	Verkürzung der Grundwehrdienstzeit auf 15 Monate
1975	Einführung der einjährigen Verfügungsbereitschaft im Anschluß an den Grundwehrdienst
1986	Der Deutsche Bundestag beschließt die Verlängerung des Grundwehrdienstes auf 18 Monate ab dem 1. 6. 1989 wegen der zur Einberufung heranstehenden geburtenschwachen Jahrgänge.
1988/89	Heftige Kontroversen über die bevorstehende Verlängerung
1989	Aussetzen der Verlängerung; es bleibt bei 15 Monaten Grundwehrdienst.
1990	Aufgrund der Fortschritte in der Abrüstungspolitik und wegen des Falls des Eisernen Vorhangs Verkürzung der Grundwehrdienstdauer auf 12 Monate
1991	Diskussionen um die Einführung einer Berufsarmee; es bleibt bei der Wehrpflicht.

Probleme des Wehrdienstes und Kontroversen

Die Diskussionen über Wehrdienst und Bundeswehr beziehen sich hauptsächlich auf die Schwerpunktbereiche Dienstalltag, dienstliche Rahmenbedingungen und politische Konfliktlinien. Mit »politischen Konfliktlinien« sind grundsätzliche und in einer breiteren Öffentlichkeit ausgetragene Kontroversen gemeint.

Dienstalltag. Die Dienstzeitbelastung der Soldaten ist höher als bei den meisten zivilen Tätigkeiten. Seit 1989 gilt zwar eine »Rahmendienstzeit« von 46 Stunden, die allerdings häufig überschritten wird.

Hohe Dienstzeitbelastung, »Leerläufe« im Dienstalltag und Mängel bei der Menschenführung führen zu Motivationsverlusten. Wie die Berichte des Wehrbeauftragten (er ist eine Art Ombudsmann der Soldaten bezüglich des Grundrechtsschutzes sowie Hilfsorgan des Deutschen Bundestages bei der Ausübung der parlamentarischen Kontrolle) darlegen, gibt es mancherorts überzogene Auslegungen der Soldatischen Ordnung durch Vorgesetzte. Hierher gehören beispielsweise Pedanterie, Nichtberücksichtigung berechtigter Anliegen der Untergebenen, fehlende Selbstkorrektur sowie verbale Entgleisungen (vgl. Jahresbericht 1989 des Wehrbeauftragten, S. 11 ff., sowie Jahresbericht 1990, S. 5 ff.).

Die Vorgesetzten müssen sich in ihrem Führungsverhalten darauf einstellen, daß nach Sinn und Zweck des Wehrdienstes gefragt wird (vgl. Jahresbericht 1990, S. 6). Dies bedeutet gleichzeitig, daß alle Befehle, Forderungen und Aufträge an der militärischen Notwendigkeit auszurichten sind.

Von einem Soldaten, der die Hintergründe und Sachzusammenhänge dienstlicher Forderungen nicht erkennt, kann kaum erwartet werden, daß er motiviert seinen Aufgaben nachkommt. Deshalb müssen Entscheidungen und Maßnahmen im gebotenen Maße erläutert werden. Ein Miteinander kann nur in einer Atmosphäre gedeihen, in der sich der Untergebene menschlich ernstgenommen fühlt und auch seinerseits etwaige Schranken überwindet, um auf seinen Vorgesetzten zuzugehen. Umgekehrt muß Untergebenen die Bereitschaft zum Gespräch signalisiert werden; verbale Aufforderungen reichen nicht aus, vielmehr gilt es, durch das Gesamtverhalten Zeichen zu setzen (vgl. Jahresbericht 1989, S. 12).

Dienstliche Rahmenbedingungen. Ein wichtiger Aspekt der dienstlichen Rahmenbedingungen ist das Recht der Soldaten auf freie Meinungsäußerung. Streit über die Frage, inwieweit ein Soldat in der Öffentlichkeit politische Positionen beziehen darf, führte 1985 zu einer Grundsatzentscheidung des Bundesverwaltungsgerichts. Das Gericht entschied, daß Bundeswehrsoldaten sich zu politischen Fragen öffentlich (außerhalb der Dienstzeit) äußern dürfen, auch wenn ihre Meinung von der Auffassung der Bundeswehrführung und der Ansicht der Vorgesetzten abweicht (vgl. Bundesverwaltungsgericht, Urteil vom 10. 10. 1985 – 2 WD 19/85).

Mitbestimmung und Eigeninitiative sind bedeutsame Erfahrungswerte für die Grundwehrdienstleistenden. In der Praxis steht es aber mit der Ausübung dieser Rechte und Möglichkeiten nicht immer zum Besten. Anspruch und Wirklichkeit des »Staatsbürgers in Uniform« treten täglich zueinander in Widerspruch. Problempunkte sind in diesem Zusammenhang insbesondere:

- Teilweise angespannte Situation durch in Menschenführung unzureichend ausgebildete Unteroffiziere;
- unzureichende Förderung der Diskussionsfähigkeit und der Möglichkeit, eigene und autonome Meinungen zu vertreten;
- Mangel an qualitativ sinnvollen Freizeitangeboten;
- nicht ausreichende Aus- und Weiterbildungsmöglichkeiten im Hinblick auf den Übergang ins zivile Berufsleben (vgl. SWP vom 2. 5. 1990, Heer 4/1990, S. 14f., Mannheimer Morgen vom 22. 6. 1989).

Die Folge der Defizite ist, daß viele Wehrpflichtige eine »wohlwollende Gleichgültigkeit« an den Tag legen. Sie identifizieren sich wenig mit ihrem Dienst und sind froh, abends nach Hause fahren zu können. (Zur Erläuterung: Die Grundwehrdienstleistenden sind nach beendeter Grundausbildung nicht mehr verpflichtet, in der Kaserne zu übernachten.)

Heimatferne Einsätze (zwei Fahrstunden und mehr) können die Motivationsverluste verstärken. Umgekehrt gilt aber auch: Wenn viele heimfahren, ist dies der Kameradschaft abträglich.

Weiterhin gibt es Schwierigkeiten bei der Auslegung der Konzeption der Inneren Führung durch Vorgesetzte. Manche Vorgesetzte heben vornehmlich auf Effizienz (Stichwort: reibungsloser Dienstablauf) ab. Dabei wird zu wenig berücksichtigt, daß es bei der Konzeption vor allem darum geht, die Persönlichkeit des einzelnen Soldaten zu achten und seine Bedürfnisse gegen die Erfordernisse des Dienstes abzuwägen (vgl. Bronisch 1989, S. 13).

Politische Konfliktlinien. Die öffentlich ausgetragenen Kontroversen beziehen sich inbesondere auf die Wehrgerechtigkeit sowie die mögliche Beteiligung der Bundeswehr an Aktionen der Vereinten Nationen bzw. an Einsätzen außerhalb des NATO-Gebietes (out of area).

Jährlich werden im vereinten Deutschland ungefähr 400000 junge Männer gemustert. Davon sind etwa ein Viertel untauglich oder leisten aufgrund einer Wehrdienstausnahme keinen Wehr- oder Zivildienst ab (ca. 100000). Ungefähr 90000 tauglich Gemusterte eines Geburtsjahrganges absolvieren als anerkannte Kriegsdienstverweigerer den Zivildienst. Trotz dieser Zahlen kommt es zu einem Überhang an Wehrpflichtigen, die für den Grundwehrdienst zur Verfügung stehen. Aufgrund der Verringerung der Friedensstärke der Bundeswehr werden künftig pro Jahr nur noch höchstens 150000 Rekruten benötigt.

Diese Situation bedeutet ein Abnehmen der Wehrgerechtigkeit in dreifacher Hinsicht:

- Untaugliche und Wehrdienstausnahmen in Anspruch Nehmende leisten überhaupt keinen Dienst ab.
- Mehr als 50000 eines Geburtsjahrgangs stehen zwar für den Grundwehrdienst zur Verfügung, werden aber nicht eingezogen.
- Da alle tauglich gemusterten Verweigerer zum Zivildienst herangezogen werden, werden manche potentiellen Verweigerer möglicherweise erst einmal abwarten, ob sie überhaupt einen Einberufungsbescheid erhalten. Wenn sie einen solchen erhalten, können sie immer noch nachträglich verweigern. Falls sie keinen Bescheid erhalten, können sie es dabei belassen. Dies könnte dann zur Folge haben, daß die Zahl der Zivildienstleistenden sinkt und die Zahl der für den Grundwehrdienst zur Verfügung Stehenden weiter ansteigt. Damit wird das Gerechtigkeitsproblem größer.

Keinen Zweifel gibt es in der öffentlichen Diskussion daran, daß die Wehrgerechtigkeit abnimmt. Unterschiedlich beurteilt wird allerdings das Ausmaß der Wehrungerechtigkeit. Sehr kontrovers wird darüber diskutiert, wie dem Problem beizukommen ist. Drei Vorschläge stehen bei der Diskussion im Vordergrund: die Aufstellung einer Berufsarmee, die Einführung einer allgemeinen Dienstpflicht oder die Verkürzung der Grundwehrdienstdauer (vgl. hierzu Unterkapitel »Perspektiven für den Diskussionszusammenhang von Wehr- und Zivildienst«).

Grenzüberschreitende Umweltprobleme, Verknappung der natürlichen Lebensgrundlagen und Nationalitätenkonflikte werden künftig zu stärkeren Bedrohungen werden. Neben der Gewährleistung einer militärischen Grundsicherung kommen deshalb im Rahmen kollektiver Sicherheitssysteme (UNO, KSZE, WEU) zusätzliche Aufgaben auf die Bundeswehr zu. Beispiele für solche Aufgaben sind (vgl. Lippert 1991, S. 40f.):

- Friedenserhaltende Maßnahmen im Auftrag der UNO (observer-missions und peace-keeping-operations, zusammengefaßt unter dem Begriff »Blauhelme«);
- humanitäre und technische Hilfe bei Umweltkatastrophen, Überschwemmungen, Erdbeben, Dürre usw. (»Weißhelme«);
- Überwachung geschützter Großlebensräume, wie z.B. Regenwald, Meere, Arktis (»Grünhelme«).

Für derartige Einsätze muß das Grundgesetz geändert und präzisiert werden. Entsprechende Änderungen sind wahrscheinlich, da auch die SPD die Teilnahme an solchen Aktionen bejaht.

Umstritten ist hingegen die Teilnahme deutscher Soldaten an »friedensherstellenden Maßnahmen« der UNO. Hierbei geht es um die Anwendung militärischer Gewalt gemäß den Kapiteln VII und VIII der UN-Charta. Dies würde den Kampfeinsatz der Bundeswehr außerhalb des NATO-Bereiches bedeuten. Während CDU/CSU und FDP dafür plädieren (vgl. Koalitionsentwurf vom Januar 1993), ist die SPD mehrheitlich dagegen. In der Bevölkerung gehen die Meinungen hierzu gleichfalls auseinander (Spiegel-Umfrage vom Oktober 1992, vgl. Der Spiegel Nr. 44, 1992, S. 61).

Streitpunkt bei etwaigen Einsätzen der Bundeswehr außerhalb des NATO-Gebietes ist auch die Frage, ob es sinnvoll ist, hierfür Grundwehrdienstleistende zu verpflichten. Während die Teilnahme von Grundwehrdienstleistenden an »Blauhelmaktionen« eher nachvollziehbar ist, dürfte die Beteiligung an »Kampfeinsätzen« problematisch sein.

Mit der Verkürzung der Grundwehrdienstdauer von 15 auf zwölf Monate im Juli 1990 war ein jahrelanger politischer Streit über die Dienstdauer entschieden. In der jüngsten Vergangenheit gehen die Meinungen hierzu allerdings wieder auseinander. Bei den Verteidigungsexperten von Regierung und Opposition besteht weitgehend Einigung darüber, daß eine kürzere Grundwehrdienstdauer als zwölf Monate keinen Sinn macht, da bei einer hochtechnisierten Armee wie der Bundeswehr eine Ausbildungsdauer von mindestens zwölf Monaten erforderlich ist. Hingegen gibt es bei den CDU-Landesverbänden Stimmen, die eine Verkürzung auf neun Monate vorschlagen. So könne die Wehrgerechtigkeit wiederhergestellt und die allgemeine Wehrpflicht beibehalten werden (vgl. Die Rheinpfalz vom 17. 10. 1992).

Der Vorschlag des Bundesinnenministers, Bundeswehrsoldaten zur Verstärkung des überlasteten Bundesgrenzschutzes an den Grenzen zu Polen und zur Tschechischen Repbulik einzusetzen, stieß im Verteidigungsministerium auf Protest. Ein Sprecher der Hardthöhe meinte, Soldaten seien »keine Hilfspolizisten« (vgl. SZ vom 18. 12. 1992).

Akzeptanz und Funktion der Bundeswehr bzw. des Wehrdienstes

Ein Akzeptanzverlust der Institution Bundeswehr und des Wehrdienstes ist unverkennbar. Die Streitkräfte werden von der Gesellschaft zunehmend weniger akzeptiert (»Externe Akzeptanz«). Auch die Grundwehrdienstleistenden selbst bringen ihrem Dienst und der Bundeswehr im ganzen weniger Wertschätzung entgegen (»Interne Akzeptanz«).

Externe (gesellschaftliche) Akzeptanz der Bundeswehr und des Wehrdienstes. Das Ansehen der Bundeswehr in der Bevölkerung ging in den 80er Jahren zurück. Insbesondere die Nachrüstungsdebatte und die Auseinandersetzungen über die Tiefflüge trugen hierzu bei. Die Kritik am Sinn der Armee nahm zu. Der Wegfall der seitherigen Bedrohungslage schränkt die Akzeptanz weiter ein. Die Frage nach der verteidigungspolitischen Legitimation der Bundeswehr muß neu beantwortet werden. Damit der Konsens über die Bundeswehr gesichert werden kann, muß der Sinn des Wehrdienstes neu formuliert werden.

In seinem Jahresbericht 1991 führte der Wehrbeauftragte zu dieser Problematik sinngemäß aus: Den Soldaten müsse jederzeit bewußt sein, daß sie zwar in einer Friedensarmee dienen, dies aber die Bereitschaft zum militärischen Einsatz einzuschließen habe. Erforderlich sei es, die Soldaten stärker damit zu konfrontieren, daß sie z. B. im Rahmen von Bündnisverpflichtungen eingesetzt werden können. Nicht ohne einschneidende Folgen für das Selbstverständnis und die Motivation der Soldaten könne es bleiben, wenn eine Entsendung in Krisengebiete ohne breiten parlamentarischen Konsens erfolgt. Konkret ereignete sich dies während des Zweiten Golfkrieges, als deutsche Soldaten in der Randzone der kriegerischen Auseinandersetzungen (Türkei) stationiert waren. Diese Situation führte zu Vertrauensverlusten gegenüber den politischen Entscheidungsträgern, unabhängig davon, ob die Soldaten im Krisengebiet eingesetzt waren oder nicht. Deshalb sei es eine vordringliche Aufgabe des Bundestages, klare Aussagen zur Rolle der Streitkräfte bei der Beteiligung an militärischen Aktionen im Rahmen der NATO und der UNO zu treffen. Es könne nicht vorrangig die Aufgabe der Soldaten sein, ihren Einsatz bei Konflikten gegenüber den Untergebenen und den Bürgern zu begründen (vgl. Jahresbericht 1991 des Wehrbeauftragten, S. 3ff.).

Die Ergebnisse repräsentativer Meinungsumfragen belegen, daß die gesellschaftliche Akzeptanz zurückgegangen ist. Hatten 1981 noch 24% der Bevölkerung die Bundeswehr und 23% den zivilen Ersatzdienst bevorzugt (44% hatten den Grundwehrdienst und den Ersatzdienst gleich gewertet), so veränderte sich dieses Bild 1989 wie folgt: 19% Bundeswehr, 36% Ersatzdienst, 40% gleichwertig (vgl. Allensbach 1981, 1989).

Der Anstieg der Verweigererzahlen zeigt, daß es einfacher geworden ist, den »Kriegsdienst« zu verweigern. Die Verweigererzahlen sind ein realer und aktueller Beleg für die gesellschaftliche Distanz gegenüber der Ableistung des Wehrdienstes.

Trotz der angeführten Entwicklungen wird die Existenz der Bundeswehr von der Bevölkerungsmehrheit anerkannt. Auch die männlichen Jugendlichen als direkt Betroffene erkennen die Existenzberechtigung an. Das Ausmaß der Zustimmung hängt allerdings davon ab, ob es zum Zeitpunkt der Befragung Krisenfälle gibt, welche die Weltpolitik nachhaltig beeinflussen:
- 58% der Bürger halten die Bundeswehr für wichtig, 16% halten sie für sehr wichtig (Emnid 1991);
- 54% der Bevölkerung sind der Meinung, daß die Bundeswehr angesichts des Golfkrieges eher an Bedeutung gewonnen hat (Emnid 1991);
- nach der unter dem Eindruck des Golfkrieges Anfang 1991 durchgeführten Emnid-Untersuchung schätzen 24% der 14- bis 21jährigen männlichen Jugendlichen die Bundeswehr für sehr wichtig ein. Weitere 55% halten sie für wichtig. Im Vergleich hierzu hatte eine 1990 vom Sinus-Institut durchgeführte Untersuchung bei 16- bis 18jährigen männlichen Jugendlichen zur Frage der Bedeutung der Bundeswehr noch ein Ergebnis von 10% (wichtig) bzw. 30% (sehr wichtig) ermittelt.

Hinsichtlich der externen Akzeptanz läßt sich somit festhalten: Einerseits wird der Bundeswehr ihre Existenzberechtigung nicht abgesprochen (Stichworte: äußere Sicherheit, internationale Krisen); andererseits ist die Distanz des einzelnen gegenüber den Streitkräften größer geworden (Stichworte: Wegfall des seitherigen Bedrohungsbildes, Suche nach einer neuen Sinnformulierung des Wehrdienstes, Vertrauensverluste, Anstieg der Verweigererzahlen, Sinken der individuellen Wehrdienstbereitschaft).

Interne Akzeptanz der Bundeswehr und des Wehrdienstes (bei Grundwehrdienstleistenden). Erlebt die Armee im Meinungsbild der Bevölkerung eine »Sinnkrise«, so ist eine ähnliche Entwicklung in den Streitkräften quasi vorprogrammiert, wenn auch möglicherweise zeitlich verzögert und unterschiedlich je nach Dienstgradgruppen. Am stärksten und auch am schnellsten dürfte dies bei Grundwehrdienstleistenden der Fall sein (vgl. Klein 1989, S 21).

Befragungen Grundwehrdienstleistender im Pionierkommando 1 in den Jahren 1982 bis 1988 erbrachten folgende Ergebnisse: Für 20% ist der Wehrdienst persönlich sinnvoll, 58% halten ihn für wenig und 22% für nicht sinnvoll. Als Begründungen werden u.a. Unterbrechung des normalen Lebens, unsinnige Befehle, widersprüchliche Befehle, belastende Umgangsformen, Negativerfahrungen mit der Organisation des Dienstbetriebes, sowie zu wenig Spielraum für eigene Ideen angeführt. Nach 1987 im Pionierkommando 1 durchgeführten Umfragen empfindet die Mehrzahl der Befragten die Dienstzeit als verlorene Zeit, da einerseits keine persönliche Weiterentwicklung möglich ist, andererseits sich die in der Dienstzeit erworbenen Kenntnisse wenig (53%) bis nicht (33%) im zivilen Leben verwerten lassen. Fast 50% der Befragten gaben an, sie seien oft oder häufig mit Aufgaben beschäftigt gewesen, deren Sinn ihnen nicht klar war. Beklagt wurden ferner: keine Erklärung der Ausbildungsinhalte in einem größeren Rahmen, geistige Unterforderung, Langeweile sowie zu formale Dienstplangestaltung und scheinbar sinnlose Wiederholung von Tätigkeiten (vgl. Drexler 1991, S. 103ff.; Durchführung der Untersuchungen durch das Sozialwissenschaftliche Institut der Bundeswehr München).

Weitere Untersuchungen belegen, daß die Motivation zum »Dienen aus Einsicht oder Verantwortung« sehr begrenzt ist. Vielmehr ist ein ausgeprägtes Mitläufertum festzustellen. Die Gründe hierfür liegen in der mangelnden Motivation bereits zu Beginn des Dienstes sowie in den Negativerfahrungen des Dienstalltags. Viele wehrpflichtige Grundwehrdienstleistende leisten den Dienst ab, weil sie eben müssen. Bei einer Befragung des Sozialwissenschaftlichen Instituts im Heer 1989 antworteten 29,7%, sie seien ungerne bei der Bundeswehr, 40,2%, sie seien sehr ungerne bei der Bundeswehr (vgl. Drexler 1991, S. 113).

Ein Grundproblem ist, daß der Sinn des Dienstes von vielen gar nicht erst hinterfragt wird. Dies hat sicherlich bei einigen etwas mit Bequemlichkeit oder Denkunfähigkeit zu tun. Für die Mehrheit gilt aber, daß sie durch die Politik, die politische Bildung und durch den Dienstalltag nicht dazu gebracht werden, sich die Sinnfrage zu stellen. Wenn die Wehrpflicht nicht in zufriedenstellendem Maße legitimiert erscheint, kann sie nur als staatliche Zwangsmaßnahme empfunden werden. Wenn der Bundeswehralltag als negativ erlebt wird, so wird man seine Zeit einfach »abdienen«.

Die Kameradschaft hingegen wird von den Grundwehrdienstleistenden als positive Erfahrung genannt. Auch technische und operative Aufgabenstellungen, beispielsweise bei Übungen, schneiden in der Beurteilung besser ab (vgl. Die Welt vom 3. 4. 1989).

Klargestellt werden muß, daß das Betriebsklima der Bundeswehr nicht generell schlecht ist. In einer Wehrpflichtarmee gibt es einen häufigen Personalwechsel. Damit sind »Reibungsverluste« strukturell vorprogrammiert.

Gründe der Entscheidung für den Wehrdienst. Die veränderten politischen Rahmenbedingungen und der gesellschaftliche Wertewandel (u. a. stärkere Betonung der individuellen Freiheitsspielräume) führen dazu, daß auch solche jungen Männer, die bereit sind, Wehrdienst zu leisten, zunehmend verunsichert werden oder unzufrieden sind. Zum Teil »schimpfen« sie heftig auf die Eingriffe in ihr ziviles Leben; andere wiederum haben zumindest ein ungutes Gefühl. Die Entscheidung, zur Bundeswehr zu gehen, muß sowohl gegen das eigene Gewissen als auch gegen die öffentliche Meinung gerechtfertigt werden. Abwehrstrategien werden entwickelt. Sie haben die Funktion, die Entscheidung rechtfertigen zu können. Solche Strategien sind z. B.:
- Entwicklung von Szenarien, in denen Gewalt gerechtfertigt erscheint (Notwehrsituationen, Gewalt gegen Tyrannen usw.);
- Betonung der eigenen Machtlosigkeit gegenüber dem Krieg; gegen Krieg kann man nichts ausrichten, und deshalb ist man auch moralisch nicht verantwortlich (vgl. Birckenbach 1989, S. 17).

Für viele Grundwehrdienstleistende ist die Ableistung des Grundwehrdienstes eine Pflicht, der man sich nicht entziehen kann. Diese »Pflichtorientierung« trifft indessen nicht für alle Grundwehrdienstleistenden zu. Insgesamt gibt es folgende Orientierungen (in Anlehnung an Birckenbach 1985, S. 176ff.):

Ich-Orientierung:	Einige erwarten, daß der Wehrdienst ihnen hilft, ein erwachsener Mann zu werden; sie erhoffen sich eine Bewährung an den Alltagsproblemen.
Lebensorientierung:	Andere meinen, daß der Wehrdienst eine berufliche Chance ist; sie denken, Schlüsselqualifikationen zu erlernen, wie z. B. Durchstehvermögen, Kommunikations- und Teamkompetenz.
Pflichtorientierung:	Wiederum andere sind der Ansicht, der Wehrdienst würde ihnen von alledem nichts bringen; sie wollen ihn lediglich ableisten, weil sie sich ihm nicht entziehen können.
Verantwortungsorientierung:	Schließlich gibt es eine Gruppe, die den Wehrdienst aus innerer Überzeugung ableistet; sie sieht im Wehrdienst eine unverzichtbare Selbstbehauptungsform demokratischer Gesellschaften.

In der Regel wird der Grundwehrdienstleistende von einer Motivgruppe primär und darüber hinaus sekundär von einer oder mehreren anderen Gruppen geprägt. Mitentscheidend sind dabei die Bedingungen vor Ort.

Materielle Bedingungen und Akzeptanz des Wehrdienstes. Auch die materiellen Bedingungen sind ein wichtiger Aspekt, inwieweit Grundwehrdienstleistende den Wehrdienst akzeptieren. Während es bei der Besoldung für Grundwehrdienstleistende Verbesserungsansätze gibt (Erhöhung des Soldes ab 1. 10. 1992), werden weiterhin folgende Punkte kritisiert: Unzureichender Ausgleich für Mehrarbeit durch Vergütung oder Freizeit; berufliche Weiterbildung für Grundwehrdienstleistende nur außerhalb der Dienstzeiten; Kürzung des Entlassungsgeldes.

Funktion der Bundeswehr und des Wehrdienstes. Die Bundeswehr als Institution und die Ableistung des Wehrdienstes als staatsbürgerliche Pflicht legitimieren sich von mehreren Funktionen her. Zum einen spielt die Kriegsverhütungsfunktion eine Rolle (Abschreckung). Zusehends wichtiger wird aber die Friedenserhaltungsfunktion. Sie muß entwickelt werden. Als Möglichkeiten hierfür werden z. B. Einsätze im Auftrag der UNO angesehen.

Das Recht auf Kriegsdienstverweigerung: Geschichtliche Entwicklung und gegenwärtige Situation

**Kriegsdienstverweigerung und Zivildienst –
wichtige Daten und Fakten**

1949	Artikel 4, Absatz 3 Grundgesetz: »Niemand darf gegen sein Gewissen zum Kriegsdienst mit der Waffe gezwungen werden...«
1956	Ergänzung des Artikels 12 (ab 1968 Artikel 12a) des Grundgesetzes: Verpflichtung zum Ersatzdienst für Verweigerer
1960	Gesetz über den »Zivilen Ersatzdienst«
1961	Die ersten 340 Verweigerer treten den Ersatzdienst an.
1968–1973	Anstieg der Verweigererzahlen
1970	Für 12000 anerkannte Verweigerer gibt es nur 4000 Ersatzdienstplätze. Deshalb war eine Reform nötig.
1970	Schaffung des Amtes des Bundesbeauftragten für den zivilen Ersatzdienst; Aufgabe: Vertretung des Ministers in Angelegenheiten des Ersatzdienstes gegenüber der Öffentlichkeit

Kriegsdienstverweigerung und Zivildienst – Daten und Fakten

1973	Umbenennung des zivilen Ersatzdienstes in »Zivildienst«
1975–1976	Erhöhung der Zahl der Zivildienstplätze; gleichzeitig gibt es Kontroversen über die Form der Gewissensprüfung (mündliche Anhörung)
1977	Einführung des »Postkartenverfahrens« und Abschaffung der formellen Gewissensprüfung; es genügt eine Erklärung. In der Folge kommt es zu einem starken Anstieg der Zahl der Antragsteller.
1978	Das Bundesverfassungsgericht erklärt das »Postkartenverfahren« für nicht verfassungsgemäß. Die Richter legen dem Gesetzgeber nahe, anstelle der formellen Prüfung den »Tatbeweis« einzuführen (längerer Zivildienst im Vergleich zum Grundwehrdienst). Die Zahl der Antragsteller sinkt im Vergleich zum Vorjahr.
1979–1982	Die Zahl der Antragsteller nimmt wieder zu. Gleichzeitig gibt es aber auch mehr Zivildienstplätze.
1983	Für etwa 30000 anerkannte Verweigerer (bei über 68000 Antragstellern) gibt es am Jahresende mehr als 54000 Plätze.
1984	Abschaffung der formellen Gewissensprüfung vor einem Prüfungsausschuß für Ungediente; Verlängerung des Zivildienstes um ein Drittel gegenüber dem Wehrdienst. Die Anerkennungsquote steigt von bislang unter 50% auf über 90%. Seit 1984 gibt es mehr Zivildienstplätze als Antragsteller. 1984 stehen ca. 44000 Anträgen etwa 60000 Plätze gegenüber.
1985–1993	Parallel zu den steigenden Zahlen der Antragsteller wird die Zahl der Zivildienstplätze erhöht (Ende 1992 ca. 160000 Plätze).

Grundwehrdienst- und Zivildienstdauer im Überblick

Jahr	Dauer des Grundwehrdienstes	Dauer des Zivildienstes
1956	12 Monate	–
1961	12 Monate	12 Monate
1962	18 Monate	18 Monate
1972	15 Monate	15 Monate
1973	15 Monate	16 Monate
1977	15 Monate	18 Monate
1978	15 Monate	16 Monate
1984	15 Monate	20 Monate
1990	12 Monate	15 Monate

Rechtliche Grundlagen für Kriegsdienstverweigerung und Zivildienst

Rechtsgrundlagen für Kriegsdienstverweigerung und Zivildienst

- Grundgesetz: Artikel 4, Glaubens-, Gewissens- und Bekenntnisfreiheit; Artikel 12a, Absätze 1,2,3, Wehr- und Dienstpflicht.
- Kriegsdienstverweigerungsgesetz 1983/84: Geregelt werden Antragstellung, Anerkennungsverfahren bei Einberufenen und bei Soldaten sowie bei Reservisten.
- Zivildienstgesetz 1983/84: Geregelt werden Aufgaben und Organisation des Zivildienstes, Tauglichkeit und Zivildienstausnahmen, Heranziehung, Rechtsstellung des Dienstpflichtigen, Zivildienstdauer, Entlassung, Versorgung, Disziplinarvorschriften.

Ersatzdienstcharakter des Zivildienstes. Der Zivildienst ist als Ersatzdienst ausgewiesen und auf Verweigerer aus Gewissensgründen beschränkt. Nach Artikel 12a, Absatz 2 des Grundgesetzes tritt der Ersatzdienst an die Stelle des im Einzelfall rechtmäßig verweigerten Wehrdienstes.

Die Ersatzdienstpflicht erfährt ihre Rechtfertigung daraus, daß nach Artikel 12a die Ableistung des Wehrdienstes aus Gründen des Artikel 4 verweigert werden darf. Der Zivildienst ersetzt den Wehrdienst, unbeschadet der wesensverschiedenen Aufgabenbereiche. Die Ableistung des Zivildienstes beruht auf der Ersatzdienstpflicht und nicht auf einer Alternativpflicht. Diese grundsätzlichen Zusammenhänge stellte 1978 das Bundesverfassungsgericht in einem Urteil fest. Demgemäß hat der Wehrdienst als die Regel, der Zivildienst als die individuelle Ausnahme zu gelten. Die Wehrpflicht wird durch den Wehrdienst, ersatzweise durch den Zivildienst erfüllt (vgl. Urteil vom 13. 4. 1978). Der Ersatzdienstcharakter kommt auch dadurch zum Ausdruck, daß für den Zivildienst ein Werbungsverbot besteht (vgl. »Leitfaden für die »Durchführung des Zivildienstes« 1993, Abschnitt C 8).

Im Verteidigungsfall ist unbefristeter Zivildienst zu leisten (§ 79 Zivildienstgesetz).

Antragstellung und Anerkennungsverfahren. Bereits vor der Musterung kann ein Antrag gestellt werden. Erfolgt die Antragstellung vor der Musterung, so hat sie aufschiebende Wirkung. Der Antragsteller wird bis zur Entscheidung nicht zum Wehrdienst einberufen. Der Antrag muß schriftlich oder zur Niederschrift beim zuständigen Kreiswehrersatzamt gestellt werden.

Zum Antrag gehören folgende Unterlagen:
- Ein formloser Antrag unter Berufung auf das Grundrecht der Kriegsdienstverweigerung aus Gewissensgründen (Artikel 4, Absatz 3 Grundgesetz);
- ein ausführlicher Lebenslauf;
- eine persönliche, ausführliche Darlegung der Beweggründe für die Gewissensentscheidung;
- Führungszeugnis nach § 28 des Bundeszentralregisters.

Der Antrag muß vollständig sein. Die vom Antragsteller genannten Motive (religiöse und ethisch-moralische, in Verbindung damit auch gefühlsmäßige und politische) müssen geeignet sein, den Kriegsdienst mit der Waffe zu verweigern (Schlüssigkeitsprüfung). Treffen diese beiden Voraussetzungen zu, so spricht das Bundesamt für den Zivildienst nach Aktenlage die Anerkennung als Kriegsdienstverweigerer aus. Der anerkannte Verweigerer ist zivildienstpflichtig. Ungefähr 90% der Antragsteller werden auf diesem Weg anerkannt. Wenn das Bundesamt Zweifel äußert, kommt es zu einer Rückfrage. Kann der Antragsteller die Zweifel nicht ausräumen, erfolgt eine Anhörung vor dem Ausschuß für Kriegsdienstverweigerer beim Kreiswehrersatzamt.

Wenn die in der schriftlichen Darlegung genannten Gründe unzureichend sind, wird der Antrag abgelehnt. Eine Ablehnung erfolgt auch, wenn die Unterlagen nicht vollständig und fristgerecht eingereicht bzw. nachgereicht werden. Gegen eine Ablehnung ist nur noch eine Klage vor dem Verwaltungsgericht möglich.

Bei Einberufenen, Vorbenachrichtigten, Grundwehrdienstleistenden sowie Reservisten prüft der Ausschuß für Kriegsdienstverweigerung die Unterlagen. In etwa 50% der Fälle verzichtet der Ausschuß auf eine Anhörung. In den übrigen Fällen erfolgt eine Anhörung, wobei die Anerkennungsquote bei ungefähr 90% liegt.

Soldaten auf Zeit und Berufssoldaten müssen das Anhörungsverfahren durchlaufen, wenn sie als Verweigerer anerkannt werden wollen.

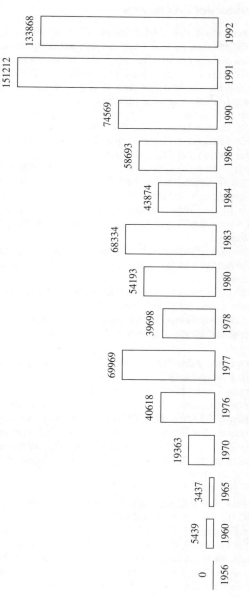

Anträge auf Anerkennung als Kriegsdienstverweigerer

Quelle: Bundesministerium der Verteidigung (Angaben für 1991 und 1992 für Gesamtdeutschland)

Struktur des Zivildienstes

Organisation des Zivildienstes. Den Bestimmungen des Zivildienstgesetzes gemäß sieht die Organisationsstruktur des Zivildienstes folgendermaßen aus (vgl. insbesondere §§ 2 und 2a des ZDG/Fassung von 1986, letzte Änderung 1990):
- Das Bundesamt für den Zivildienst ist eine Bundesoberbehörde und zuständig für die Entscheidungen über die Anträge und verantwortlich für die Durchführung des Dienstes;
- der Bundesbeauftragte für den Zivildienst berät die Ministerin für Frauen und Jugend in politischen Fragen des Zivildienstes gegenüber der Öffentlichkeit;
- der Beirat für den Zivildienst berät die Ministerin in Fragen des Zivildienstes; er besteht aus Vertretern der Kriegsdienstverweigererorganisationen, der Wohlfahrtsverbände, der Kirchen, der Gewerkschaften, der Arbeitgeberverbände sowie der Länder; den Vorsitz führt der Bundesbeauftragte für den Zivildienst;
- die Zivildienstschulen führen dienstbezogene Einführungslehrgänge sowie staatsbürgerliche Bildungsveranstaltungen durch;
- die Regionalbetreuer des Bundesamt betreuen die Zivildienstleistenden und die Dienststellen.

Die Dienstleistenden absolvieren ihren Dienst in einer dafür anerkannten Beschäftigungsstelle (§ 3 ZDG).

Dauer des Zivildienstes und Heranziehung zum Zivildienst. Gemäß § 24, Absatz 2 des Zivildienstgesetzes dauert der Zivildienst um ein Viertel länger als der Grundwehrdienst. Zivildienst leisten Dienstpflichtige, die das 28. Lebensjahr noch nicht vollendet haben (§ 24, Absatz 1 ZDG). Vorgesehen ist, das Gesetz zu ändern und das Einberufungshöchstalter auf das noch nicht vollendete 25. Lebensjahr festzusetzen. Bereits bisher lag aufgrund administrativer Regelungen die Grenze beim noch nicht vollendeten 25. Lebensjahr.

Rechte und Pflichten des Zivildienstleistenden. Folgende Rechte sind hervorzuheben: Gleichstellung mit Soldaten bei Fürsorge, Heilfürsorge, Geld- und Sachbezügen (§ 35 ZDG); Beschwerderecht (§ 41); Wahl eines Vertrauensmannes in Dienststellen mit fünf und mehr Dienstleistenden (§ 37 ZDG; der Vertrauensmann hat z.B. das Recht, dem Vorgesetzten in Fragen des inneren Dienstbetriebes Vorschläge zu unterbreiten).

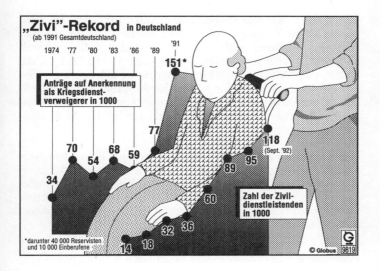

Das Zivildienstvertrauensmann-Gesetz von 1991 regelt die Beteiligung der Zivildienstleistenden an dienstlichen Angelegenheiten. Zwei Rechte des Vertrauensmannes werden umfassend geregelt: Personalangelegenheiten (Anhörung bei Versetzungen, Umsetzungen innerhalb der Dienststelle usw.); Dienstbetrieb (Vorschlagsrecht bei der Dienstplangestaltung und bei den Arbeitsaufgaben).

Wesentliche Pflichten des Zivildienstleistenden sind (vgl. §§ 6 bis 29 ZDG): Gewissenhafte Erfüllung des Dienstes; Inkaufnahme der mit dem Dienst verbundenen Gefahren; Ausbildung; Schweigepflicht; Verbot der politischen Betätigung im Dienst; Achtung der freiheitlich-demokratischen Grundordnung.

Aufgaben des Zivildienstes. Gemäß § 1 des Zivildienstgesetzes erfüllen anerkannte Kriegsdienstverweigerer Aufgaben, die dem Allgemeinwohl dienen, vorrangig im sozialen Bereich (vgl. Unterrichtsmaterial D 3).

Geld- und Sachbezüge. Den Zivildienstleistenden stehen verschiedene Geld- und Sachbezüge zu, von denen hier die wichtigsten genannt werden. Der Sold beträgt täglich 13,50 DM. Nach dem sechsten Monat erhöht sich der Sold auf 15 DM pro Tag. Zivildienstleistende mit besonders belastenden Tätigkeiten (z.B. Betreuung von Schwerstbehinderten) erhalten nach dem zwölften Monat einen Tagessatz von 16,50 DM. Ein Verpflegungsgeld zusätzlich zur unentgeltlichen Gemeinschaftsverpflegung wird an jeden Zivildienstleistenden gezahlt (täglich 5,85 DM). Kann die Dienststelle keine Verpflegung stellen, wird der Satz verdoppelt (11,70 DM). Weiterhin besteht ein Anspruch auf unentgeltliche Unterkunft. Kann die Dienststelle keine Unterkunft zur Verfügung stellen, werden dem Zivildienstleistenden die Mietkosten erstattet.

Befreiung vom Zivildienst. Folgende anerkannte Kriegsdienstverweigerer werden nicht zum Zivildienst herangezogen: Untaugliche, Geistliche, Berufsfeuerwehrmänner. Ebenfalls nicht einberufen werden alleinerziehende Familienväter und solche Verweigerer, bei denen zwei Brüder bereits Wehr- oder Zivildienst geleistet haben.

Probleme des Zivildienstes und Kontroversen

In der Auseinandersetzung um die mit der Ableistung des Zivildienstes verbundenen Probleme lassen sich wie beim Wehrdienst die Schwerpunktbereiche Dienstalltag, dienstliche Rahmenbedingungen und politische Konfliktlinien ausmachen.

Dienstalltag. Die Mehrzahl der Dienstleistenden ist im Dienst am Menschen eingesetzt, sei es in Krankenhäusern, Pflegeheimen, in der Individuellen Schwerstbehindertenbetreuung, in den Mobilen Sozialen Hilfsdiensten, im Krankentransport oder Rettungswesen. Gemeinsam ist allen pflegenden und versorgenden Tätigkeiten, daß sie viel Einsatzbereitschaft abverlangen. Die Betreuung alter, kranker, sterbender oder schwerstbehinderter Menschen führt die Zivildienstleistenden oft an die Grenzen ihrer Belastbarkeit. Häufig sehen sich die Zivildienstleistenden Erwartungen ausgesetzt, die sie fachlich und psychisch überfordern. Die Beschäftigungsstellen haben die Erwartung, daß die »Zivis« ihre Arbeit möglichst rationell erledigen. Die betreuten Menschen hingegen erwarten Zuwendung, Einfühlung, Zuhören und Miteinandersprechen. Demzufolge müssen die Zivildienstleistenden ihre Erfahrungen in zweifacher Weise verarbeiten: Die Institution verlangt von ihnen Effektivität im Arbeitsablauf, die Menschen erwarten Humanität.

Dienstliche Rahmenbedingungen. Eine dienstbegleitende Betreuung der Zivildienstleistenden durch hauptamtliche Kräfte gibt es nur in Ausnahmefällen. Wenn sie vorhanden ist, dann ist sie zumeist in zeitlicher oder qualitativer Hinsicht nicht befriedigend.

Gemäß dem »Leitfaden für die Durchführung des Zivildienstes« sollen sich die Zivildienstleistenden regelmäßig während ihrer Dienstzeit treffen und mit einem hauptamtlichen Mitarbeiter über dienstliche Probleme sprechen können (»Dienstunterricht«). Dies ist aber nicht überall gängige Praxis. Besondere Informationsveranstaltungen und Seminare mit dem Schwerpunkt des Erfahrungsaustauschs werden nur vereinzelt angeboten.

Qualifizierte Begleitung und Gesprächsmöglichkeiten wären für den einzelnen wichtig, damit er seine Erfahrungen verarbeiten kann (vgl. zur mangelnden Betreuung der Zivildienstleistenden: Schürnbrand/Zilly, Umfrage 1992). Gemäß § 25a Zivildienstgesetz ist ein Einführungsdienst (Lehrgang) zu Beginn des Zivildienstes vorgesehen. Dabei werden die Zivildienstleistenden über Wesen und Aufgaben des Zivildienstes sowie über Rechte und Pflichten unterrichtet. Weiterhin erfolgt eine Unterrichtung über staatsbürgerliche Fragen und, soweit dies erforderlich ist, eine Einführung in die vorgesehene Tätigkeit. Nicht alle Zivildienstleistenden besuchen einen solchen Lehrgang (vgl. Pressemitteilung des Bundesamtes für den Zivildienst vom 26. 3. 1992).

Nach § 25b ist außerdem zu Beginn des Dienstes in der Beschäftigungsstelle ein Einweisungsdienst in die vorgesehene Tätigkeit vorgesehen (Vermittlung praktischer Kenntnisse). Diese Praxiseinführung gibt es bei vielen Dienststellen nicht (vgl. wub – was uns betrifft 4/1991, S. 4ff.).

Gemäß dem »Leitfaden«, Abschnitt 4, sollen die Zivildienstleistenden während ihres Zivildienstes die Möglichkeit erhalten, an berufsfördernden Maßnahmen außerhalb der Dienststunden teilzunehmen. Im Vergleich mit den Grundwehrdienstleistenden gibt es für Zivildienstleistende jedoch weniger Weiterbildungsmaßnahmen. Dies liegt vor allem daran, daß die Grundwehrdienstleistenden die Berufsbildungsmöglichkeiten des Berufsförderungsdienstes in Anspruch nehmen können. (Dieser Dienst ist für die Berufsförderung der Soldaten auf Zeit eingerichtet worden, die einen Rechtsanspruch auf berufliche Förderung haben.) Eine vergleichbare Institution gibt es im Zivildienst aber nicht (vgl. Parlamentarischer Staatssekretär Willy Wimmer, Antwort auf eine Anfrage des MdB Elmer, 13. 1. 1991).

Im Pflegebereich werden Zivildienstleistende manchmal mit Tätigkeiten betraut, die eigentlich vom Fachpersonal erledigt werden müßten (z. B. subkutanes Spritzen). In solchen Fällen ist der Terminus »Gefährliche Pflege« geläufig geworden.

Immer wieder werden die Vorzüge genannt, die den Zivildienst im Vergleich zum Grundwehrdienst attraktiver erscheinen lassen. Gemeint sind heimatnaher Einsatz, Möglichkeit der eigenständigen Stellensuche, keine Kasernierung und kein Uniformzwang. Statt des militärischen Prinzips von Befehl und Gehorsam gilt das Prinzip der dienstlichen Anordnung.

Eine differenzierte Sichtweise wird zu dem Ergebnis kommen, daß sowohl Wehr- als auch Zivildienst persönlich belastend sind. Bei beiden Diensten kann die Belastung je nach Verwendung bzw. Art der Tätigkeit objektiv und subjektiv unterschiedlich sein. Es verbietet sich, pauschal von einer Höherbelastung der Grundwehrdienstleistenden oder der Zivildienstleistenden zu sprechen, wie dies häufig geschieht. Realistischer ist eine Sichtweise, die die Belastungsintensität bei beiden Diensten bejaht, gleichzeitig aber die unterschiedliche Belastungsqualität betont.

Politische Konfliktlinien. Die gegenüber dem Grundwehrdienst um drei Monate längere Dauer des Zivildienstes ist umstritten. Der Bundestag wies am 25. Oktober 1990 den wiederholten Einspruch des Bundesrates gegen eine unterschiedlich lange Dauer von Wehr- und Zivildienst zurück.

1984 traten das neue Kriegsdienstverweigerungsgesetz und das neue Zivildienstgesetz in Kraft. Die wesentliche Änderung bestand in der Abschaffung der regulären formellen Gewissensprüfung für Ungediente. Zum Ausgleich für die Abschaffung der mündlichen Prüfung im Regelfall wurde die Dauer des Zivildienstes verlängert.

Obwohl das Grundgesetz bestimmt, daß die Ersatzdienstdauer die Wehrdienstdauer nicht überschreiten darf (Artikel 12, Absatz 2), bestätigte das Bundesverfassungsgericht 1985 die längere Zivildienstdauer. Leitsätze des Urteils vom 24. April 1985 waren:
– Der Verfassungsgeber hat eine verfassungsrechtliche Grundentscheidung für eine wirksame militärische Landesverteidigung getroffen.
– Der Gesetzgeber hat sicherzustellen, daß nur solche Wehrpflichtige als Verweigerer anerkannt werden, bei denen mit hinreichender Sicherheit angenommen werden kann, daß in ihrer Person die Voraussetzungen des Artikels 4, Absatz 3

des Grundgesetzes (Gewissensfreiheit) erfüllt sind. Das neue Kriegsdienstverweigerungsgesetz genügt diesen Anforderungen und gewährleistet durch die längere Zivildienstdauer eine »Probe auf die Ernsthaftigkeit der Gewissensentscheidung«.
- Der Zeitrahmen für den Wehrdienst wird nicht nach dem tatsächlich geleisteten Wehrdienst bemessen, sondern abstrakt auf die Grundlage der rechtlich zulässigen Dauer des Wehrdienstes nach dem Wehrpflichtgesetz (§ 6 Wehrübungen) gestellt. Ob der Zeitraum für Wehrübungen ausgeschöpft wird oder nicht, richtet sich nach der Sicherheitslage.
- Der Zivildienst ist inhaltlich »belastender« zu gestalten. Gemeint sind damit anspruchsvollere, schwierigere Tätigkeiten.

Im Urteil vom 21. 6. 1988 äußerte sich das Bundesverfassungsgericht zur Frage des Nachdienens für solche Wehrpflichtige, die bereits den Grundwehrdienst oder einen Teil davon abgeleistet haben. Dem Gerichtsurteil zufolge müssen solche Verweigerer nachdienen und einen »Restzivildienst« absolvieren; allerdings nicht die gesamte Differenz zwischen Grundwehrdienstdauer und Zivildienstzeit.

Die aufgrund der Wehrübungen postulierte Belastungsgleichheit von Wehr- und Zivildienst (siehe oben) ist politisch umstritten. In der Realität wird nur ein Bruchteil aller Reservisten zu Wehrübungen eingezogen.

Auch steigende Verweigererzahlen können nichts daran ändern, daß es weiterhin ein Überangebot an Zivildienstplätzen gibt. Zu dem Überangebot kam es, weil es nach der Novellierung des Kriegsdienstverweigerungsgesetzes im Jahre 1983 und nach der Entscheidung des Bundesverfassungsgerichts von 1985 erforderlich war, die Zahl der Plätze drastisch zu erhöhen. Die Dienststellen stellten erheblich mehr Plätze bereit. Außerdem wurden zahlreiche Einrichtungen (vorrangig im sozialen Bereich) als neue Dienststellen anerkannt.

Die Folge des Überangebots ist, daß Plätze (insbesondere in den Pflege- und Betreuungsdiensten) nicht besetzt werden können. Es darf unterstellt werden, daß die politisch Verantwortlichen durch eine »Reserve an Zivildienstplätzen« sicherstellen wollen, daß jeder Verweigerer auch tatsächlich den Zivildienst ableistet. Infolge des Einsatzes der Zivildienstleistenden wird der Druck für die Beschäftigungsstellen geringer, vorhandene Planstellen besetzen oder neue Planstellen schaffen zu müssen. Die Sichtweise, daß das Sozialengagement der Zivildienstleistenden dazu benutzt wird, den Pflegenotstand zu kaschieren, ist nicht abwegig.

Das für die Zivildienstplätze geltende Gebot der Arbeitsmarktneutralität besagt, daß Zivildienstleistende keine regulären Arbeitsplätze besetzen sollen.

Wenn man sich aber vor Augen führt, daß 70% aller ambulanten Dienste für Behinderte von Zivildienstleistenden erbracht werden und im Rettungswesen jeder zweite Rettungsdienstler ein Zivildienstleistender ist, spätestens dann wird man zugeben müssen, daß die geforderte Arbeitsmarktneutralität der Stellen nicht vorhanden ist (die Arbeitsmarktneutralität wird in den einschlägigen juristischen Kommentaren zum Zivildienstgesetz angeführt; vgl. Brecht 1987, S. 54f., sowie Harrer u.a. 1986, S. 87; siehe auch Bundestagsdrucksache 7/177).

Akzeptanz des Zivildienstes und der Kriegsdienstverweigerung; Funktion des Zivildienstes

Image der Zivildienstleistenden und gesellschaftliche Anerkennung der Kriegsdienstverweigerung. Während in den 60er Jahren und teilweise noch in den 70er Jahren den Zivildienstleistenden vorgeworfen wurde, »Drückeberger« zu sein, wird heute ihre Arbeit in der Öffentlichkeit weitgehend geschätzt. Überall ist mittlerweile bekannt, daß Zivildienstleistende mit Engagement alte Menschen in Heimen pflegen, Patienten in Krankenhäusern betreuen, im Rettungsdienst tätig sind, Kinder zur Schule fahren, Bedürftigen das Essen bringen, Schwerstbehinderte versorgen, als Hausmeister fungieren, in Jugendherbergen und Volkshochschulen mithelfen. Die Wohlfahrtsverbände beteuern, daß sie auf die Zivildienstleistenden angewiesen sind. Die Zivildienstleistenden sind für sie in der Regel motivierte und zuverlässige, in jedem Fall aber kostengünstig arbeitende Kräfte.

Interessant ist, daß sich das Image der Zivildienstleistenden erst mit dem Anstieg der Verweigererzahlen in den 70er Jahren allmählich verbesserte. Umgekehrt kann man sagen, daß die steigende Akzeptanz in der Bevölkerung zu einer Zunahme der Verweigererzahlen und damit auch der Zahl der Zivildienstleistenden beitrug. Heute wird mehr als früher anerkannt, daß die Zivildienstleistenden sinnvolle und gesellschaftlich wichtige Tätigkeiten ausüben. Die Zivildienstleistenden haben sich quasi unentbehrlich gemacht, da ihre Tätigkeit aus einigen sozialen Feldern kaum mehr wegzudenken ist. Die Zivildienstleistenden leisten einen qualitativ und quantitativ bedeutsamen Beitrag, damit die Verbände das Sozialstaatsgebot durch das Subsidiaritätsprinzip umsetzen können. Die Bezeichnung »Armee der Engel« drückt den Stimmungsumschwung aus.

Verfassungsrechtlich ist der Zivildienst ein von der Wehrpflicht abgeleisteter Pflichtdienst, der de jure einen Ausnahmecharakter hat und nur aufgrund einer individuellen Gewissensentscheidung abgeleistet wird.

Zwischen den juristischen Ausgangsbedingungen einerseits und der gesellschaftlichen Anerkennung andererseits besteht ein Spannungsfeld, das sich noch verstärken wird, sollten die Verweigererzahlen weiter ansteigen. Der Staat mit seinen rechtlichen, politischen und administrativen Institutionen hat sich an die verfassungsrechtlichen Rahmensetzungen zu halten und betont demzufolge den Ausnahmecharakter des Zivildienstes, obwohl in der Gesellschaft der Zivildienst inzwischen einen festen Stellenwert erreicht und eine breite Anerkennung gefunden hat.

Die breite gesellschaftliche Akzeptanz des Zivildienstes führt nicht dazu, daß die Gewissensentscheidung der Verweigerer in ähnlichem Maße anerkannt wird. Aus Sicht der Gesellschaft ist die Verweigerung weniger interessant, sie wird »registriert«. In der öffentlichen Diskussion (Medien, Verbände) steht die Tätigkeit der Zivildienstleistenden im Vordergrund. Eine Repräsentativumfrage ergab, daß 33% der Gesamtbevölkerung den Kriegsdienstverweigerer positiv beurteilten. Bei jungen Männern im Alter von 16 bis 24 Jahren lag die positive Beurteilung bei 37% (vgl. 1991 von Emnid im Auftrag des Bundesministers der Verteidigung durchgeführte Umfrage).

Einstellungen Jugendlicher zur Kriegsdienstverweigerung und Verweigerungsbereitschaft. Eine 1986 durchgeführte Jugendbefragung zur Wehrpflicht zeigte auf, daß auch junge Männer, die sich für die Bundeswehr entscheiden, zu einem großen Teil Gewalt ablehnen. Der Untersuchung zufolge müßten zwei Drittel aller Grundwehrdienstleistenden aufgrund ihrer Aussagen potentielle Kriegsdienstverweigerer sein. Als Begründung dafür, daß letztlich nur ein weit geringerer Prozentsatz verweigert (in den 90er Jahren je nach Jahrgang zwischen 15 und 25%, Anmerkung des Verfassers), wird u.a. angeführt: Unrealistische Hervorhebung der beruflichen Möglichkeiten bei der Bundeswehr; Informationsdefizite in bezug auf die Kriegsdienstverweigerung; längere Zivildienstdauer; Belastungen des Zivildienstes (vgl. Zimmermann/Berninghaus 1989; Darstellung der Untersuchungsergebnisse bei Jäger 1992, S. 90).

Wertvorstellungen und Motivation der Verweigerer. Die Vereinfachung des Anerkennungsverfahrens brachte für die Verweigerer wesentliche Erleichterungen. Es nahmen die Zwänge ab, sich sehr intensiv mit der Entscheidung auseinanderzusetzen, den Kriegsdienst (Wehrdienst) zu verweigern. Diese veränderte Situation hatte einen erheblichen Anteil daran, daß die Verweigererzahlen zunahmen. Ebenso trug das gesteigerte Image des Zivildienstes zum Anstieg der Verweigererzahlen bei.

Heute führen vielfältige Gründe zur Verweigerung: religiöse Vorbehalte; ethische Bedenken; Fehlen eines Bedrohungsbildes; Militär wird für weniger wichtig erachtet; gesteigertes Prestige des Zivildienstes; Ablehnung der auf den »Pflichtwerten« Disziplin, Befehl und Gehorsam aufbauenden Strukturen der Bundeswehr; stärkere Betonung der »Entfaltungswerte« Selbständigkeit, Kreativität, Empathie und Kommunikation. Es kann angenommen werden, daß in der Regel sowohl »idealistische« Gründe (Gewissensbedenken und Bewertung der Tätigkeit des Zivildienstleistenden) als auch »pragmatische« Motive (persönliche Vorteile) bei der Entscheidung für die Verweigerung eine Rolle spielen. Da der von außen gesetzte Zwang zum verstärkten Reflektieren bekanntlich vermindert wurde (siehe Anerkennungsverfahren), gewinnen indessen die pragmatisch orientierten Motive an Bedeutung.

Erwartungen der Zivildienstleistenden und Realisation. Manche Verweigerer hoffen, als Zivildienstleistende einen größeren individuellen Freiraum zu haben als ein Grundwehrdienstleistender. Vom äußeren Rahmen her wird diese Erwartung bestätigt (heimatnaher Einsatz, Beibehaltung der eigenen Wohnung usw.). Hinsichtlich des Gestaltungsspielraums im Dienstalltag wird die Erwartung allerdings enttäuscht. Diese Enttäuschung kann sich auf die Arbeitsmotivation auswirken (vgl. Jäger 1992, S. 90).

Andere hingegen meinen, der Pflichtcharakter des Zivildienstes sei als demotivierend abzulehnen; doch kommen sie erst über diese Zwangsverpflichtung zu neuen, positiv empfundenen Einsichten und Erfahrungen (vgl. Raichle 1992, S. 248).

Rechtliche und gesellschaftliche Funktion des Zivildienstes. Aus staats- und verfassungsrechtlicher Sicht hat der Zivildienst eine Ersatzdienst-Funktion, die dazu dient, alle Wehrpflichtigen gleich zu behandeln. Es gibt kein über diese Funktion als Ersatzdienst hinausgehendes eigenes Staatsziel, dessen Erreichung dem Zivildienst als Aufgabe gestellt wäre. Der Wehrdienst dient dem

Staatsziel der Verteidigungsbereitschaft. Da der Zivildienst eine Form der Ableistung des Wehrdienstes ist, kann er in seiner Funktion auch kein sozialer Friedensdienst sein, der sich gegen das Militär und gegen jeglichen Militäreinsatz richtet.

Gesellschaftlich legitimiert sich der Zivildienstleistende durch die Art seiner Tätigkeit. Die sozial-helfende Funktion des Zivildienstes findet breite Anerkennung. Die Zivildiensttätigkeiten bringen der Gesellschaft einen materiellen und ideellen Nutzen. Im Vordergrund der gesellschaftlichen Bewertungen steht die Nützlichkeit, die sich im sozialen Einsatz artikuliert.

Alternativen zum Wehr- und Zivildienst

Die bestehenden Alternativen können hier nur knapp skizziert werden:
- Entwicklungsdienst: Dauer 24 Moante; man kann, muß aber dazu nicht verweigern;
- Dienst im Ausland: Dauer 17 Monate; man muß dazu verweigern und wird vom Zivildienst freigestellt; der Dienst wird in Krankenhäusern oder Pflegeheimen abgeleistet;
- Zivil- und Katastrophenschutz: Dauer acht Jahre; man kann, muß aber dazu nicht verweigern; der Einsatz erfolgt in den Abendstunden oder am Wochenende u.a. beim Technischen Hilfswerk, Deutschen Roten Kreuz, Arbeiter-Samariter-Bund, der freiwilligen Feuerwehr oder der Johanniter-Unfall-Hilfe;
- Freies Arbeitsverhältnis: Dauer 27 Monate; wer aus Gewissensgründen gehindert ist, Zivildienst zu leisten (z.B. »Zeugen Jehovas«), wird nicht zum Zivildienst herangezogen, wenn er erklärt, daß er ein Arbeitsverhältnis in einer Pflegeeinrichtung begründen will; wenn der Nachweis erbracht worden ist, erlischt die Pflicht, Zivildienst zu leisten;
- Totalverweigerung: Darunter ist die Verweigerung von Wehr- und Zivildienst zu verstehen; die Totalverweigerung wird als Straftat geahndet, wobei das Strafmaß im Einzelfall sehr unterschiedlich sein kann (Haft- oder Geldstrafe).

Pespektiven für den Diskussionszusammenhang von Wehr- und Zivildienst

Aufgrund des größeren Wehrpflichtigenpotentials im vereinigten Deutschland und wegen der Verringerung der Friedensstärke der Bundeswehr bis 1995 werden viele junge Männer nicht zum

Grundwehrdienst einberufen. Die Wehrungerechtigkeit wird abnehmen. Eine Folge könnte sein, daß sich viele Wehrpflichtige »technisch-pragmatisch« verhalten. Wer von vorne herein verweigern würde, verhielte sich pragmatisch gesehen unklug. Vielmehr könnte er zuerst abwarten, ob er überhaupt einen Einberufungsbescheid erhält. Falls doch eine Einberufung erfolgt, könnte er ja immer noch verweigern.

Um die Wehrungerechtigkeit zu beseitigen, werden insbesondere drei Alternativen diskutiert: Die Einführung einer Berufsarmee, die Einführung einer allgemeinen Dienstpflicht oder die Verkürzung der Grundwehrdienstdauer.

Die Diskussion um die Einführung einer Berufsarmee. Wenn eine Berufsarmee eingeführt würde, gäbe es keine Wehrungerechtigkeit mehr. Ein Zivildienst als Ersatzdienst wäre nicht mehr nötig. Eine Berufsarmee hätte auch den Vorteil, daß der Ausbildungsstand der Bundeswehr homogener und besser wäre; die Motivation der Soldaten wäre stärker, da alle als Freiwillige dienen.

Andererseits wäre die Einführung einer Berufsarmee mit einer Reihe von Nachteilen verknüpft. Es gäbe erheblich weniger Reservisten, Kostensteigerungen wären wahrscheinlich, die Verselbständigung zu einem »Staat im Staate« wäre nicht auszuschließen (siehe Weimar). Die jungen Männer müßten sich in ihren Wertvorstellungen nicht mehr mit einer Dienstverpflichtung auseinandersetzen. Der Wegfall jeglicher Dienstverpflichtung könnte zu einer Haltung führen, bei der der Staat nur als Gebender angesehen wird.

Die Diskussion um die Einführung einer allgemeinen Dienstpflicht (»Pflichtjahr«). Die Einführung einer allgemeinen Dienstpflicht würde bedeuten, daß ein verpflichtender Gemeinschaftsdienst nach freier Wahl in einem der folgenden Bereiche abgeleistet wird: Wehrdienst; waffenloser Dienst in der Bundeswehr; Gesundheitswesen; Sozialbereich; Umwelt; Dritte Welt; Beratungshilfen im weitesten Sinne; kulturelle und interkulturelle Arbeit.

Als Vorteile einer allgemeinen Dienstpflicht werden vor allem angesehen:
– Der Staatsbürger hat eine Dienstverpflichtung gegenüber dem Gemeinwesen und leistet einen Beitrag für die zunehmenden Gemeinschaftsaufgaben.
– Es geht nicht mehr darum, Gewissensentscheidungen zu bewerten; statt dessen gibt es eine breit gefächerte Wahlfreiheit zwischen den verschiedenen Diensten.

– Im Zuge der Gleichberechtigung könnte auch von den Frauen eine Dienstverpflichtung gefordert werden. Die Einführung eines Pflichtjahres für alle dürfte allerdings keinesfalls dazu dienen, bestehende Mängel im sozialen System (»Pflegenotstand«) auszugleichen. Dienstverpflichtete können nicht Fachpersonal ersetzen, und deshalb macht ein Pflichtjahr nur Sinn, wenn genügende Fachkräfte vorhanden sind. Mögliche Nachteile eines Pflichtjahres könnten der Verwaltungsaufwand und Probleme bei der Stellenzuteilung (Wer kommt wohin?) sein.

Verkürzung der Grundwehrdienstdauer. Bei einer kürzeren Dienstdauer können mehr Wehrpflichtige eingezogen werden. Nachteilig ist aber, daß die bisherigen, auf zwölf Monate bemessenen Ausbildungsansprüche (Stichwort: hochtechnisierte Armee) dann nicht mehr gelten können.

Die Entwicklung des Wehr- und Zivildienstes in den neuen Bundesländern

Mit dem Inkrafttreten des Einigungsvertrages am 3. Oktober 1990 wurden alle bis zu diesem Zeitpunkt im Dienst stehenden Soldaten der Nationalen Volksarmee (NVA) der DDR zu Bundeswehrsoldaten. Unter den 90000 übernommenen Soldaten befanden sich 39000 Grundwehrdienstleistende sowie 51000 Zeit- und Berufssoldaten. Allein 32000 Berufssoldaten waren Offiziere. Die Zahl der Zeit- und Berufssoldaten wurde 1991/1992 beträchtlich reduziert. Besonders drastisch war der Abbau bei den Stabsoffizieren (Major aufwärts). Anfang 1995 wird die Truppenstärke der Bundeswehr 370000 Mann betragen. 25000 Plätze davon sind für Berufs- und Zeitsoldaten der ehemaligen NVA vorgesehen.

Die Daten sind bereits ein Beleg dafür, daß seit der Vereinigung die Prinzipien der Bundeswehr durchgesetzt wurden. Von einer Integration der NVA in die Bundeswehr kann somit nicht die Rede sein. Vielmehr handelte es sich um eine Übernahme des Personals und der materiellen Ausstattung der NVA. Die Übernahme bedeutete die Auflösung von über 450 Truppenteilen und Dienststellen der NVA (vgl. Lapp 1992, S. 26ff.).

Seit 1991 werden in den neuen Bundesländern jedes Vierteljahr rund 7000 Wehrpflichtige zum Grundwehrdienst eingezogen. Ab 1995 werden von den 370000 Soldaten in Gesamtdeutschland etwa 55000 bis 60000 in Ostdeutschland Dienst tun.

Bei der Übernahme der NVA gab und gibt es insbesondere folgende Probleme (vgl. Lapp 1992, S. 29ff., sowie NZZ vom 17. 6. 1992):
- Entflechtung der Verzahnung von militärischer Infrastruktur mit zivilen Einrichtungen; die NVA unterhielt viele zivile Einrichtungen, die nicht übernommen werden konnten, z.B. Läden, Kinderkrippen, Hotels, Theater.
- Das Wehrmaterial und die Unterkünfte konnten nicht einfach übernommen werden. Eine besondere Last sind die großen Bestände an Waffen und Munition der Volksarmee. Für diese Bestände gilt der Grundsatz »Verschrotten vor Verkaufen« (vgl. Vernichtung konventioneller Waffen gemäß KSE-Vertrag vom 19. 11. 1990).
- Die NVA hatte 60 Truppenübungsplätze (in der »alten« Bundesrepublik sind es nur 23). In der ostdeutschen Bevölkerung wurde die Forderung laut, möglichst viele Plätze stillzulegen. Geplant ist, zwölf Plätze zu erhalten.
- Den übernommenen Soldaten der NVA mußte eine Wehrmotivation vermittelt werden, die auf den Grundsätzen der »Inneren Führung« basierte. Mit dem Zusammenbruch ihres seitherigen Wertgefüges (Schutz des DDR-Sozialismus, Feindbild, Siegdenken) mußten sich die ehemaligen NVA-Soldaten auf ein demokratisches Grundverständnis umorientieren.
- Die Grundwehrdienstleistenden haben Probleme, aus der NVA kommende Vorgesetzte zu respektieren.
- Die Bundeswehr wird in Ostdeutschland häufig noch mit dem oft selbstherrlichen Verhalten der NVA und der Sowjetstreitkräfte gleichgesetzt.
- Es fällt der Bundeswehr nicht leicht, im Zuge ihrer Verkleinerung auf 370000 Mann gut ausgebaute westliche Standorte aufzugeben, während die ostdeutschen Liegenschaften in einer Zeit bevorstehender Einschnitte im Wehretat hohe Aufwendungen für Modernisierung und Sanierung benötigen.

Das bundesdeutsche Grundrecht auf Kriegsdienstverweigerung aus Gewissensgründen gilt seit der Vereinigung auch in den neuen Bundesländern. Das DDR-Recht kannte keine Verweigerungsmöglichkeit. Es gab nur einen waffenlosen Dienst in sogenannten Baueinheiten. Nach dem Sturz der alten DDR-Führung wurde im März 1990 von der Übergangsregierung Modrow ein Zivildienstgesetz geschaffen. Dabei wurde auf jede Gewissensprüfung verzichtet.

Die Einführung des bundesdeutschen Kriegsdienstverweigerungsrechts bzw. des Zivildienstes in den neuen Bundesländern brachte Probleme mit sich. Zum einen kam es zu organisatorischen Schwierigkeiten, wie z. B. Einrichtung von Ausschüssen für Kriegsdienstverweigerung und Schaffung einer Zivildienstinfrastruktur (Zivildienstplätze, Zivildienstschulen, Regionalbetreuer). Zum anderen gab es eine weitreichende Unkenntnis bei Jugendlichen hinsichtlich der bundesdeutschen Kriegsdienstverweigerung und der Institution Zivildienst. Probleme bei der Begründung der Gewissensentscheidung waren unverkennbar. Hinzu kam, daß die dienstlichen Rahmenbedingungen für die Zivildienstleistenden in den neuen Bundesländern ungünstiger waren als die ihrer westdeutschen Kollegen (z. B. hinsichtlich der Durchsetzung ihrer Rechte). Die ostdeutschen Zivildienst- und Grundwehrdienstleistenden bezogen bis 1991 auch einen geringeren Sold als ihre westdeutschen »Pendants«.

Inzwischen sind all diese »spezifischen« Probleme nicht mehr so gravierend. Es gibt zwar noch keine völlige Angleichung der Arbeitsbedingungen, doch sind deutliche Verbesserungen für die ostdeutschen Grundwehrdienst- und Zivildienstleistenden spürbar. Ein Problem ist nach wie vor, daß Stellen für Zivildienstleistende knapp sind. In der Angst vor Arbeitslosigkeit sind Zivildienstleistende in sozialen Einrichtungen oft nicht gern gesehen (vgl. Eschler 1992, S. 11).

Im Juli 1992 wurden erstmals 410 Wehrpflichtige aus den alten Bundesländern in Ostdeutschland stationiert. Umgekehrt absolvieren bereits seit längerem Wehrpflichtige aus den neuen Bundesländern einen Teil ihrer Ausbildung in Westdeutschland. Auch beim Zivildienst gibt es derartige Kontakte.

Wehr- und Zivildienst in Frankreich

Die französische Sicherheits- und Verteidigungspolitik

Der früher ausgeprägte, jetzt nicht mehr so starke verteidigungspolitische Konsens findet Ausdruck in folgenden Grundsätzen:
– Gewährleistung der eigenen Souveränität;
– Sicherstellung der internationalen Bedeutung Frankreichs;
– einerseits Einbindung in die NATO, andererseits Unabhängigkeit bei der Streitkräftestruktur (Frankreich ist Mitglied der Allianz, aber seine Streitkräfte sind nicht in deren Militärverbände integriert);
– Unabdingbarkeit eines eigenständigen Nuklearpotentials

Das französische Selbstverständnis beruht auf den Idealen der Revolution von 1789. Diese Grundvoraussetzung wirkte sich nach 1945 auf die Konkretisierung der Verteidigungsbereitschaft aus. Frankreich verlor zwar nach dem Zweiten Weltkrieg weltweit an Einfluß. Doch spielte die französische Armee die Rolle des Kristallisationspunktes für Frankreichs Versuch, weltpolitisch an Boden zu gewinnen (militärische und zivile Nutzung der Nuklearenergie, Rüstungsexportpalette usw.). Staatspräsident de Gaulle gelang es in den 60er Jahren, diesen Anspruch zu intensivieren und eine Außenpolitik zu betreiben, die stark auf Eigenständigkeit ausgerichtet war und dem Bedürfnis Frankreichs nach internationaler Geltung entsprach. 1966 trat Frankreich aus der militärischen Integration der NATO aus. Bis heute orientieren sich die verteidigungspolitischen Ziele aller großen Parteien primär an der Souveränität des Landes. Bemerkenswert ist z.B., daß die beiden Linksparteien (Sozialisten und Kommunisten) wenige Jahre vor dem Machtwechsel 1981 in der Kernfrage der Sicherheitspolitik, der Problematik der strategischen Nuklearbewaffnung, Schwenks vollzogen. Die bislang ablehnenden Positionen machten einem Richtungswechsel Platz (vgl. Becker 1991, S. 221).

Neben der traditionellen Gliederung der Gesamtstreitkräfte in die Teilstreitkräfte Heer, Luftwaffe und Marine gibt es diese übergreifende funktionale Gliederung: strategische Atomstreitkräfte und taktische Atomstreitkräfte (Force de frappe); »Schnelle Eingreiftruppe« (Force d'Action Rapide = FAR); Panzerverbände; Territorialverteidigung. Das Heer gliedert sich in die rein territoriale Verteidigung und in drei Armeekorps. Die Korps umfassen zusammen sechs Panzerdivisionen und zwei Infanteriedivisionen. Hinzu kommen Spezialeinheiten. Die 1983 aufgestellte FAR ist rund 50000 Mann stark und zeichnet sich durch ihre mobile Struktur aus (Fallschirmjäger, Marineinfanterie usw.). Die Fremdenlegion (8500 Mann) und elf Marineinfanterieregimenter in Übersee sind weitere wichtige Einheiten.

1993 beträgt die Gesamtstärke der Streitkräfte ca. 400000 Personen (inkl. Fremdenlegion). Es gibt 14000 Soldatinnen. Die Gendarmerie, eine paramilitärische Einheit mit Polizeigewalt in ländlich strukturierten Gebieten, umfaßt ca. 90000 Personen, inkl. 1500 Frauen. Die Gendarmerie verfügt über gepanzerte Fahrzeuge in beträchtlicher Zahl. In der FAR und in der Fremdenlegion dienen ausschließlich Männer. Beide Großverbände werden dem Heer zugerechnet, weisen aber Strukturen sämtlicher Teilstreitkräfte auf. Während die FAR von der Kommandoebene dem Heer zugerechnet wird, ist die Legion völlig selbständig.

Die Diversifikation des Waffenpotentials der Armee ist hoch; der Ausrüstungsgrad ist teilweise modern, im konventionellen Bereich oft veraltet (vgl. SWP vom 17. 11. 1991).

Unter de Gaulles Nachfolgern Pompidou, Giscard d'Estaing und Mitterrand gewann die Einsicht Raum, die Sicherheit Frankreichs könne nicht losgelöst werden von der Sicherheit Deutschlands. Die Bindungen an die NATO wurden wieder stärker akzentuiert. Die Zielorientierungen »Handlungsfreiheit« und »Zusammenarbeit mit der NATO« sind heute parallel vorhanden. Ein gutes Beispiel ist die FAR. Sie ist einerseits ein ureigenes französisches Produkt; andererseits kommt sie im Konfliktfall an der Seite der Verbündeten zum Einsatz. Weitere Beispiele sind die Deutsch-Französische Brigade mit Sitz in Müllheim (seit 1990) und die 1992 erfolgte Gründung eines deutsch-französischen Korps (»Eurokorps«) mit Sitz in Straßburg. Ein Bestandteil des 1995 einsatzbereiten Korps mit ca. 40000 Mann wird die bestehende gemeinsame Brigade sein. In Friedenszeiten bleiben die französischen Soldaten des Korps Frankreich unterstellt, die deutschen Soldaten der NATO. Im Krisenfall untersteht das gesamte Korps dem Oberbefehl der NATO. Das Korps soll für Aufgaben der gemeinsamen Verteidigung, des Krisenmanagements, für Friedensmissionen und humanitäre Aktionen eingesetzt werden. Der Großverband soll für alle WEU-Mitgliedsstaaten offenstehen. Die beteiligten Nationen sind frühzeitig an den Operationsplanungen der NATO zu beteiligen.

Struktur des Wehrdienstes

Dem nationalen Selbstverständnis entsprechend wird in Frankreich der Wehrdienst als »service national« definiert. So lautet die offizielle Bezeichnung der Streitkräfte seit 1798. Bezeichnend ist die Festlegung des damaligen Gesetzes, wonach jeder Franzose Soldat ist. Dies gilt bis heute.

In der Verfassung der V. Republik von 1958 wird der Wehrdienst nicht direkt angesprochen. Die aktuell gültigen Wehrpflichtgesetze stammen von 1927, 1959 und 1983. Es gibt zahlreiche Ausführungsbestimmungen.

Die Wehrpflicht beginnt mit dem vollendeten 18. Lebensjahr und endet mit dem vollendeten 50. Lebensjahr. Die Wehrdienstdauer beträgt zehn Monate seit Oktober 1991 (bis dahin zwölf Monate). Bisher unterlagen die Wehrpflichtigen der Verpflichtung zum Wehrdienst für die Dauer von 17 Jahren (zehn Monate aktiver Dienst, vier Jahre Einsatzbereitschaft, zwölf Jahre Reserve). Bis 1995 wird die Zahl der Reservisten drastisch von vier Millionen auf 500000 verringert. Die Wehrpflichtigen werden nach Ableistung des Wehrdienstes nur noch bis zu drei Jahre als Reservisten geführt (vgl. SZ vom 11. 6. 1992). Die Grundausbildung dauert je nach Verwendung ein bis vier Monate. Bisher wurden pro Jahr etwa 270000 Wehrpflichtige eingezogen (von ca. 420000 Gemusterten). Eine Zurückstellung ist relativ leicht möglich bis zum 23. Lebensjahr, in begründeten Fällen kann sie auch bis zum 27. Lebensjahr erfolgen. Der Anteil der aus verschiedenen Gründen Ausgemusterten oder Befreiten beträgt über 30% des Musterungsjahrgangs (vgl. Le Monde vom 11. 7. 1991).

Der Begriff »serivce national« (nationale Dienstpflicht) ist ein Oberbegriff. Es gibt folgende Formen des Wehrdienstes, die allesamt dem »service national« zuzurechnen sind: herkömmlicher Wehrdienst (zehn Monate); Zivilschutzkorps (zehn Monate); Entwicklungshilfe (Coopération, 16 Monate); Sonderform der Cooperation/VSNE (Volontaires du service national en entreprise/Dienst in den Auslandsfilialen französischer Firmen, 16 Monate); Gendarmerie (zehn Monate); Dienst als Hilfspolizist (Police, zehn Monate); Technischer Hilfsdienst in Übersee (Aide Technique, 16 Monate); Feuerwehr (zehn Monate). Akademiker, die bei der Armee in ihrem Beruf arbeiten können, leisten zwölf Monate Wehrdienst.

Der »normale« Wehrdienst im Heer, in der Luftwaffe oder Marine sowie der Gendarmeriedienst gelten als »militärische Dienstformen« des »service national«; die anderen Dienste sind »zivile Dienstformen«. Auch der Zivildienst gehört zu den »zivilen Dienstformen«. Von den Einberufenen leisten im Jahresdurchschnitt 91% den »normalen« Wehrdienst ab, 3,5% sind bei der Gendarmerie. Der Rest verteilt sich auf die übrigen Dienstformen.

Die ca. 270000 Einberufenen des Jahres 1990 verteilten sich wie folgt (vgl. Le Monde vom 11. 7. 1991): 190000 Heer (70,4%); 36000 Luftwaffe (13,3%); 20500 Marine (7,6%); 11000 Gendarmerie (4,1%); 4700 Cooperation (1,7%); 3600 Polizei (1,3%); 900 Aide technique (0,3%); 3200 Verweigerer (1,2%). Beim Zivilschutz und bei der Feuerwehr kann erst seit Ende 1991 der Wehrdienst abgeleistet werden. Die Teilstreitkräfte haben folgenden Wehrpflichtigenanteil: Heer 64%; Luftwaffe 35%, Marine 28%. Bei der Gendarmerie sind 11%

Wehrpflichtige. Der Anteil der Wehrpflichtigen in der FAR beträgt 20%.

Probleme des Wehrdienstes und Kontroversen

Folgende Problempunkte bestimmen die Diskussion über die Verteidigungspolitik und den Wehrdienst:
- Die internationale Entwicklung läßt Zweifel daran aufkommen, ob die Verteidigung in ihrem bisherigen Umfang notwendig ist.
- Regierungsinterne Auseinandersetzungen um die Höhe der Kürzungen des Verteidigungsbudgets stellen den »nationalen Konsens« in der Verteidigungspolitik in Frage (vgl. NZZ vom 24. 4. 1989 und Die Welt vom 20. 5. 89).
- Der Einsatz der Armee als Streikbrecher ist umstritten. 1988 setzte die Regierung die Armee beim Verkehrsstreik als Nottransportdienst ein (vgl. Die Welt vom 1. 12. 1988).
- Die französische Armee zahlte von 1945 bis 1990 keine Krankenkassenbeiträge für ihre Zivilangestellten (vgl. Kölner Stadt-Anzeiger vom 22. 2. 1990).
- Bei den Grundwehrdienstleistenden gibt es Unmut über den geringen Sold in Höhe von ca. 200 DM monatlich (Betrag 1993, vgl. FAZ vom 22. 9. 89, HNA vom 2. 6. 1989).
- Gleichfalls kritisiert werden überlange Dienstzeiten von mehr als 50 und 60 Stunden wöchentlich (vgl. FAZ vom 22. 9. 1989).
- Soldaten werden, wenn sie sich kritisch äußern, hart diszipliniert (vgl. SZ vom 31. 8. 1989).
- Wehrpflichtige dürfen auch nach Dienstschluß weder politisch noch gewerkschaftlich aktiv sein, was sie als unverhältnismäßige Einschränkung ihrer Meinungsfreiheit empfinden (vgl. FAZ vom 22. 9. 1989).
- Über langweiligen Dienst und heimatfernen Einsatz gibt es Klagen (vgl. Badische Neueste Nachrichten vom 31. 8. 89).
- Soldaten nordafrikanischer Herkunft (ca. 15000) sind in der Armee benachteiligt (unzureichende Schulbildung, Konflikte wegen der religiösen Pflichten als Moslem (vgl. Le Monde vom 15. 7. 1990).
- Viele Kasernen sind veraltet und schlecht ausgestattet.
- Jährlich werden nur weniger als 70% des Musterungsjahrgangs einberufen. 5,8% des Musterungsjahrgangs 1990 wurden aus sozialen oder administrativen Gründen vom Wehrdienst befreit (23000), 20,7% wurden aus medizinischen

Gründen ausgemustert (81000), 3,7% (15000) wurden aus psychischen Gründen während der ersten drei Monate des Wehrdienstes für untauglich erklärt (vgl. Le Monde vom 11. 7. 1991).
- Unverkennbar ist ein Trend, wonach junge Männer aus sozial besser gestellten Familien und/oder mit Abitur keinen Wehrdienst ableisten oder eine zivile Form des Wehrdienstes bevorzugen. Diese Form der Ungleichbehandlung wurde wiederholt zum Politikum erklärt, ohne daß sich bis jetzt Entscheidendes verändert hätte (vgl. Le Monde vom 11. 6. 1992, Der Tagesspiegel vom 15. 10. 1989, Auvray 1990, S. 23, Le Service Civil Aujourd'hui 1989, Die Zeit vom 16. 6. 1989).
- Der VSNE ist umstritten. Die Absolventen (ca. 2000 jährlich) haben gegenüber anderen in der Wirtschaft Startvorteile (vgl. Le Monde vom 11. 6. 1992 sowie Der Tagesspiegel vom 15. 10. 1989).
- Das Bestreben, den jungen Frauen einen angemessenen Platz in den Streitkräften einzuräumen, führt zu einer Steigerung des Kontingents junger Mädchen, die sich freiwillig für die normale Dienstzeit und zu den Bedingungen der männlichen Wehrpflichtigen melden und als Gegenleistung leichteren Zugang zu Beamtenstellen erhalten (vgl. Der Zivildienst 12/ 1985), S. 39).
- Für den Militärdienst in »schwierigen Vierteln« (bestimmte Großstädte) melden sich nur wenig Freiwillige (vgl. Le Monde vom 21. 10. 1992).

Akzeptanz, Funktion und Perspektiven des Wehrdienstes bzw. der Armee

1987 hatten 67% der Franzosen eine gute Meinung über die Streitkräfte, wie repräsentative Umfragen der Meinungsforschungsinstitute IFOP, SOFRES und ISL ergaben (vgl. Philipps 1988, S. 280). Eine von der Zeitung Le Figaro 1990 durchgeführte Repräsentativumfrage erbrachte das Ergebnis, daß nur eine knappe Mehrheit von 53% den Militärdienst als uneingeschränkt notwendig ansieht. 40% halten den Wehrdienst für nicht mehr notwendig (vgl. HNA vom 11. 4. 1990).

Einer vom Institut EPSI 1985 unter jungen Leuten von 18 bis 24 Jahren durchgeführten Umfrage zufolge schätzten 48,1% der Befragten die Streitkräfte als akzeptabel ein, 37,9% hatten einen negativen Eindruck (vgl. Lamy 1985, S. 18). Nach einer vom Institut SOFRES 1989 durchgeführten Umfrage unter jungen

Leuten von 18 bis 24 sind 40% der Befragten als »Antimilitaristen« zu bezeichnen (vgl. Liberation vom 19. 5. 1989). 55% der Studenten sprachen sich gegen den Militärdienst aus (Umfrage der Zeitung Le Monde 1988, vgl. Le Monde vom 26. 5. 1989).

Mit Blick auf diese Resultate kann im Gegensatz zum traditionellen Verständnis nicht mehr davon gesprochen werden, daß die Armee einen wesentlichen Bestandteil des nationalen Selbstverständnisses ausmacht. Erklärungen für die offensichtlich gesunkene Akzeptanz können sein:
– Im Zuge verstärkter internationaler Abrüstungsbemühungen sinkt die Bereitschaft, die Streitkräfte aus politischen Gründen zu akzeptieren.
– Streitkräfte werden zwar nach wie vor als Teil der nationalen Selbstbehauptung gesehen, doch hat sich diese Bedeutung gegenüber früheren Zeiten relativiert. Heute geht es verstärkt um andere Herausforderungen (Wirtschaft, Handel usw.).
– Einen ausgeprägten Patriotismus gibt es allenfalls noch in einigen Regionen des Landes (Bretagne, Auvergne, Elsaß, Lothringen).
– Aufgrund überkommener Führungsstile und einer überholten Armeeorganisation (entscheidende Reformen gab es in den letzten Jahren keine) werden der Armee positive soziale Funktionen aberkannt. Leerlauf im Dienstalltag läßt die Motivation absinken, soziale und kommunikative Fähigkeiten werden wenig gefördert (vgl. FAZ vom 22. 9. 1989).
– Die traditionelle Meinung, daß in der Armee alles getan werden müsse, um innere Spannungen zu verhindern, greift nicht mehr. Einschränkungen der Meinungsfreiheit (wie z. B. Verbot der politischen Betätigung nach Dienstschluß) scheinen allenfalls geeignet, Spannungen zu unterdrücken.

Die französische Regierung ist bemüht, Antworten auf diese Probleme zu finden. Die Aktivitäten des Verteidigungsministeriums gehen dabei in verschiedene Richtungen:
– Paris strebt Modifizierungen beim Einsatz der Wehrpflichtigen an. Die Wünsche nach Verwendungsart und heimatnahem Einsatz sollen in Zukunft stärker berücksichtigt werden (vgl. Die Welt vom 10. 4. 1990).
– Ausweitung der Dienstmöglichkeiten: Um für die Wehrungerechtigkeit einen gewissen Ausgleich zu schaffen, wurde 1990 die Einführung eines dreijährigen Ersatzdienstes bei Feuerwehr, im Sanitätsdienst, im Krankenhaus oder im Umweltschutz beschlossen. Dieser Dienst ist kein die Verweigerung voraussetzender Zivildienst. Die »Wehrpflichtigen in ziviler

Verwendung« durchlaufen eine Grundausbildung von zwei Monaten. Danach werden sie zur »zivilen Verwendung« entlassen und müssen für 34 Monate in ständiger Bereitschaft stehen. Dies bedeutet konkret die Ableistung zahlreicher Übungen und »Ernsteinsätze«. Im Endausbau sollen wenigstens 20000 Franzosen diesen Dienst ableisten (vgl. NZZ vom 4. 4. 1990).
- Im Rahmen der »Armeereform 2000« will Frankreich sein Heer von 285000 Mann auf 220000 Mann verringern. Die Zahl der Wehrpflichtigen im Heer soll auf 50% abgesenkt werden (vgl. SZ vom 18. 4. 1992 und HNA vom 4. 10. 1991).
- Ein erster Schritt der Armeereform war die Ende 1991 erfolgte Verkürzung der Grundwehrdienstzeit von zwölf auf zehn Monate. Mit der Verkürzung gibt es zugleich attraktivere Bedingungen (z.B. bei der Besoldung) für einen freiwilligen Dienst von 18 oder 24 Monaten.
- Der Abzug der in Deutschland stationierten französischen Streitkräfte als Folge der deutschen Vereinigung wurde 1991 eingeleitet. Bis 1991 waren 51000 französische Soldaten in Deutschland. Künftig verbleiben nur die Soldaten in Deutschland, welche dem deutsch-französischen Korps angehören.
- Statt zum Wehrdienst werden Rekruten künftig vermehrt zu Patrouillen unter Aufsicht der Polizei sowie zur Überwachung der Schulen eingesetzt, die unter Vandalismus, unter Angriffen gegen die Lehrer und den Beutezügen auswärtiger Jugendbanden leiden (vgl. NZZ vom 3. 6. 1992).
- Die bislang eher unübersichtliche Armeeorganisation wird verändert: Die sechs Militärregionen, vier Luftregionen und drei Marineregionen werden in drei große Zonen zusammengefaßt.
- Durch die Zusammenlegung zahlreicher Truppeneinheiten werden Befehlsstrukturen vereinfacht. Der Verwaltungsaufwand reduziert sich damit.
- Bestimmte Truppeneinheiten werden aufgelöst.
- Weitere Maßnahmen zur Aufwertung der Armee und des Wehrdienstes betreffen den Diensttalltag und seine Rahmenbedingungen: kostenlose Zugfahrten mit dem Superschnellzug, Bereitstellung von Telefonkarten, nach Möglichkeit Eingliederung in das Zivilleben bereits während des Grundwehrdienstes.
- Mehr Blauhelme werden der UNO zur Verfügung gestellt (vgl. Die Zeit vom 9. 10. 1992).

Um die Akzeptanz des Wehrdienstes zu sichern, sind diese Maßnahmen wichtige Schritte. Es muß sich zeigen, inwieweit bei manchen Maßnahmen die Umsetzung funktioniert. Zudem dürften die Maßnahmen nicht hinreichen. Deshalb geht es künftig darum, die Möglichkeiten der Befreiungen/Ausmusterungen zu durchdenken und eine Ausweitung der Wehrdienstformen in ziviler Form zu verhindern. Ein Ausbau des Zivildienstes könnte die Befreiungsmöglichkeiten vom Wehrdienst einschränken.

Frankreich muß in sicherheitspolitischer Hinsicht einen finanziellen Balanceakt bewältigen. Einerseits soll der Rüstungsetat nicht steigen, andererseits müssen veraltete Waffensysteme ersetzt und Organisationsstrukturen verbessert werden. Das Ziel kann deshalb nur Reduzierung des Bestandes heißen, bei gleichzeitig verbesserter Qualität der Ausbildung, der Führungsstile, der Befehlsstrukturen, der Waffen (vgl. NZZ vom 22. 4. 1992, SWP vom 17. 10. 1991, sowie IAP 19/1991 vom 15. 10. 1991, S. 6f.).

Wenn die sicherheitspolitischen Planungen der europäischen Staaten auf eine Sicherheitsunion hinauslaufen, wird Frankreich vor der Aufgabe stehen, seine Sicherheits- und Verteidigungspolitik neu zu definieren. Es ist aber davon auszugehen, daß Frankreich nicht sein gesamtes Potential in einen europäischen Verband einbringen wird (vgl. SZ vom 13. 6. 1990).

Eine denkbare Zukunftsperspektive ist auch die Einführung einer Berufsarmee. Die Befürworter (u.a. Giscard d'Estaing) sind der Auffassung, die Motivation von Berufssoldaten sei besser. Die Gegner (u.a. Mitterrand) betonen, daß bei einer Berufsarmee der Selbstbehauptungsgedanke Frankreichs verlorengehe; Armee und Gesellschaft würden dann nebeneinander und nicht miteinander existieren (vgl. WAZ vom 7. 7. 1989).

Das Recht auf Kriegsdienstverweigerung

Mit dem Gesetz vom 21. Dezember 1963 wurde in Frankreich die Zulässigkeit der Wehrdienstverweigerung rechtlich abgesichert. Damit war noch keine politische Anerkennung verbunden. Vielmehr gehörte bis etwa 1980 die Frage der Verweigerung zu den Tabuthemen in Frankreich. Die Zahl der Kriegsdienstgegner galt als geheim. Grundvoraussetzungen für die Anerkennung als Verweigerer waren in der Öffentlichkeit nicht bekannt. Der Verweigerer mußte vor einer Sonderkommission erscheinen, die seine Motive bewertete. Es wurden nur religiöse und ethische Gründe akzeptiert (vgl. Badische Neueste Nachrichten vom 21. 2. 1984). Seit 1983 (Gesetz vom 8. Juli) stellt der Verweigerer einen schriftlichen Antrag, über den das Verteidigungsministerium bzw. die nachgeordnete Behörde befindet. Im Antrag ist ausdrücklich zu vermerken, daß der Unterzeichner aus Gewissensgründen erklärt, sich dem persönlichen Gebrauch von Waffen zu widersetzen.

Konkret entscheidet ein aus drei Offizieren bestehender Ausschuß über den Antrag. Der Ausschuß entscheidet fast immer im Sinne des Verweigerers. Es erfolgt keine Überprüfung des Gewissenskonflikts. Die Ablehnung des Waffengebrauchs braucht nicht begründet zu werden. Zu einer Vorladung kommt es nur im Ausnahmefall, z. B. bei Formfehlern im Antrag. Wichtig ist, daß der Wehrpflichtige spätestens 15 Tage vor der Einberufung die Verweigerung bekundet. Eine Antragstellung danach ist nicht möglich.

Jährlich gibt es etwa 4000 Verweigerer. 60 Organisationen vertreten die Interessen der Verweigerer, z. B. der CCSC (Comité de Coordination pour le service civil, eine Art Dachorganisation), MOC (Mouvement des Objecteurs de Conscience), ESTOCADE.

Nicht verwechselt werden mit den Verweigerern dürfen die Totalverweigerer (»Les insoumis«). Sie erwartet eine Gefängnisstrafe bis zu zwei Jahren in Friedenszeiten.

Struktur des Zivildienstes

Der Zivildienst dauert 20 Monate und wird in einem der folgenden Bereiche abgeleistet: soziale Hilfsdienste, z. B. Altenhilfe; Erziehungssektor; Jugendhilfe; Umweltschutz; Naturschutz; Forstwirtschaft; Kulturarbeit; Friedensarbeit, z. B. Menschenrechtsinitiativen. Die Organisation muß Aufgaben des Allgemeinwohls erfüllen und kann staatlich, kommunal oder privat sein. Zur Aufnahme eines Studiums oder einer anderen Beschäftigung ist eine vorzeitige Entlassung (zwei Monate) möglich.

Dem Grundsatz nach wählt der Verweigerer die Organisation selbst. Zivildienstplätze sind genügend vorhanden. Es gibt zwischen 5000 und 6000 Zivildienstleistende. Die Bezüge eines Zivildienstleistenden liegen bei ca. 800 DM monatlich. Bis 1983 entsprach die Entlohnung noch dem Sold für Grundwehrdienstleistende. Der Verweigerer kann auch im Ausland seinen Dienst ableisten, was aber die Ausnahme ist.

Von der Rechtslage her können die anerkannten Verweigerer zu einem »gefährlichen Dienst« herangezogen und im Kriegsfall an Brennpunkten eingesetzt werden. Dieser Möglichkeit entspricht auch die grundsätzliche Ausrichtung des Zivildienstes als einer Form des »service national«.

Probleme des Zivildienstes und Kontroversen

1980 betrug die Zahl der Verweigerer 770 (vgl. Badische Neueste Nachrichten vom 21. 2. 1984). Jetzt beträgt sie jährlich über 3000. Diese Entwicklung zeigt, daß das Verweigerungsgesetz von 1983 Auswirkungen hatte. Es ist nicht mehr schwierig, die Anerkennung zu erreichen. Seit 1983 bestehen Informationsfreiheit und Aufklärungsmöglichkeiten in Sachen Verweigerung und Zivildienst. Allerdings bleibt dies privaten Organisationen vorbehalten. Staatliche Stellen dürfen nicht werben und Detailinformationen liefern.

Nach wie vor gibt es verschiedene Probleme:
- Die Differenz von Grundwehrdienst- und Zivildienstdauer beträgt zehn Monate. Die offizielle Begründung dieser Differenz lautet, daß die Prüfung der persönlichen Gründe durch die Länge des Dienstes erfolgen solle (sogenannter Tatbeweis). Wenngleich die Differenz etwas reduziert wurde (1991 waren es noch zwölf Monate), so wird der Aspekt der Dienstdauer weiterhin kontrovers diskutiert.
- Verweigererorganisationen werfen der Regierung vor, daß sie die Zahl der Verweigerer aus Angst vor einem Verlust der Verteidigungsfähigkeit klein halten wolle (vgl. Eneau 1989, S. 70, Neue Osnabrücker Zeitung vom 3. 12. 1985, sowie Voigt 1984, S. 54).
- Der Verweigerer kann sich zwar den Einsatzbereich selbst aussuchen; häufig bestimmt aber der Staat über den konkreten Einsatzort (vgl. Voigt 1984, S. 54).
- Die Finanzierung der Zivildienstplätze ist oftmals ein Ärgernis: Die einstellenden Institutionen müssen die Kosten für die Zivildienstleistenden in der Regel mehrere Monate vorleisten. Dann erfolgt die Rückerstattung durch das für die jeweilige Tätigkeit zuständige Ministerium (vgl. Eneau 1989, S. 70).
- Während des Wehrdienstes und der Zeit der Einsatzbereitschaft ist keine Verweigerung möglich.
- Nach der Anerkennung als Verweigerer gibt es nur bei wenigen Zivildienstleistenden ein Engagement, um die Verweigererorganisationen zu stärken (vgl. Bouleau, in: wub 2/1990, S. 11).
- Umstritten ist die Zuständigkeit des Verteidigungsministeriums für die Verweigerung.

- Nach erfolgter Einweisung in den Zivildienst durch das »Ministère de la Solidarité« wird der Verweigerer einem von zwölf Ministerien zugeteilt. Diesem Zuteilungsmodus entspricht ein wenig ausgebauter Verwaltungsapparat für den Zivildienst.
- Die einstellenden Institutionen können nicht immer die Einweisung offerieren, welche die jungen Männer erwarten (vgl. Le Monde vom 26. 5. 1989).
- Oftmals werden die Zivildienstleistenden mit »nebensächlichen« Aufgaben betraut. Andere Dienstleistende beklagen, daß sie sich selbst überlassen sind bei der Bewältigung verantwortlicher Tätigkeiten (insbesondere in ländlichen Gebieten, vgl. Le Monde vom 26. 5. 1989).

Akzeptanz, Funktion und Perspektiven des Zivildienstes

Die Zahl der Verweigerer (knapp über 1 % jährlich) ist in Frankreich im Vergleich zu anderen Ländern gering. Aus dieser Feststellung läßt sich ableiten, daß die gesellschaftliche Akzeptanz nicht hoch sein kann. Als Gründe für die eher geringe Akzeptanz lassen sich anführen: Die Infrastruktur des Zivildienstes ist wenig ausgebaut; der Wehrdienst wurde bis in die 80er Jahre von allen größeren Parteien (auch von den Kommunisten und Grünen) als republikanische Pflicht gesehen; es gibt keine eigene Behörde, die sich um die Belange der Zivildienstleistenden kümmert; die Chance, um den Wehrdienst herumzukommen, hält potentielle Verweigerer davon ab, einen Antrag zu stellen; die Differenz von Wehrdienst- und Zivildienstdauer beträgt zehn Monate; die Möglichkeit, eine zivile Form des Wehrdienstes zu wählen, schwächt den Stellenwert der Verweigerung, die Verweigerer werden dadurch individualisiert; bis 1983 bestanden keinerlei Aufklärungsmöglichkeiten, die Medien waren sehr diskret, wenn es um die Behandlung des Themas ging; die Uneinigkeit der Verweigererorganisationen erschwert eine Koordinierung der Anliegen der Verweigerer (vgl. Bouleau, in: wub 2/1990, S. 11, Le Monde vom 26. 5. 1989, sowie Der Zivildienst 12/1985, S. 10).

Es bereitet Schwierigkeiten, über die Funktion des Zivildienstes eine Aussage zu treffen. Die gesellschaftliche Bedeutung des Zivildienstes war bisher marginal. Möglich ist aber, daß künftig die Zahl der Verweigerer ansteigt und der Zivildienst ausgebaut wird. Im Zuge eines internationalen Harmonisierungsbedarfs (EG) ist es denkbar, daß längerfristig der Zivildienst nicht mehr doppelt so lang wie der Wehrdienst dauert. Insgesamt könnte sich dann die Akzeptanz erhöhen.

Wehrdienst und Kriegsdienstverweigerung in Griechenland

Die griechische Sicherheits- und Verteidigungspolitik

Ein Teil der griechischen Streitkräfte gehört zum Befehlsbereich »Alliierte Streitkräfte Südeuropa« der NATO.

Eine besondere Brisanz erhält die griechische Sicherheitspolitik dadurch, daß auch der historische Rivale, die Türkei, NATO-Mitglied ist. Diese gemeinsame Mitgliedschaft trug sicherlich dazu bei, daß die insbesondere wegen der Zypern-Frage nach wie vor bestehenden Spannungen zwischen den beiden Staaten seit Anfang der 80er Jahre (Regierungsübernahme der PASOK, der Panhellistischen Sozialistischen Bewegung unter Andreas Papandreou) begrenzt werden konnten.

Das Sicherheitskonzept der griechischen Armee ist auf die nationale Selbstbehauptung ausgerichtet: Die Armee ist der Garant, um die griechischen Interessen im Balkanraum zu wahren.

Struktur des Wehrdienstes

Gemäß Artikel 4 Absatz 6 der griechischen Verfassung von 1975 hat jeder wehrpflichtige Grieche die Verpflichtung, zur Verteidigung des Vaterlandes beizutragen. Artikel 5 des Wehrpflichtgesetzes von 1988 regelt die Dauer der Militärverpflichtung. Die Dauer des Grundwehrdienstes beträgt beim Heer 15 bis 19 Monate, bei der Luftwaffe sind es 17 bis 21, bei der Marine 19 bis 23 Monate. Der Verteidigungsminister hat die Möglichkeit, bei geburtenstarken Jahrgängen die Dienstzeit zu verkürzen. Sie muß aber mindestens zwölf Monate betragen.

Die Wehrpflicht reicht vom 20. bis zum 50. Lebensjahr. Zurückstellungen sind möglich; der Dienstantritt muß bis zum 28. Lebensjahr erfolgen. Befreiungen sind nur möglich für Theologiestudenten und für Väter mit vier oder mehr Kindern. Väter mit einem Kind dienen zwölf Monate, Väter mit zwei Kindern neun und solche mit drei Kindern vier Monate.

Probleme des Wehrdienstes und Kontroversen

Folgende Hauptprobleme bestimmen die Diskussionen um den Wehrdienst in Griechenland:
- Die Länge des Wehrdienstes ist in der Öffentlichkeit umstritten (in Anbetracht der Dienstdauer in anderen europäischen Staaten).
- Kritisiert wird, daß der Verteidigungsminister die Wehrdienstdauer eigenständig nach bloßer Konsultation auf Regierungsebene festlegen kann. Damit bestehe grundsätzlich die Gefahr einer mißbräuchlichen und willkürlichen Anwendung.
- Die Zahl der im Ausland lebenden Griechen, die den Wehrdienst nicht antreten können oder wollen, beträgt nach offiziellen Angaben ca. 13 000.

Nach Ablauf der Zurückstellung (28 Jahre) werden die Betroffenen erneut einberufen. Leisten sie dieser Einberufung nicht Folge, so werden sie als »Anypotaktoi« (»Unbeugsame«) bezeichnet. »Anypotaxia« gilt als Verbrechen und wird nach Artikel 17, § 5 des Wehrpflichtgesetzes mit zwei Jahren Gefängnis bestraft. Außerdem werden weitere Sanktionen verhängt, z. B. die Aberkennung des Wahlrechts, ein Einstellungsverbot im öffentlichen Dienst und die Nicht-Ausstellung von Reisedokumenten. Diese Sanktionen bedeuten, daß die im Ausland lebenden »Anypotaktoi« offiziell keine Möglichkeit haben, ihren jetzigen Aufenthaltsort zu verlassen. Die griechische Heimat wird für sie zum Sperrgebiet.

Insbesondere die »Auslandsgriechen« bedauern diese Situation. Eine brisante Konfliktlinie ergibt sich jedoch dadurch, daß Teile der griechischen Öffentlichkeit aus Gründen der Wehrgerechtigkeit für die Beibehaltung des jetzigen Zustands sind (vgl. Petition des Griechischen Militärdienstkomitees in Berlin an das Europäische Parlament vom 30. 7. 1989).

Akzeptanz, Funktion und Perspektiven des Wehrdienstes

In Griechenland ist die gesellschaftliche Akzeptanz des Wehrdienstes relativ hoch. Der Wehrdienst wird nach wie vor als nationale Verpflichtung angesehen, der man sich nicht entziehen darf.

Diese Sicht ist in erster Linie historisch begründet. Es gibt einen traditionellen Konsens zur nationalen Verteidigung. Die Griechen sahen sich in der Vergangenheit aufgrund ihrer geostrategischen Lage am Südzipfel des Balkans wiederholt in ihre Wehrbereitschaft herausgefordert.

Die Akzeptanz des Wehrdienstes geht allerdings seit ein paar Jahren wegen der öffentlichen Kontroversen über die Grundwehrdienstdauer zurück.

Innerhalb der NATO hat Griechenland die längste Dienstdauer bei den Wehrpflichtarmeen. Möglicherweise kann die Akzeptanz der Streitkräfte bei einer Verkürzung der Grundwehrdienstdauer stabilisiert werden.

Die Problematik der Kriegsdienstverweigerung

Trotz wiederholter Appelle des Europäischen Parlaments und des Europarats verweigerte Griechenland bisher die Anerkennung des Rechts auf Wehrdienstverweigerung und die Einführung eines Zivildienstes. In Griechenland sind alle, die sich aus religiösen Gründen weigern, eine Waffe zu tragen, rechtlich verpflichtet, einen waffenlosen Dienst in der Armee abzuleisten. Dieser Dienst dauert 40 Monate. Wer sich weigert, ihn abzuleisten, wird mit vier Jahren Gefängnis bestraft.

In den Jahren 1990 bis 1992 saßen durchschnittlich 400 Wehrdienstverweigerer in Gefängnissen. Es handelt sich meist um Zeugen Jehovas, die den Wehrdienst generell ablehnen. Amnesty International betrachtet sie als gewaltlose politische Gefangene. Bis Ende 1991 wurden die Totalverweigerer zum Militärgefängnis Avlona gebracht. Dort herrschten harte Haftbedingungen. Nach zwei Jahren wurden die Verurteilten ins zivile Agrarwissenschaftliche Gefängnis Kassandra verlegt, wo sie auf dem Feld mitarbeiten mußten (vgl. ai-Januar 1991, S. 11, sowie ai-Info 12/1989).

Seit Ende 1991 werden die Verweigerer vermehrt in der Haftanstalt Sindos bei Thessaloniki untergebracht. Dort herrschen humanere Haftbedingungen (vgl. Hannoversche Allgemeine Zeitung vom 20. 7. 1992). In Avlona und in anderen Gefängnissen sind die Zustände nach wie vor schlechter.

Im Gefängnis zählt jeder Arbeitstag doppelt, so daß die Verweigerer selten länger als 25 Monate inhaftiert sind. Nach Absitzen der Haftstrafe kann der Verweigerer nicht wie früher erneut zum Militärdienst einberufen werden. Allerdings gilt er als vorbestraft (vgl. Neue Presse, Hannover, vom 26. 11. 1992).

Politische Brisanz erhält die Inhaftierungspraxis dadurch, daß Griechenland 1974 – dem Jahr der Beendigung der Militärdiktatur – die europäische Konvention zum Schutz der Menschenrechte und Grundfreiheiten ratifizierte. Das Fehlen eines Rechts auf Kriegsdienstverweigerung wird auf europäischer Ebene und in der griechischen Öffentlichkeit kritisiert. Am bestehenden Ersatzdienst wird bemängelt, daß er viel zu lang sei und nur innerhalb der Streitkräfte abgeleistet werden könne (vgl. ai-External, Juni 1989). Der Leumund eines Verweigerers sei negativ und würde ihn das ganze Leben begleiten (vgl. The Greek American vom 9. 9. 1989).

Die griechischen Regierungen begründeten ihre ablehnenden Haltungen zur Einführung eines Wehrdienstverweigerungsrechts und eines Zivildienstes bislang mit dem Hinweis auf die von der Türkei drohenden Gefahren (vgl. The Greek American vom 9. 9. 1989).

Das Wehrpflichtgesetz von 1988 erweitert die Gründe, den Wehrdienst mit der Waffe nicht ableisten zu müssen, auf philosophische und ideologische Motive. Bis 1977 gab es auch für Verweigerer aus religiösen Gründen keine Möglichkeit zum waffenlosen Dienst.

In der Praxis leisten nur wenige den langen Ersatzdienst ab. Wer ausschließlich aus religiösen Gründen verweigert, nimmt die Gefängnisstrafe auf sich (Zeugen Jehovas). Die weitaus größere Zahl der Verweigerer mit anderen Motiven wählt den Weg ins Ausland. Zugenommen hat das Phänomen, sich aus psychischen Gründen ausmustern zu lassen (vgl. Die Tageszeitung vom 11. 11. 1991).

In der zweite Hälfte der 80er Jahre bedrängten die EG-Staaten Griechenland, rechtliche Absicherungen für Verweigerer einzuführen. Um den internationalen und innenpolitischen Druck zu mildern, ergriff die griechische Regierung 1988/89 Initiativen: Ein Gesetz stellte sicher, daß ins Ausland ausgereiste Wehrpflichtige zurückkehren konnten, wenn sie eine Abgabe zahlten und einen verkürzten Wehrdienst ableisteten. Allerdings nahmen nur 30% der Betroffenen dieses Angebot an. Weiterhin können Akademiker den zweiten Teil ihrer Dienstzeit in Forschungseinrichtungen u.ä. verbringen. Außerdem wurde ein Gesetzentwurf zur Einführung eines Zivildienstes eingebracht. Er sah in Artikel II einen gegenüber dem Wehrdienst doppelt so langen Zivildienst vor (vgl. Sag Nein, Nr. 7, 1991, ai-External 1989, sowie ai-Info 12/1989).

Regierungskrisen, politische Skandale und Wahlkämpfe führten dazu, daß der Gesetzentwurf nicht verabschiedet wurde. Für die Zukunft ist aber damit zu rechnen, daß ein Recht auf Verwei-

gerung eingeführt und die Möglichkeit zum Zivildienst geschaffen wird. Der internationale Druck wird auf Dauer zu stark sein, als daß sich Griechenland einer solchen Veränderung widersetzen könnte.
1994 gibt es nach wie vor keine Zivildienstregelung. Ein Problem besteht darin, daß die griechische Öffentlichkeit noch immer mehrheitlich der Einführung des Zivildienstes ablehnend gegenüber steht bzw. eine Notwendigkeit zur Einführung verneint. Nach vorherrschender Mehrheitsmeinung verbieten die strategische Lage des Landes und die Gefahr von Norden und Osten die Einführung des Zivildienstes (vgl. Neue Presse, Hannover vom 26. 11. 1992, Zeitschrift für Antimilitarismus 2/1992, sowie Die Tageszeitung vom 11. 11. 1991).

Wehr- und Zivildienst in Italien

Die italienische Sicherheits- und Verteidigungspolitik

Die der NATO unterstellten italienischen Streitkräfte (Eingreiftruppen) gehören zu den Allied Forces Southern Europe (AFSOUTH). Ihre Augabe ist es, das südliche NATO-Gebiet und den Mittelmeerraum zu sichern. Im Krisenfall unterstehen die gesamten Streitkräfte dem NATO-Oberbefehlshaber Südeuropa mit Sitz in Neapel.

Der hohe Anteil der Grundwehrdienstleistenden an der Gesamtzahl der Soldaten wird künftig gesenkt. Die Planungen sehen vor, bis zum Jahr 2000 die Zahl der Grundwehrdienstleistenden erheblich zu senken. Dem neuen Verteidigungskonzept zufolge soll die Armee insgesamt professioneller werden.

Struktur des Wehrdienstes

Artikel 52 der italienischen Verfassung von 1947 (Fassung von 1967) bezeichnet den Wehrdienst als »heilige Pflicht eines jeden Staatsbürgers«. Demgemäß leistet der Wehrpflichtige seinen Beitrag zur Verteidigung des Landes gegen Aggressionen von außen. Entsprechende Gesetze aus den Jahren 1936, 1964 und 1986 regeln die Einzelheiten der Verpflichtung zum Wehrdienst. Die Einberufung erfolgt mit der Vollendung des 18. Lebensjahres durch die Einberufungskundmachung (Veröffentlichung am Wohnort) und durch den Einberufungsbefehl (individuelle Anordnung). Der Grundwehrdienst dauert zwölf Monate. Die Zuteilung zu den Verbänden erfolgt entsprechend der zivilen Ausbildung des Wehrpflichtigen, sofern eine solche vorliegt. Eigene Wünsche werden nach Möglichkeit berücksichtigt.

Die Grundausbildung dauert einen Monat. Die restliche Dienstzeit wird in der Verwendungseinheit abgeleistet.

Der Grundwehrdienst kann auch bei der Staatspolizei oder bei den Carabinieri (Polizei in ländlich strukturierten Gebieten) abgeleistet werden. Diese Dienste dauern gleichfalls zehn Monate. Eine weitere Alternative ist der zehnmonatige Dienst bei der Berufsfeuerwehr.

Das italienische Staatsgesetz Nr. 772 von 1972 räumt einen waffenlosen Wehrdienst ein. Wer sich dafür entscheidet, wird im Verwaltungsbereich des Heeres eingesetzt.

Nach Ableistung des Grundwehrdienstes wird der Wehrpflichtige in den unbegrenzten Beurlaubungsstand (congedo illimitato) versetzt. Er kann aber bis zum vollendeten 45. Lebensjahr bei Krisensituationen jederzeit einberufen werden. Zurückstellungen sind für Schüler und Studenten möglich. Befreiungen werden in folgenden Fällen ausgesprochen: Untauglichkeit; besondere Familienverhältnisse (z. B. Familienvater, Vollwaise mit minderjährigen Geschwistern).

Probleme des Wehrdienstes und Kontroversen

Die Diskussionen über den Wehrdienst in Italien wurden und werden insbesondere von folgenden Aspekten bestimmt:
- »Verweigerung auf italienisch«: Viele junge Männer entziehen sich der Einberufung, indem sie insbesondere nach Deutschland ausweichen (vgl. Der Zivildienst 10/1989, S. 13f., sowie ibidem 2/1989, S. 20).
- Befreiung wegen Überschusses an Wehrtauglichen: In der Vergangenheit kam es bei geburtenstarken Jahrgängen vor, daß ein Überschuß bestand. Die Folge war, daß Taugliche nicht eingezogen wurden. Wenn die Einberufung ein zweites Mal verschoben wurde, so erfolgte die Befreiung. Diese Regelung führte zu Unruhe bei den dienenden Wehrpflichtigen. Allerdings wirkt sich dieser Befreiungsgrund gegenwärtig kaum noch aus, da die geburtenstarken Jahrgänge ihren Wehrdienst bereits abgeleistet haben.
- Für die 90er Jahre wird ein Rückgang der Wehrpflichtigenzahlen erwartet. 1989 legte das Verteidigungsministerium dem italienischen Parlament eine Studie vor, wonach Italien den bis-

lang hohen Bedarf an Grundwehrdienstleistenden nicht mehr decken könne. Es wird deshalb daran gedacht, die Zahl der Grundwehrdienstleistenden zu senken. Dieses Vorhaben entspricht auch den Plänen einer Reduzierung der Truppenstärken (vgl. SZ vom 20. 1. 1989).

- Proteste gab es in Italien des öfteren darüber, daß die Söhne reicher Familien vom Wehrdienst befreit wurden, angeblich aus gesundheitlichen Gründen (vgl. Abendzeitung vom 25. 8. 1986).
- Es gibt zu wenige Kasernen, ein Großteil der vorhandenen Kasernen ist veraltet.
- Der Dienstalltag ist gleichfalls Gegenstand öffentlicher Diskussionen. Die Ausbildungsanteile sind zu niedrig; dafür gibt es oftmals Leerlauf, Schikanen und Strafen (vgl. der Zivildienst 2/1989, S. 18, sowie SZ vom 23. 1. 1986).
- Der Sold ist niedrig und beträgt ca. 5 DM täglich.
- Der Gegensatz zwischen Nord- und Süditalienern ist in der Armee ein ständiger Zündstoff.
- Bestimmte Wehrpflichtige können in ihrer Heimatstadt dienen; andere müssen hingegen oftmals fern der Heimat ihren Dienst ableisten. Beziehungen scheinen hier eine Rolle zu spielen (vgl. Mannheimer Morgen vom 8. 10. 1986).
- Bürgerrechtsgruppen forderten, daß sich die italienischen Soldaten in begrenztem Rahmen politisch betätigen dürften. Die Forderungen beziehen sich insbesondere auf die Teilnahme an Demonstrationen (vgl. SZ vom 30. 7. 1977).
- Die Bevorzugung der Marine (bessere Ausrüstung und Dienstbedingungen) und die Benachteiligung des Heeres schaffen Unmut bei den Heeressoldaten.
- Umstritten ist die Praxis, Grundwehrdienstleistende als Aufsichtspersonal in Museen oder Kirchen einzusetzen (vgl. FR vom 22. 2. 1992).

Akzeptanz, Funktion und Perspektiven des Wehrdienstes

Die Streitkräfte haben in Italien ein relativ hohes Ansehen. Das Verhältnis zwischen Volk und Armee ist traditionell gut. Die gesellschaftliche Akzeptanz gründet sich vor allem auf das Nationalbewußtsein. Die Streitkräfte werden nach wie vor als nationales Symbol angesehen.

Ein positives Grundverständnis für den Wehrdienst in Italien darf nicht mit Enthusiasmus verwechselt werden. Die gesellschaftlichen Rahmenbedingungen sorgen auch hier für eine weitgehend realistische Sicht, die Kritik an bestehenden Unzulänglichkeiten mit einschließt. Um die Akzeptanz des Wehrdienstes auch künftig zu sichern, gibt es verschiedene Vorschläge: Regionalisierung des Wehrdienstes und heimatnaher Einsatz; Einführung einer sozialen Dienstpflicht (Wehrpflichtige sollen ihrer Dienstpflicht auch im Umweltschutz oder in sozialen Einrichtungen nachkommen können). Außerdem gibt es Bestrebungen, eine Berufsarmee einzuführen und die Wehrpflicht abzuschaffen. Die Einführung einer Berufsarmee dürfte jedoch erst längerfristig Realisierungschancen haben.

Diese Vorschläge und Bestrebungen belegen, daß die Armee keine Institution mehr ist, die ihre Akzeptanz allein aus der bloßen Existenz und aus der Tradition schöpfen kann. Verstärkt wird danach gefragt, wie die Armee der Zukunft aussehen muß, um die komplexen Aufgaben der Landesverteidigung wahrzunehmen.

Das Recht auf Kriegsdienstverweigerung

In Italien gab es lange keine gesetzliche Regelung für Verweigerer. Ende 1972 wurde ein Kriegsdienstverweigerungsgesetz verabschiedet. 1974 erfolgten einige geringfügige Änderungen. 1992 wurden dann für Verweigerung und Zivildienst neue gesetzliche Grundlagen geschaffen.

Anerkannt werden Gewissensgründe religiöser, ethischer und philosophischer Art. Der Antrag muß innerhalb von 90 Tagen nach der Musterung gestellt werden. Er wird von den Rekrutierungsämtern an den Verteidigungsminister weitergeleitet. Ein Rekrutierungsausschuß gibt eine Stellungnahme ab. Diese ist die Entscheidungsgrundlage für den Minister. Eine mündliche Anhörung erfolgt in der Regel nicht. Die Anerkennungsquote beträgt je nach Jahrgang zwischen 90 und 97%.

Struktur des Zivildienstes

Der Zivildienst wurde 1974 eingeführt. Sein Ausbau erfolgte in der zweiten Hälfte der 70er Jahre. Das Gesetz aus den Jahren 1972/74 sah eine Zivildienstdauer von 20 Monaten vor.

Mittlerweile gibt es ein breites Spektrum von Einsatzbereichen. Für den Zivildienst gibt es fünf Kategorien:
- Sozialer Bereich: Dienst an alten Menschen, für Behinderte, an Kindern, Randgruppen und Drogenabhängigen;
- Kultureller Bereich: Museen, Kulturzentren, Jugendhäuser;

- Ökologischer Bereich: Bekämpfung von Umweltschäden;
- Pazifistischer Bereich: Einsatz im Bereich der Friedensforschung und -pädagogik;
- Zivilschutz.

Der Schwerpunkt des Einsatzes erfolgte bisher in den beiden ersten Bereichen.

Derzeit gibt es ca. 14000 Zivildienstleistende. Etwa 9000 sind im privaten, ca. 5000 im öffentlichen Sektor tätig.

Das italienische Verfassungsgericht entschied im Juli 1989, daß die um acht Monate längere Dienstzeit der Zivildienstleistenden verfassungswidrig sei. Insbesondere der Gleichheitsgrundsatz werde verletzt. Deshalb dürfe der Zivildienst nicht länger sein. Seit Anfang der neunziger Jahre dauert der Zivildienst zwölf Monate.

Die Tür für eine geringfügige Längerdauer des Zivildienstes ließ das Gericht allerdings für den Fall offen, daß eine zusätzliche dreimonatige Ausbildungszeit für Verweigerer eingerichtet wird. Diese Möglichkeit wird zur Zeit vom Parlament geprüft.

Probleme des Zivildienstes und Kontroversen

In Italien bestimmten bisher vor allem folgende Probleme die öffentlichen Diskussionen über Verweigerung und Zivildienst:
- Das Angebot an Zivildienstplätzen steigt von Jahr zu Jahr. Bislang konnten nicht alle Plätze besetzt werden. Dies liegt u.a. daran, daß der Zivildienst noch nicht in hinreichender Weise behördlich organisiert ist. Es fehlt eine Behörde, die sich speziell um die Belange der Verweigerer kümmert.
- Probleme gab es immer wieder dadurch, daß Zivildienstleistende nach dem Gesetz keine regulären Arbeitsplätze einnehmen dürfen. Deshalb können viele junge Männer nicht in dem Einsatzbereich und an dem Einsatzort arbeiten, den sie sich wünschen.
- Oftmals ist die Bearbeitungsdauer eines Anerkennungsantrags sehr lang (mehr als sechs Monate).
- Kritisiert wird, daß die Zuständigkeit für das Anerkennungsverfahren beim Verteidigungsminister liegt.
- Da es bisher keine Ausbildung der Zivildienstleistenden gab, waren viele von ihnen auf sich allein gestellt.
- Eine Verweigerung nach der Einberufung war bis 1992 nicht möglich.
- Die Informationsmöglichkeiten über den Zivildienst waren unzureichend (vgl. EAK-Dokumentation 1990, S. 70f.).

Das neue Kriegsdienstverweigerungsgesetz von 1992 und das

zeitgleiche neue Zivildienstgesetz bringen Verbesserungen für die Rahmenbedingungen der Verweigerung und für den Status des Zivildienstleistenden.

Jeder Italiener hat das subjektive Recht, sich als Wehrdienstverweigerer zu erklären. Der Staat kann allenfalls den Antrag auf Zivildienstleistung ablehnen, wenn keine Gewissensgründe geltend gemacht werden.

Bei den Gewissensgründen können jetzt auch politische Gründe mitberücksichtigt werden. Von nun an kann auch während des Grundwehrdienstes verweigert werden. Allerdings muß der Antrag vor dem 31. Dezember des Jahres gestellt werden, in dem die Einberufung erfolgt ist. Bis über den Antrag entschieden ist, muß der Grundwehrdienstleistende seinen Dienst weiter ableisten.

Für die Durchführung des Zivildienstes wird eine eigene Behörde eingerichtet (Abteilung »Nationaler Zivildienst« unter dem Dach des Premierministers). Die Ausbildung wird verbessert, die dreimonatige Ausbildungszeit wird institutionalisiert.

Die Einsatzwünsche des Verweigerers können stärker berücksichtigt werden. Die Behörde hat hierbei nach wie vor einen Spielraum. Im Bedarfsfall können Verweigerer in bestimmten Bereichen gezielt eingesetzt werden, wenn dort besonderer Bedarf besteht. So werden zur Zeit Verweigerer verstärkt in Museen als Führer eingesetzt, um die hauptamtlichen Mitarbeiter von Informationsaufgaben zu entlasten.

Akzeptanz, Funktion und Perspektiven des Zivildienstes

Angesichts des traditionell hohen Ansehens der Armee war die Verweigerung in den 70er und 80er Jahren kein wichtiges gesellschaftspolitisches Thema. Für die bis 1988 geringen Verweigererzahlen (in diesem Jahr ca. 5700 Anträge) können mehrere Begründungen angeführt werden:

- Der Zivildilenst entwickelte sich in Italien erst spät.
- Die Armee war und ist für breite Volksschichten ein nationales Symbol.
- Die Ableistung des Wehrdienstes erschien lange Zeit als nationale Selbstverständlichkeit. Hierzu gab es nur eine Alternative: Ausmusterung, Zurückstellung oder Befreiung aus persönlichen Gründen.
- Der Zivildienst dauerte bis 1989 acht Monate länger als der Wehrdienst.
- Zivildienst zu leisten war eine rein persönliche Entscheidung,

die keinen politischen Stellenwert hatte. Die Entscheidung für den Zivildienst war nicht als Entscheidung gegen die Armee anzusehen.
- Da in Italien die Familien ihre Angehörigen im Bedarfsfall besonders intensiv versorgen bzw. kräftig »mithelfen« (z.B. bei einem Krankenhausaufenthalt des Verwandten), haben Zivildienstleistende im Gesundheitswesen oder in sozialpflegerischen Einrichtungen z.T. einen schweren Stand (vgl. der Zivildienst 3/1986, S. 22).

Aufgrund der geringen Verweigererzahlen bis 1988 war die Akzeptanz der Verweigerung und des Zivildienstes nicht hoch. Dem Zivildienst wurde eine Lückenbüßer-Funktion zuerkannt.

Seit 1989 steigen die Verweigererzahlen an (1989 rund 14000 Anträge, 1993 ca. 18000). Für die Zukunft ist ein weiterer Anstieg zu erwarten.

Die Akzeptanz des Zivildienstes wird sich vermutlich erhöhen, wenn die Verweigererzahlen ansteigen, mehr Zivildienstleistende den Dienst ableisten und die Institutionalisierung effizient wird.

Die Entscheidung für den Wehrdienst oder den Zivildienst wurde bislang sehr stark von der Familie beeinflußt. Es ist denkbar, daß sich dieser Einfluß relativiert. In dem Maße, in dem Familien nicht mehr auf der Ableistung des Wehrdienstes bestehen, kann die Verweigerung einen anderen Stellenwert im persönlichen Entscheidungsprozeß des einzelnen erhalten.

Wehr- und Zivildienst in den Niederlanden

Sicherheits- und Verteidigungspolitik in den Niederlanden

Wegen ihrer geographischen Lage und ihrer Häfen haben die Niederlange eine wichtige Bedeutung für den NATO-Abschnitt Europa-Mitte. Die Armee besteht aus den Teilstreitkräften Heer, Luftwaffe und Marine. Das Heer setzt sich aus Feldheer und Territorialheer zusammen. Gemäß NATO-Auftrag hat das Feldheer die Aufgabe, die alliierten Verbindungslinien zu schützen. Das der NATO unterstellte Erste Niederländische Korps umfaßt ca. 30000 Mann und drei Divisionen. Es stellt damit etwa die Hälfte der Gesamtstärke des Heeres und hat die Aufgabe, in der Armee-Gruppe Nord Teile Norddeutschlands mit zu verteidigen. Das Nationale Territorial-Kommando hat das Staatsgebiet und die Nachschublinien zu sichern. Es ist vorgesehen, die niederländischen Streitkräfte in Deutschland von ca. 7500 Mann (1992) auf rund 5000 Mann (bis 1995) zu reduzieren. Kern der in Deutschland stationierten Truppen ist die 41. Panzer-Brigade mit Standort in Seedorf (nordöstlich von Bremen).

Die Gesamtstärke der niederländischen Streitkräfte wird von 80000 Mann (1993) auf 55000 Soldaten reduziert (bis 1998). 1998 wird eine Berufsarmee eingeführt.

Struktur des Wehrdienstes

Artikel 97 und 98 der niederländischen Verfassung von 1983 beziehen sich auf die Wehrpflicht und die Landesverteidigung. Der Wehrpflichtige hat eine Verpflichtung zur Verteidigung der Niederlande. Artikel 98 enthält einen Gesetzesverweis in bezug auf die Wehrpflicht. Das Dienstpflichtgesetz stammt aus dem Jahre 1922. Die neuesten gesetzlichen Regelungen beziehen sich insbesondere auf die Verkürzung der Grundwehrdienstdauer und datieren aus dem Jahr 1993. Die Grundwehrdienstdauer beträgt ab 1994 neun Monate (von 1991 bis 1993 waren es 12 Monate).

Niederländer sind vom vollendeten 18. bis zum vollendeten 35. Lebensjahr wehrpflichtig. Nach der Grundausbildung werden die Eingezogenen zu den Stammeinheiten (Einsatzverbänden) versetzt. Nach der Entlassung stehen sie in einer zweijährigen Verfügungsbereitschaft. Während dieser Zeit erfolgen Wehrübungen in sog. Mobilmachungsverbänden.

Ein waffenloser Wehrdienst ist möglich. Wehrdienstbefreiungen werden für Familienernährer, Alleinerzieher sowie Angehörige religiöser Sekten ausgesprochen. Auch wenn zwei Brüder den Wehrdienst bereits abgeleistet haben bzw. noch ableisten, erfolgt eine Befreiung für dritte und weitere Brüder.

Die Zahl derjenigen, die einen Zurückstellungsantrag stellen, wächst (vgl. Vereniging Dienstweigeraars 1991).

Statt des Wehrdienstes kann ein 20monatiger Entwicklungsdienst abgeleistet werden.

Folgende Besonderheiten der Streitkräftestruktur sind hervorzuheben:
– Die Militärpolizeitruppe mit ihren etwa 4700 Mann ist für sämtliche Straftaten und Vergehen von Soldaten eingesetzt.
– Die zehn verschiedenen Soldatengewerkschaften sind jeweils für eine bestimmte Teilstreitkraft und für bestimmte Dienstgradgruppen zuständig. Auch für Wehrpflichtige gibt es eine Gewerkschaft. Die Soldatengewerkschaften können zwar keine unmittelbare Mitbestimmung ausüben; sie werden aber von einer dem Staatssekretär unterstellten Kommission zu den

die Soldaten betreffenden Angelegenheiten gehört (z.B. Dienstzeiten, Wachdienste und Soldfragen). Auf die Befehlsstrukturen und auf disziplinarrechtliche Angelegenheiten haben die Gewerkschaften keinen Einfluß. Ein Streikrecht existiert nicht.
- Soldaten können in Uniform an politischen Demonstrationen teilnehmen. Die Demonstrationen dürfen sich aber nicht gegen die Verteidigungspolitik und das Militär richten.
- Das äußere Erscheinungsbild der niederländischen Wehrpflichtigen hebt sich von dem der Wehrpflichtigen anderer Armeen ab. So ist es z.B. erlaubt, lange Haare zu tragen.
- Die Wehrpflichtigen erhalten einen höheren Sold als in anderen Ländern. Er richtet sich nach Dienstgrad und Lebensalter. 18jährige erhalten über 800 DM, 23jährige 1200 DM (jeweils unterster Dienstgrad).
- Soldaten, die sich freiwillig länger verpflichten, müssen sich für die Dauer des Grundwehrdienstes mit denselben Soldsätzen wie Grundwehrdienstleistende begnügen. Damit entfällt die in anderen Ländern während der Grundwehrdienstzeit praktizierte unterschiedliche Abfindung der Grundwehrdienstleistenden und der Soldaten auf Zeit.

Probleme des Wehrdienstes und Kontroversen

Wesentliche Probleme und Konfliktlinien waren bzw. sind:
- Zwischen den Regierungsparteien, den Christdemokraten und den Sozialdemokraten, gibt es Meinungsverschiedenheiten über eine Kürzung des Verteidigungshaushaltes ab 1995. Die Sozialdemokraten befürworten eine Kürzung, die Christdemokraten sind dagegen. Die Sozialdemokraten schlagen vor, die niederländische Armee solle sich auf Schwerpunkte konzentrieren (z.B. Marine-Luftfahrt) und bestimmte Bereiche ganz aufgeben (z.B. U-Boote), während die Christdemokraten die komplette Armee beibehalten wollen.
- Die auf 38 Stunden festgesetzte Dienstwoche läßt sich nicht durchhalten. Vergütungszuschläge für Mehrarbeit werden hier vom Verteidigungsminister in Aussicht gestellt.
- Angesichts der veränderten internationalen Lage gewinnt seit 1990 die Diskussion um die Einführung einer Berufsarmee an Bedeutung. Die Befürworter verweisen auf die geringe Größe des Landes, die eine Wehrpflicht-Armee nicht unbedingt rechtfertige. Außerdem nehme die Wehrungerechtigkeit zu, immer mehr Wehrpflichtige könnten nicht eingezogen werden.

- Die Wehrungerechtigkeit ist in der Tat ein großes Problem. Als Folge von Personalkürzungen werden viele Wehrpflichtige nicht mehr eingezogen. Etliche junge Männer werden ausgemustert oder verstehen es, die »Möglichkeiten« bezüglich einer Ausmusterung erfolgreich zu nutzen (vgl. EAK-Dokumentation 1990, S. 61). Der Musterungsjahrgang 1990 beispielsweise belief sich auf ca. 121 000 Mann. 72% davon waren tauglich (87 000 Mann). Zurückgestellt wurden 42 000 Mann. Weniger als 45 000 Mann wurden eingezogen.
- Die für die Wehrpflichtigen zuständige Soldatengewerkschaft (VVDM) fordert eine kürzere Grundwehrdienstdauer. Begründet wird diese Forderung mit der veränderten internationalen Lage sowie mit einem Abbau der Wehrungerechtigkeit.
- Über das Ausmaß des Personalabbaus der Streitkräfte gehen die Meinungen auseinander. Die Vorschläge reichen von 10% bis 40%.
- Es wird von den meisten Soldaten als Verstoß gegen die Gleichberechtigung empfunden, daß die freiwillig dienenden Soldatinnen vom Beginn ihrer Dienstzeit an die höheren Bezüge für Zeitsoldaten erhalten.
- 1991 setzten die Regierungsparteien eine Kommission ein, welche die Aufhebung der Wehrpflicht untersuchen sollte. Die Expertengruppe empfahl im September 1992 die Beibehaltung der allgemeinen Wehrpflicht. Entgegen dieser Empfehlung entschloß sich die Regierung doch, die Wehrpflicht bis 1998 faktisch abzuschaffen und eine Berufsarmee einzuführen. Die Experten hatten sich gegen eine Berufsarmee ausgesprochen, weil sie chaotische Zustände und wesentlich höhere Besoldung der Berufssoldaten befürchteten. Die Regierung teilte diese Bedenken nicht und argumentierte, eine Berufsarmee sei bei UNO-Missionen leichter einsetzbar; außerdem werde die Wehrungerechtigkeit beseitigt (vgl. NZZ vom 14. 1. 1993, sowie SZ vom 13. 6. 1991).
- Bedenken der NATO-Partner wegen der mit der Einführung der Berufsarmee verbundenen Reduzierung der Truppenstärke (44%) wurden offenbar durch die Verpflichtung, für eine hohe Reaktionsschnelligkeit zu sorgen, beschwichtigt (vgl. NZZ vom 14. 1. 1993).
- Kritisiert wird die lange Übergangszeit für die Wehrpflichtigen; sie könne demotivierend wirken (vgl. NZZ vom 14. 1. 1993).

Akzeptanz, Funktion und Perspektiven des Wehrdienstes bzw. der Streitkräfte

Die aufgrund der internationalen Entwicklung wegfallende direkte Bedrohung hat auch in den Niederlanden zur Folge, daß die Akzeptanz in der Bevölkerung abnimmt. Die operative Funktion der Armee (im Rahmen der NATO-Strategie) wird für weniger wichtig erachtet. Der defensiven Ausrichtung kommt eine stärkere Bedeutung zu (vgl. Beutel 1990, S. 110). Vor diesem Hintergrund sind die bereits realisierten und die geplanten Änderungen im sicherheits- und verteidigungspolitischen Bereich zu sehen:

– Die Grundwehrdienstdauer wurde 1991 von 14 auf zwölf Monate verkürzt.
– Seit 1994 beträgt die Dienstdauer neun Monate.
– Seit 1991 werden die Stäbe in Den Haag in ihrer inneren Organisation gestrafft, um Personal und Kosten einzusparen.
– 1998 wird die allgemeine Wehrpflicht faktisch abgeschafft. Von diesem Zeitpunkt an bestehen die Streitkräfte nur aus Berufssoldaten. Allerdings wird die niederländische Verfassung nicht geändert; sie geht ausdrücklich von einer Wehrpflichtigenarmee aus. Vielmehr soll in den nächsten fünf Jahren lediglich die Einberufung der wehrpflichtigen Jahrgänge, die schon jetzt zu wenig mehr als einem Drittel erfolgt, ganz beendet werden. Auf diese Weise kann die Wehrpflicht jederzeit wieder aktiviert werden, falls dies erforderlich sein sollte (vgl. NZZ vom 14. 1. 1993).
– Die niederländische Armee soll mobiler und flexibler werden. Ihre Hauptaufgabe wird künftig der schnelle Einsatz bei Operationen der UNO sein (vgl. NZZ vom 14. 1. 1993).

Das Recht auf Kriegsdienstverweigerung

Artikel 99 der Verfassung stellt sicher, daß unter der Voraussetzung »ernsthafter Gewissensbedenken« die Befreiung vom Wehrdienst gewährt wird. Das 1962 geschaffene und 1978 erweiterte Verweigerungsgesetz in der Fassung von 1991 (Originärfassung bereits 1923) regelt die Einzelheiten. Es existiert ein Gewissensprüfungsverfahren. Der Verweigerer hat seine Gewissensgründe (»unüberwindliche gewissensbedingte Verweigerung«) ausführlich darzulegen. Das Gesuch ist nach der Musterung, aber vor der Einberufung an das Verteidigungsministerium zu richten. – Nach einem Gespräch mit einem Mitglied des »Beratenden Ausschusses des Verteidigungsministeriums« kann bereits die Anerkennung ausgesprochen werden. Falls die Anerkennung nicht erfolgt, ist eine ärztliche Prüfung vorgesehen. Diese kann man zwar verweigern, doch dann findet eine Art sozialer Kontrolle statt: Die Eltern werden befragt, das schulische, berufliche und soziale Umfeld wird untersucht (vgl. EAK-Dokumentation 1990, S. 59, sowie Schubert 1986, S. 28).

Danach folgt die offizielle Anhörung vor einer dreiköpfigen Prüfungskommission des Verteidigungsministeriums. Das Verteidigungsministerium entscheidet schließlich nach Vorlage der Akten. Es gibt zwei Berufungsinstanzen: erneute Untersuchung durch eine (personell anders besetzte) Kommission; öffentliche Befragung durch den Staatsrat (Verfassungsorgan mit Verwaltungsjurisdiktion) in Den Haag. Bis einschließlich 1989 wurden pro Jahr etwa 3000 Anträge auf Verweigerung gestellt. 1990 verweigerten 4050 junge Männer. Anfang 1991 stiegen während des Golfkrieges die Verweigererzahlen weiter an.

Anerkannt werden religiöse, philosophische, ethische und sonstige »ernste« Gewissensgründe.

Ca. 50% der Anträge werden anerkannt. Eine Verweigerung kann auch während des Wehrdienstes und danach erfolgen.

Struktur des Zivildienstes

Seit mehr als 20 Jahren gibt es einen Zivildienst mit einem breiten Angebot an Plätzen. Die Dauer des Zivildienstes beträgt zwölf Monate. Wenn man als Verweigerer anerkannt ist, geht die Akte vom Verteidigungsministerium zum Sozialministerium über (Amt für Zivildienst).

Die Institutionen, in denen der Zivildienstleistende eingesetzt wird, werden vom Sozialministerium benannt. Der Einsatz erfolgt in Krankenhäusern, Altenheimen, Behindertenheimen, psychiatrischen Anstalten, Sozialdiensten, in der Wasserwirtschaft, im Umweltschutz sowie im Zivilschutz. Gleichfalls ist ein Dienst in Friedensgruppen möglich. Die Bezahlung entspricht dem Sold für Wehrpflichtige. Die Zivildienstleistenden sind den Grundwehrdienstleistenden rechtlich gleichgestellt.

Die Anzahl der Zivildienstleistenden beläuft sich auf etwa 2500. Für die Zivildienstleistenden hat sich die Abkürzung »Tegger« eingebürgert, in Anlehnung an die offizielle Bezeichnung »Tewerkstelling Erkende Gewetenbezwaarder« (»Anstellung als anerkannter Verweigerer aus Gewissensbedenken«, vgl. Schubert 1986, S. 28f.).

Probleme des Zivildienstes und Kontroversen

Die Diskussionen über den Zivildienst werden im wesentlichen von folgenden Problempunkten bestimmt:
- Die starke Bindung von Antragstellung und Anerkennung an das Verteidigungsministerium ist umstritten.
- Insbesondere Verweigerer-Organisationen kritisieren die formelle Form der Gewissensprüfung und fordern deren Abschaffung.
- Die längere Dienstdauer (Tatbeweis) wird gleichfalls kritisiert.
- Der Zivildienstleistende darf keinen regulären Arbeitsplatz einnehmen. Dies kann im Einzelfall zum Problem werden.
- Die Einrichtungen müssen für ihre Zivildienstleistenden an das Sozialministerium zahlen. Der Zivildienstleistende erhält dann über das Ministerium seinen Lohn. Aufgrund dieser Regelung beschränken viele Stellen die Anzahl ihrer Plätze (vgl. EAK-Dokumentation 1990, S. 59).
- Die niederländischen Kirchen machten bisher die Verweigerung zu wenig zu ihrem Thema. Vermutlich liegt dies daran, daß es in den Niederlanden seit 1923 eine nationale Tradition der Verweigerung gibt und sich die Kirchen seit jeher aus den Kontroversen heraushielten (vgl. EAK-Dokumentation 1990, S. 61f.).
- Die Regelung, wonach auch ein Dienst in Regierungsinstitutionen (z.B. Hilfstätigkeiten in Ministerien und nachgeordneten Behörden) möglich ist, sehen die Verweigererorganisationen als problematisch an.

Akzeptanz, Funktion und Perspektiven des Zivildienstes

Eine Akzeptanz der Verweigerung und des Zivildienstes ist grundsätzlich vorhanden. In den Niederlanden gibt es eine lange Tradition der Verweigerung. Die Einstellung der Verweigerer und ihre Tätigkeit als Zivildienstleistende werden von breiten Teilen der Bevölkerung anerkannt. Dennoch ist die Zahl der Anträge auf Verweigerung begrenzt. Der Zivildienst hat trotz jüngster Rekordzahlen bei der Verweigerung noch einen Ausnahmecharakter. Dienstdauer und formelle Gewissensprüfung führen offensichtlich zur Begrenzung der Zahl der Antragsteller.

Die Einführung einer Berufsarmee ab 1998 bedeutet, daß der Zivildienst ab diesem Zeitpunkt entfällt.

An seine Stelle könnte allerdings ein »allgemeiner Sozialdienst« treten. Dieser Dienst könnte im Gesundheitswesen, in

Kinderheimen, Altersheimen oder im Umweltschutz abgeleistet werden. Während bisher die Befürworter einer solchen Dienstpflicht vor allem mit der Beseitigung der bestehenden Wehrungerechtigkeit argumentierten, betonen sie nunmehr die Vorteile eines Beitrags aller Männer und Frauen für das Gemeinwesen. Die allgemeine Sozialdienstpflicht sei vor allem auch die beste Möglichkeit, der mangelnden Motivation der Wehrpflichtigen in der Übergangsphase (1994 bis 1997) entgegenzuwirken, und deshalb sei eine Einführung bereits ab 1994 sinnvoll (vgl. NZZ vom 14. 1. 93 sowie Algemeen Dagblad vom 17. 5. 1990).

Wehr- und Zivildienst in Österreich

Sicherheits- und Verteidigungspolitik in Österreich

Im Mai 1955 erhielt Österreich von Frankreich, Großbritannien, der Sowjetunion und den Vereinigten Staaten die nationale Souveränität zurück. Verbunden damit war die Anerkennung der Wehrhoheit. Bis Oktober 1955 zogen die alliierten Streitkräfte ab, und im gleichen Monat verabschiedete das österreichische Parlament (Nationalrat) das Bundesverfassungsgesetz über die Neutralität Österreichs (sogenanntes Nebenverfassungsgesetz). In Artikel I erklärt Österreich »aus freien Stücken seine immerwährende Neutralität«. Das Land verpflichtet sich gleichzeitig zur bewaffneten Neutralität. Betont wird, daß die Neutralität »mit allen zu Gebote stehenden Mitteln« aufrechterhalten werden soll (Artikel I). Bei einem möglichen EG-Beitritt wird Österreich überprüfen, ob der Neutralitätsvorbehalt bestehen bleiben kann (vgl. SWP vom 11. 6. 1992). In den 60er und beginnenden 70er Jahren wurde die Entwicklung einer »Umfassenden Landesverteidigung« eingeleitet. 1972 kam es unter der Federführung von General Spannocchi zur Bundesheeresreform. Einerseits wurde der Milizauftrag stärker betont; andererseits wurde eine Bereitschaftstruppe (eine Art »Krisenfeuerwehr« mit schweren Waffen) aufgebaut. 1975 wurde das sicherheitspolitische Grundverständnis der »Umfassenden Landesverteidigung« in die Bundesverfassung aufgenommen:

»Österreich bekennt sich zur umfassenden Landesverteidigung. Ihre Aufgabe ist es, die Unabhängigkeit nach außen sowie die Unverletzlichkeit und Einheit des Bundesgebietes zu bewahren, insbesondere zur Aufrechterhaltung und Verteidigung der immerwährenden Neutralität ... Zur umfassenden Landesverteidigung gehören die militärische, die geistige, die zivile und die wirtschaftliche Landesverteidigung.« (Artikel 9a, Abs. 2 und 3 der aus dem Jahre 1920 stammenden und zahlreiche Male novellierten Bundesverfassung.)

Ebenfalls 1975 beschloß das Parlament eine Verteidigungsdoktrin. Diese nennt die verschiedenen Anlässe der »Umfassenden Landesverteidigung«:
- Krisenfall: internationale Spannungen mit möglichen Auswirkungen auf Österreich;
- Neutralitätsfall: militärische Auseinandersetzungen in der Nachbarschaft;
- Verteidigungsfall: militärischer Angriff auf Österreich.

Der 1983 verabschiedete und 1985 in Kraft getretene Landesverteidigungsplan ist ein akkordiertes Gesamtkonzept der »Umfassenden Landesverteidigung« und setzt deren Ziele in einen Maßnahmenkatalog um. Ein wichtiges Prinzip ist dabei die »Abhaltestrategie«: Die Verteidigungsbereitschaft ist so auszurichten, daß einem möglichen Aggressor große Schwierigkeiten erwachsen sollen. Ihren Ausdruck findet die Abhaltestrategie in der Konzeption einer Raumverteidigung. In der operativ-taktischen sowie in der geistig-psychologischen Komponente der Konzeption sollen Armee und Bevölkerung integriert werden (Aufnahme des Kampfes an der Grenze, Schwächung des Feindes, Vertrauen zwischen Bevölkerung und Heer usw.).

Struktur des Wehrdienstes

Im September 1955 wurde die Einführung der allgemeinen Wehrpflicht beschlossen. Artikel 19a, Abs. 3 der Bundesverfassung bestimmt, daß jeder männliche Staatsbürger wehrpflichtig ist.

Die Wehrpflicht reicht vom vollendeten 18. bis zum vollendeten 50. Lebensjahr (vgl. § 16 des Wehrgesetzes von 1990). Eine Heranziehung zum Grundwehrdienst ist bis zum vollendeten 35. Lebensjahr möglich. Die Grundwehrdienstleistenden werden als »Präsenzdiener« bezeichnet.

Der Grundwehrdienst kann in der Bereitschaftstruppe (acht Monate zusammenhängender Dienst) oder in der Landwehrtruppe (sechs Monate und zwei Monate Truppenübungen) abgeleistet werden. Der Dienst in der Landwehrtruppe ist häufiger. Die Bereitschaftstruppe verfügt über schwere Waffen und ist auf einen operativen Einsatz hin ausgerichtet. Die Landwehrtruppe hat mobile und landgebundene Kräfte und ist vorwiegend milizartig ausgerichtet (hoher Anteil der Infanterie). Die Luftwaffe ist in das Heer integriert.

§ 1 des Wehrgesetzes legt fest, daß das Bundesheer nach den Grundsätzen eines Milizsystems auszurichten ist.

Das Ziel dieses Systems ist es, möglichst viele Soldaten in kurzer Zeit mobilisieren zu können. Voraussetzung dazu ist, daß die gedienten Wehrpflichtigen länger für einen möglichen Ernstfall zur Verfügung stehen, als dies bei einem stehenden Heer der Fall ist. Die Truppenübungen einer Milizarmee erstrecken sich dementsprechend über einen langen Zeitraum und haben einen hohen Anteil an der gesamten Wehrdienstzeit.

Artikel 79 der Bundesverfassung und § 2 des Wehrgesetzes legen die vier Aufgaben des österreichischen Bundesheeres fest: Militärische Landesverteidigung; Schutz der Verfassungseinrichtungen und der Bevölkerung; Hilfeleistung bei Elementarereignissen; Hilfeleistung im Ausland auf Ersuchen internationaler Organisationen (Blauhelm-Missionen der UNO, Grün- und Weißhelmeinsätze im Umweltschutz und bei Elementarereignissen). Seit 1960 haben mehr als 30000 Österreicher an Peacekeeping-Operationen der Vereinten Nationen teilgenommen (vorwiegend Freiwillige der Bereitschaftstruppen, die ihre Wehrpflicht erfüllt haben, vgl. Die Zeit vom 9. 10. 1992).

Probleme des Wehrdienstes und Kontroversen

Wesentliche Kritikpunkte sind:
- Die Miliz-Ausrichtung wird nicht konsequent durchgehalten. Aufgrund verschiedenartiger, sich zum Teil widersprechender Organisationsprinzipien in allen Teilen des Bundesheeres gibt es eine Art »Zwitterzustand« zwischen Berufsheer und Milizarmee. Der Milizsprecher der ÖVP spricht sogar von einer »typisch österreichischen Halbheit«: Die Streitkräfte seien weder konsequentes Berufsheer noch einsatzfähige Milizarmee (vgl. Milizsprecher Ikrath, Gastkommentar, in: profil vom 15. 1. 1990, S. 22).
- Für die Bereitschaftstruppe trifft die Milizausrichtung überhaupt nicht zu.
- Die in der Bereitschaftstruppe Dienenden haben eine zusammenhängende Dienstzeit. Diejenigen, die Truppenübungen absolvieren müssen, sehen im zusammenhängenden Dienst eine einseitige Bevorzugung.
- Abträglich für die Wehrmotivation junger Soldaten scheint es,

wenn sie im infrastrukturellen Bereich tätig sind und dort Tätigkeiten verrichten, die mit dem eigentlichen Militärdienst nichts zu tun haben. Diese Grundwehrdienstleistenden gibt es beim Bundesheer in großer Zahl. Sie werden als »Systemerhalter« bezeichnet und sind vornehmlich mit Hilfstätigkeiten betraut, angefangen vom Putzen bis zum Küchendienst. Auch einfache Verwaltungsaufgaben gehören zu diesen Tätigkeiten (vgl. Hessel, in: Truppendienst, 4/1990, S. 309f., sowie Lingens, in: Wochenpresse vom 23. 2. 1990).

– Jährlich gibt es landesweit etwa 45000 Stellungspflichtige. Von diesen kommen nur rund 20000 Mann zum Kampfeinsatz. Der große Rest wird zur »Systemerhaltung« abgeordnet. Die Milizstruktur des Heeres wird damit von innen her unterlaufen.

– Auch die Systemerhalter können durchdienen. Somit bleiben etwa 25%, die zu Truppenübungen einrücken (vgl. Hessel, in: Truppendienst 1990, S.310). Bürokratische Überkapazitäten auf allen Ebenen der Heeresorganisation (Mehrgleisigkeit von Kompetenzen, großer Beamtenapparat usw.) behindern eindeutige und wirksame Entscheidungen. Die Verwaltungsstärke des Bundesheeres entspricht in etwa der der Bundeswehr, welche neunmal soviel Soldaten hat (vgl. SZ vom 9. 3. 1990).

– Es kommt immer wieder zu Schikanen durch Vorgesetzte (vgl. profil vom 15. 1. 1990).

– Die Ausbildungskonzepte weisen Defizite auf (vgl. profil vom 15. 1. 1990).

– Der Sold beträgt derzeit etwa 1500 Österreichische Schilling. In Teilen der Öffentlichkeit wird dies als zu niedrig angesehen. Die Junge Generation in der SPÖ beispielsweise fordert eine Erhöhung auf 5000 Schilling (vgl. Die Presse vom 14. 10. 1991).

– Die Heeresreform sieht vor, daß jährlich mindestens 34000 Mann für den Grundwehrdienst zur Verfügung stehen. Wenn viele Wehrtaugliche einen Antrag auf Verweigerung stellen, wird dieses Aufkommen aber nicht erreicht werden können. Innerhalb kurzer Zeit wäre der Rückstand von nicht einberufenen Wehrpflichtigen »aufgebraucht«. Die Heeresgliederung müßte neu überdacht werden (vgl. Der Standard vom 28. 3. 1992).

– Die Pläne des Verteidigungsministers, die Gesamtstärke der Streitkräfte im Mobilisierungsfall von 200000 auf 120000 Mann zu senken, wird von den Milizverbänden, den Offiziers-

gesellschaften und vom Kameradschaftsbund kritisiert. Die Reduzierung liefe de facto auf eine Abkehr vom Milizheer hinaus, das aber in der Verfassung verankert sei (vgl. Die Presse vom 30. 11. 1991).
– Die 6-Tages-Woche beim Bundesheer ist umstritten (vgl. Der Standard vom 27. 6. 90 und vom 28. 6. 1990).
– Heimatferner Einsatz ist ein weiterer Kritikpunkt (vgl. Die Presse vom 16. 4. 92).
In Österreich gibt es verschiedene kontroverse sicherheits- und verteidigungspolitische Vorstellungen. Die Bandbreite der Ansichten reicht von der Beibehaltung des jetzigen Grundwehrdienstes in seiner jetzigen Form bis zur Abschaffung des Bundesheeres. Dazwischen liegen Standpunkte, die auf eine Verkürzung der Grundwehrdienstdauer abzielen. Die Grundfrage, ob die Wehrpflicht beibehalten oder eine Berufsarmee eingeführt werden soll, ist eine weitere Konfliktlinie. Ebenfalls eine Konfliktlinie ist die Frage, ob es bei der Milizausrichtung bleiben soll oder ob statt dessen ein stehendes Heer die effizientere Wehrstruktur für Österreich ist.

Konfliktlinie: Bundesheer – ja oder nein?

Argumente der Befürworter des Bundesheeres (Sozialdemokratische Partei Österreich/SPÖ; Österreichische Volkspartei/ÖVP; Freiheitliche Partei Österreichs/FPÖ; Generalität; vgl. Spannocchi, in: Der Standard vom 4. 4. 1990):
– Einem möglichen Gegner muß klargemacht werden, daß er einen zu hohen Eintrittspreis zu zahlen hätte.
– Mögliche bewaffnete nationale oder internationale Auseinandersetzungen auf dem Balkan oder in Osteuropa erfordern eine militärische Vorsorge.
Argumente der Gegner des Bundesheeres (Grüne, Junge Generation in der SPÖ; vgl. Die Presse vom 14. 10. 1991, Pilz, in: Der Standard vom 4. 4. 1990, sowie Ortner, in: Die Wochenpresse vom 12. 1. 1990):
– Ein »bißchen« Heer hat keinen Sinn und erzielt keine Wirkung.
– Zur Grenzsicherung genügt ein erweiterter Bundesgrenzschutz.

Konfliktlinie: Beibehaltung der jetzigen Grundwehrdienstdauer oder Verkürzung?

Argumente der Befürworter der Grundwehrdienstdauer (ÖVP; vgl. Wochenpresse vom 8. 6. 1990, sowie SZ vom 9. 3. 1990):
– Nur so kann der Vereidigungsauftrag gewährleistet werden.
– Eine vernünftige Ausbildung der Soldaten dauert mindestens acht Monate.

- Österreich hat im internationalen Vergleich bereits eine sehr kurze Ausbildungszeit.
- Ein niedrigeres Verteidigungsbudget ist indiskutabel, da Österreich bereits jetzt schon mit das niedrigste Verteidigungsbudget der Welt hat (im Verhältnis zum Bruttosozialprodukt).

Argumente der Befürworter einer Verkürzung der Grundwehrdienstdauer (Teile der SPÖ; vgl. Wochenpresse vom 8. 6. 1990, sowie SZ vom 9. 3. 1990):
- Wegfall von Leerläufen;
- Intensivierung und damit Verbesserung der Ausbildung;
- Konzentration auf die rein defensive, kleingliedrige Funktion eines Milizheeres und Abschaffung der schweren Waffen;
- Kostensenkung.

Konfliktlinie: Beibehaltung der allgemeinen Wehrpflicht oder Einführung einer Berufsarmee?

Argumente der Berufsheer-Gegner (SPÖ, ÖVP; vgl. Bollardt, in: Die Wochenpresse vom 12. 1. 1990, sowie profil vom 15. 1. 1990):
- Ein Berufsheer ist für Österreich zu teuer (hohe Personalausgaben).
- Die Möglichkeit einer politischen Vereinnahmung durch eine Partei ist nicht von der Hand zu weisen.

Argumente der Berufsheer-Befürworter (FPÖ; vgl. Die Presse vom 20. 11. 1992, sowie profil vom 15. 1. 1990):
- Die materiellen Ansprüche des Landesverteidigungsplans werden durch eine halbherzige Milizstruktur nicht erfüllt.
- Die Wehrhaftigkeit ist zu gering, wenn es bei der bestehenden Wehrstruktur bleibt.

Konfliktlinie: Milizarmee oder stehendes Heer?

Argumente der Befürworter einer stärkeren Milizausrichtung (verschiedene Personen über Parteigrenzen hinweg; vgl. Lingens, in: Die Wochenpresse vom 12. 1. 1990):
- In Österreich ist das sogenannte Spannocchi-Konzept für ein Milizsystem vorhanden (sechs Monate Dienstzeit und zwei Monate Übungen, Raumverteidigung, Anwendung von Guerilla-Taktiken usw.). Der Diensttalltag vieler Soldaten (Stichwort »Systemerhalter«) läuft diesem Konzept jedoch zuwider. Es gilt, den Anspruch endlich einzulösen.
- Aufgrund der gebirgigen Landschaft eignet sich eine Milizarmee gut.
- Wenn entsprechende Ausbildungskonzepte vorliegen, kann eine Milizarmee schlagkräftig sein.

Argumente der Befürworter eines stehenden Heeres (verschiedene Personen über Parteigrenzen hinweg):
- Ein stehendes Heer verfügt über eine größere Schlagkraft.

- Bei einem stehenden Heer ist der Anteil der Truppenübungen geringer, oder die Übungen können ganz entfallen. Dies bringt für den einzelnen und für die Wirtschaft Vorteile.
- Die Verteidigung der Alpen ist bei Konflikten in den Nachbarstaaten nicht primär wichtig.

Akzeptanz, Funktion und Perspektiven des Wehrdienstes

Bis auf die Grünen und die Junge Generation in der SPÖ besteht bei den österreichischen Parteien und den meisten gesellschaftlichen Gruppen ein Grundkonsens darüber, daß das Bundesheer auch nach dem Ende des Kalten Krieges sinnvolle Funktionen erfüllen kann. Die Streitkräfte können ihre gesellschaftspolitische Legitimation hauptsächlich von drei Seiten her aufbauen:
- In den Nachbarländern können nationale Konflikte eskalieren.
- Einsatz im Rahmen der UNO;
- Einsatz bei Elementarereignissen (z. B. Naturkatastrophen).

Ungeachtet dieses Grundkonsenses kann aber nicht von einer vollen Akzeptanz des Bundesheeres und des Wehrdienstes gesprochen werden. 1983 bejahten noch 86% der Bevölkerung die Frage, ob Österreich ein Bundesheer brauche; 1988 sank der Wert auf 61% und Ende 1989 gar auf 56% (vgl. Umfragen der Sozialwissenschaftlichen Studiengemeinschaft/SWS; Ergebnisse abgedruckt bei Fernau, in: Truppendienst 4/3/1990, S. 213). Das Bundesheer ist nicht populär, insbesondere unter den Gedienten sank die Akzeptanz (vgl. profil vom 15. 1. 1990, sowie SZ vom 5. 9. 1989).

In der Generation der unter 20jährigen ist die Mehrheit gegen die Beibehaltung des Bundesheeres; laut Umfragen der SWS vom Herbst 1989 sind 47% dagegen, 42% dafür (Ergebnisse abgedruckt in: profil vom 15. 1. 1990). Die Hälfte der Österreicher hat zum Verteidigungsauftrag eine indifferente Haltung: Existenz oder Nicht-Existenz der Armee berühren 51% nicht emotional (Umfrage der SWS vom Herbst 1989, abgedruckt in: profil vom 15. 1. 1990).

Zum Akzeptanzverlust des Heeres trägt sicherlich bei, daß das Image aufgrund verschiedener Vorgänge in den vergangenen Jahren zusätzlichen Schaden erlitt: Mangelnde Koordination zwischen den Organisationsstäben des Generaltruppeninspektors (zuständig für Grundsatzangelegenheiten) und des Armeekommandanten (militärischer Oberbefehlshaber); aktive Beteiligung von Angehörigen des Bundesheeres an den Skandalen der

80er Jahre (Lucona, Noricum, Draken-Abfangjäger); Vergabe von Positionen nach parteipolitischen Kriterien; öffentlich bekannt gewordene Auseinandersetzungen auf den Führungsebenen. Im Beschaffungswesen breitete sich ein Filz zwischen Parteien, Sozialpartnern und Waffenhändlern aus (vgl. profil vom 15. 1. 1990, sowie SZ vom 9. 3. 1990).

Bislang gelang es nicht, das österreichische Bundesheer gegenüber seinem gesellschaftlichen Umfeld mehr zu öffnen. Das Heer lebt mit einem negativen Erbe: In den ersten Jahren wurde es auch als ungewolltes Kind der Neutralitätserklärung von 1955 verstanden. Seit Mitte der 60er Jahre gab es zwischen den Parteien oftmals verklausulierte Absprachen über organisatorische und inhaltliche Maßnahmen. Auseinandersetzungen über den Verteidigungsauftrag und über die Militärpolitik waren vorrangig wahltaktisch ausgerichtet. Vor Wahlterminen gab es mit stetiger Regelmäßigkeit heftige Diskssionen. Eine vorangehende breitere Diskussion hatte nicht stattgefunden. Hinzu kam, daß die Militärexperten oftmals nicht in den Diskussionsprozeß einbezogen wurden (vgl. SZ vom 9. 3. 1990, sowie Bollardt in: Die Wochenpresse vom 12. 1. 1990).

Der »Zwitterzustand« des Bundesheeres zwischen Berufs- und Milizarmee führte dazu, daß sowohl die Glaubwürdigkeit der militärischen Verteidigung als auch die Akzeptanz des Wehrdienstes in der Bevölkerung sich nicht verbesserten:
– Die Glaubwürdigkeit der Verteidigungsvorsorge ist deswegen nicht hoch entwickelt, weil die Verteidigungsausgaben sehr begrenzt sind, gleichzeitig aber ein verhältnismäßig teurer Verwaltungsapparat existiert.
– Die Akzeptanz des Wehrdienstes ist eingeschränkt, weil viele Soldaten einen einsatzfremden Dienst versehen. Somit wird eine wichtige Grundfunktion des Heeres, die milizartige Ausrichtung, unterlaufen.

Hinzu kommt, daß die österreichische Bevölkerung im Gegensatz etwa zur schweizerischen über keine gewachsene Selbstwehrmentalität verfügt. Eine emotionale Grundeinstellung zum Widerstand läßt sich nicht feststellen. Damit korrespondiert ein distanziertes oder indifferentes Verhältnis zum Militär (siehe oben; vgl. auch SZ vom 9. 3. 1990).

Gesunkene Akzeptanz in der Bevölkerung und aufgestautes Reformbedürfnis bei der Truppe sorgten dafür, daß Anfang der 90er Jahre der Druck zunahm, eine Bundesheeresreform durchzuführen. Auch die infolge der Jugoslawienkonflikte 1991 und 1992 in der Bevölkerung festzustellende mehrheitliche Bejahung der Nowendigkeit der Armee konnte hieran nichts ändern (vgl. FR vom 10. 7. 1991).

Mit der am 14. Juli 1992 beschlossenen »Heeresgliederung-NEU« reagiert Österreich auf die Tatsache, daß sich die Bedrohungslage grundlegend geändert hat. Nach dem Wegfall des Ost-West-Konflikts, bei gleichzeitig gestiegener Wahrscheinlichkeit regionaler Konflikte, kommt es zu einer grundsätzlichen Umstellung der österreichischen Sicherheits- und Verteidigungspolitik (unter Beibehaltung der allgemeinen Wehrpflicht und des Milizsystems; vgl. Bundesministerium für Landesverteidigung 1992, S. 1).

Wesentliche Elemente des Reformkonzepts sind (vgl. Bundesministerium für Landesverteidigung 1992, S. 1ff., sowie dass. 1991, S. 142ff.):
– Während bisher das Raumverteidigungssystem auf Verzögerung und Schwächung des Gegners abgestimmt war, steht in Zukunft die grenznahe Verteidigung im Vordergrund aller Maßnahmen.
– Für die Grenzsicherung sowie für den Schutz der Lebensgrundlagen vor Bedrohungen/Gefährdungen ist die Schaffung rasch verfügbarer Einsatztruppen in der Stärke von etwa 15000 Mann erforderlich.
– Statt bisher 36 Brigaden bzw. Regimenter gibt es künftig nur 15 Brigaden. Diese werden volle Truppenstärke haben und für einen flexiblen Einsatz ausgebildet sein.
– Die Ausrüstung wird insgesamt modernisiert.
– Die Kasernen werden saniert.
– Eine managementorientierte Leitung im Verwaltungsbereich des Heeres soll die Effizienz verbessern; Verwaltungsleitung und militärische Führung sollen grundsätzlich getrennt werden; Entscheidungskompetenzen sollen dezentralisiert, Mehrfachkompetenzen abgebaut werden. Die Anzahl der »Systemerhalter« soll begrenzt werden.
– Eine Ausbildungsreform sieht eine »harmonische Abfolge« von Einzel-, Team- und Verbandsausbildung vor; das Ausbildungspersonal soll in Menschenführung besser qualifiziert werden.
– Die Trennung von Ausbildungs- und Einsatzorganisation wird aufgehoben. Das geänderte Bedrohungsbild erfordert die Möglichkeit eines unmittelbaren Übergangs von der »Friedensorganisation« in den Einsatz. Deshalb werden die Verbände bereits im Frieden voll aufgefüllt.
– Die neue Gestaltung des Grundwehrdienstes ermöglicht, daß

nach sechs Monaten Grundwehrdienst eine einmonatige Truppenübung unmittelbar angeschlossen werden kann. Die durchgehende siebenmonatige Dienstzeit gewährleistet eine bessere Einsatzvorbereitung.
- Milizübungen werden künftig innerhalb von 10 Jahren (bisher 20 Jahre) nach Ablauf des Grundwehrdienstes durchgeführt. Dadurch sinkt das Durchschnittsalter der Betroffenen.

Das Bundesheer orientiert sich künftig an drei Anforderungen:
- Verteidigungsfähigkeit als Kernaufgabe;
- Flexibilität und Vielseitigkeit;
- rascher Verfügbarkeit.

Ausdrücklich bejaht wird die Teilnahme an »Peace-keeping-operations« und humanitären Aktionen der UNO. Hingegen wird betont, die Teilnahme an multinationalen Kampfeinsätzen (»Peace-enforcement«) komme auf absehbare Zeit nicht in Frage. Die rasche Verfügbarkeit der Truppen soll gewährleisten, daß dem steigenden Bedarf an »Einsätzen niederer Intensität« (in Krisenregionen) entsprochen werden kann. Betont wird, daß der für die Bewältigung von »Einsätzen höherer Intensität« (Landesverteidigung) notwendige Rahmen von 120000 Mann nur über die allgemeine Wehrpflicht und das Milizsystem möglich ist (vgl. Bundesministerium für Landesverteidigung 1992, S. 1a, sowie Mayer 1992, S. 444).

Das Recht auf Kriegsdienstverweigerung

Das Recht auf Verweigerung des Wehrdienstes ist in Artikel 9a, Abs. 3 der Bundesverfassung geregelt:

»Wer aus Gewissensgründen die Erfüllung der Wehrpflicht verweigert und hiervon befreit wird, hat einen Ersatzdienst zu leisten.« Bis 1974 gab es zwar das Recht auf Verweigerung des Dienstes mit der Waffe, aber keine Möglichkeit zum Zivildienst. Die Dienstpflicht mußte ohne Waffe innerhalb des Bundesheeres erfüllt werden.

Bis Ende 1991 mußte der Verweigerer seine Gewissensgründe vor einer sechsköpfigen Zivildienstkommission glaubhaft machen. Seit 1992 entfallen diese Prüfungskommissionen. Wenn ein Wehrpflichtiger verweigern will, so genügt jetzt eine persönliche Erklärung. Die Gewissensprüfung in jedweder Form ist abgeschafft (vgl. Stuttgarter Nachrichten vom 6. 12. 1991).

Nachdem am 3. Juli 1991 der Antrag der Grünen auf Abschaffung der Kommission im parlamentarischen Innenausschuß mit den Stimmen der SPÖ und der ÖVP noch abgelehnt worden war, einigten sich die beiden Regierungsparteien im Herbst 1991 auf die Abschaffung. Die Argumente der Abschaffungs-Befürworter (zunächst Grüne, Junge Generation in der SPÖ, Teile der SPÖ, Jugendverbände) hatten sich durchgesetzt. Die Kommissions-Gegner hatten argumentiert, die Kommission könne ihrer eigentlichen Aufgabe, der Gewissensprüfung, im objektiven Sinne gar nicht nachkommen. Gewissen sei grundsätzlich nicht nachprüfbar. Als Beleg wurde angeführt, daß in geburtenstarken Jahrgängen mehr junge Männer den Gewissenstest bestünden als in geburtenschwächeren Jahrgängen. Weiterhin wurde argumentiert, die Kommission sei zusehends mehr zu einer sozialen Hürde geworden, bei der die besseren Redner chancenreicher seien.

Die Anerkennungsquote betrug bis 1991 ca. 60%. Weitere 10% wurden von der Beschwerdeinstanz, der Oberkommission, anerkannt (jeweils Jahresdurchschnitt).

Struktur des Zivildienstes

Seit Anfang 1975 gibt es einen Zivildienst. Das Zivildienstgesetz von 1974 wurde mehrmals novelliert, zuletzt 1989. Im Jahre 1991 wurde ein neues Zivildienstgesetz verabschiedet.

Die ÖVP machte ihre Entscheidung für die Abschaffung der Kommissionen von einer gleichzeitigen Verlängerung des Zivildienstes abhängig. Die Koalition einigte sich auf einen um zwei Monate längeren Zivildienst. Demgemäß dauert der Zivildienst seit 1992 zehn Monate. Nur bei »besonderer Belastung« bleibt es bei einem achtmonatigen Dienst.

Der Zivildienst ist zwischen dem vollendeten 18. und dem vollendeten 35. Lebensjahr abzuleisten. Dienstplätze gibt es bei privaten und kommunalen Beschäftigungsstellen, die auf gemeinnützigen Gebieten tätig sind wie Rettungswesen, Behindertenhilfe, Krankenanstalten, Zivilschutz usw.

1990 gab es in Österreich 2428 Zivildienstleistende. Davon waren 54,2% im Rettungswesen tätig, 20,2% in der Behindertenhilfe und 5,7% in Krankenanstalten.

Bereits die Pressemeldungen vom Herbst 1991 über den bevorstehenden Wegfall der Kommissionen zeigten Wirkung. Die Zahl der Zivildienstanträge stieg um rund 50%. 1992 kam es zu einem weiteren Anstieg.

Die Zivildienstleistenden (in Österreich auch als »Zivildiener« bezeichnet) erhalten monatlich ca. 1800 Schilling (250 DM) als Grundentschädigung. Dies entspricht dem Sold für Grundwehr-

dienstleistende. Hinzu kommen im Bedarfsfall Aufwandsentschädigungen (z.B. Kostgeld), die bis zu 3000 Schilling im Monat betragen können.
Das Innenministerium ist für die Angelegenheiten der Zivildienstleistenden zuständig.
Seit 1992 erhalten Zivildienstleistende oder ehemalige Zivildienstleistende keine Berechtigung zum privaten Waffenbesitz mehr.

Probleme des Zivildienstes und Kontroversen

Mit der Verabschiedung des Zivildienstgesetzes 1991 gehören bislang wichtige kontroverse Diskussionspunkte der Vergangenheit an: Die Kommissionen gibt es nicht mehr; jetzt besteht auch Verweigerungsmöglichkeit während des Wehrdienstes; eine bevorzugte Bedienung von Trägern, die der »Umfassenden Landesverteidigung« dienen (z.B. Rettungswesen), ist nicht mehr erkennbar.
Probleme und Kontroversen sind vor allem:
– Nach dem Zivildienstgesetz ist die Einberufung von Zivildienstleistenden zum sogenannten außerordentlichen Zivildienst möglich (§ 21). Dabei darf die zivile Landesverteidigung praktiziert werden (Schutz der Bevölkerung, Sicherung der Funktionsfähigkeit der staatlichen Organe usw.). Das Zivildienstgesetz sieht dementsprechende Instruktionen vor (dreiwöchiger Grundlehrgang). Außerdem können integrierte Übungen zusammen mit dem Bundesheer stattfinden.
– Den gesetzlichen Bestimmungen zufolge rechtfertigen Tätigkeiten in der Kranken-, Behinderten- und Altenpflege sowie in der Psychiatrie einen kürzeren Zivildienst. Bürotätigkeiten in Krankenhäusern, aber auch der Rettungsdienst sind von der Verlängerung betroffen. Diese Differenzierung wird insbesondere von den von der Verlängerung betroffenen »Zivildienern« als problematisch angesehen (vgl. Die Presse vom 2. 8. 1991).
– Ein Streitpunkt ist die Frage, wer die »erhebliche Belastung« für den konkreten Einzelfall feststellen soll. Hier setzte sich die ÖVP mit ihrer Forderung durch, hierfür eine Kommission im Innnenministerium einzurichten. Die SPÖ wollte die Entscheidung den Ländern überlassen (vgl. Die Presse vom 30. 11.1991).
– Innerhalb der SPÖ und ihrer »Jungen Generation« gibt es Gruppen, welche die Verlängerung des Zivildienstes ablehnen

und die SPÖ-Führung an ihr Wahlversprechen von 1990 erinnern, den Zivildienst nicht zu verlängern (vgl. Die Presse vom 31. 7. 1991).
- Dem gegenüber stehen Forderungen der FPÖ, der Zivildienst solle ausnahmslos zwölf Monate dauern. Damit werde eine »Aushöhlung der allgemeinen Wehrpflicht« verhindert (vgl. Die Presse vom 22. 5. 1991).
- Die mit der Ableistung des Zivildienstes verbundenen Belastungen werden völlig unterschiedlich eingeschätzt. FPÖ und ÖVP sind der Ansicht, die Soldaten hätten »wesentlich erschwerte Lebensbedingungen«, und der Zivildienst bringe »weit geringere psychische und physische Belastungen« mit sich als der Wehrdienst. Die Grünen und die Junge Generation in der SPÖ hingegen meinen, die Zivildiener verrichteten einen »enorm belastenden Dienst«. Die Grünen fordern deshalb einen gegenüber dem Wehrdienst um zwei Monate verkürzten Zivildienst (vgl. Die Presse vom 31. 7. 1991, 22. 5. 1991 und vom 20. 2. 1991).
- Teile der ÖVP befürchten vor dem Hintergrund der Jugoslawienkrise, daß die umfassende Landesverteidigung nicht mehr gewährleistet sei, wenn viele junge Männer den Weg der Verweigerung wählen und den Zivildienst dem Dienst mit der Waffe vorziehen würden. Deshalb müßten bei der Beurteilung, ob ein achtmonatiger Dienst in Frage komme, strenge Maßstäbe angelegt werden (vgl. Die Presse vom 8. 7. 1991).
- Das neue Zivildienstrecht versucht zwar, das Postulat einer allgemeinen Wehrpflicht aufrechtzuerhalten. Dadurch jedoch, daß in der Praxis jeder Wehrpflichtige frei zwischen Wehr- und Zivildienst wählen kann, wird der Zivildienst zu einer echten Alternative. Wenn der Staat die Aufgabe »Landesverteidigung« über die allgemeine Wehrpflicht definiert, kann es bei praktisch freier Wahl zwischen den Diensten schwierig werden, genügend Grundwehrdienstleistende zu verpflichten. Auf diesen Problemkontext weist Erich Reiter, Abteilungsleiter im Verteidigungsministerium, hin (vgl. sein Gastkommentar in: Die Presse vom 19. 8. 1991).
- Für die SPÖ ist dieser Problemkontext nicht wesentlich, die Grünen jedoch wollen die allgemeine Wehrpflicht abschaffen. Die ÖVP leugnet den Problemkontext nicht. Sie einigte sich jedoch mit der SPÖ auf die jetzige Regelung eines verlängerten Alternativdienstes. Für die Zustimmung der ÖVP zum Alternativdienst gab die SPÖ ihre Vorstellungen auf, den Wehrdienst zu verkürzen und die Zivildienstdauer zu belassen.

– Kritisiert wird der Einsatz von Zivildienstleistenden als Verkehrslotsen (vgl. Die Presse vom 20. 11. 1992).

Akzeptanz, Funktion und Perspektiven des Zivildienstes

Eine im Auftrag des Innenministeriums gemeinsam von den Instituten Fessel und GFK, GALLUP und IFES 1982 durchgeführte Grundlagenstudie zum Zivildienst erbrachte folgendes Ergebnis: 43% der Österreicher fanden den Zivildienst eher sympathisch, 26% eher unsympathisch, 31% hatten keine Meinung dazu (vgl. Darstellung der Umfrageergebnisse bei Kranebitter 1989, S. 89ff.).

Aus mehreren Gründen blieb die Akzeptanz in den 80er Jahren begrenzt:
– Der erst 1975 eingerichtete Zivildienst entwickelte sich nur langsam. Die Tätigkeit der Zivildienstleistenden wurde zwar durchaus geschätzt, doch war der Dienst im ganzen wenig bekannt. 1982 kannten nur 14% der Bevölkerung einen Zivildiener persönlich (vgl. obengenannte Umfrage).
– Die Zivildienstfrage wurde von vielen nicht als großes Anliegen oder Problem gesehen (vgl. obengenannte Umfrage).
– Die von der Politik mehrmals akzentuierte Einbindung des Zivildienstes in das Konzept der Umfassenden Landesverteidigung (Einführung des Grundlehrgangs 1985, Zivildienstnovelle 1988, Zivildienstgesetz 1991) nahmen viele Zivildienstleistende nicht genügend ernst. Weite Kreise der Bevölkerung hatten hierzu eine indifferente Haltung. Für die Beschäftigungsstellen der Zivildiener war die verteidigungspolitische Einbindung nur vorgeschoben.
– Nach Ansicht konservativer Kreise wurden die Zivildiener gegenüber den Präsenzdienern bevorzugt, z.B. wegen des Heimschlafens und des Dienstes am Wohnort (vgl. Bailer-Galanda 1988, sowie Bundesvereinigung der Milizverbände 1987).
– Die umstrittene Gewissensprüfung (mit regional oft sehr unterschiedlicher Praxis, vgl. SZ vom 9. 3. 1990) war ein politischer Zündstoff.

Die Abschaffung der Kommission und der Alternativcharakter des Zivildienstes dürften dessen Akzeptanz erhöhen. Dadurch, daß von einer relativ niedrigen Ausgangsbasis aus (bis 1991 leisteten 5% der Wehrtauglichen den Zivildienst ab) seit 1992 mehr verweigern und damit mehr Zivildienstplätze mit vielfältigeren Einsatzmöglichkeiten geschaffen werden müssen, besteht die Chance, daß die Integration des Dienstes in die Gesellschaft wächst. Bis Ende der 80er Jahre hatte der Zivildienst eine gegenüber dem Wehrdienst eindeutig nachgeordnete Funktion. In dem Maße, wie die Auseinandersetzungen um das Bundesheer Ende der 80er Jahre an Brisanz zunahmen, rückten auch die Debatten um Verweigerung und Zivildienst mehr in den Mittelpunkt. Die mit dem Zivildienst zusammenhängenden Probleme wurden einer breiteren Öffentlichkeit bewußt. Als Folge der veränderten politischen Rahmenbedingungen (Abschaffung der Gewissensprüfung) hat der Zivildienst zweifelsfrei eine Aufwertung erfahren.

1992 gab es einen starken Anstieg der Zahl der Verweigerer. Ca. 11000 Verweigerern standen nur knapp 5000 Zivildienstplätze gegenüber. Aufgrund dieser Entwicklung mehren sich innerhalb der ÖVP die Stimmen, die bestehenden Regelungen auslaufen zu lassen und entweder die Gewissensprüfungskommissionen wieder einzuführen oder den Zivildienst auf zwölf Monate zu verlängern. Die Beibehaltung der jetzigen Regelungen bedeute einen heimlichen Abschied von der allgemeinen Wehrpflicht und eine Aushöhlung des Milizsystems. Letztlich bliebe dann nur die Umwandlung in ein Berufsheer übrig (vgl. Die Presse vom 20. 11. 1992 und 16. 4. 1992).

Die SPÖ lehnt die Wiedereinführung der Kommissionen ab und betont, die bestehenden Regelungen seien ein verbindliches Regierungsübereinkommen (vgl. Die Presse vom 20. 11. 1992).

Wehr- und Zivildienst in der Schweiz

Die schweizerische Sicherheits- und Verteidigungspolitik

Die seit dem 16. Jahrhundert existierende und 1815 von den europäischen Großmächten offiziell anerkannte Neutralität wird in der Schweiz als Teil der Sicherheitspolitik verstanden. Dem Land gelang es im 19. und 20. Jahrhundert, sein Neutralitätsverständnis in die praktische Politik umzusetzen und sich aus kriegerischen Auseinandersetzungen herauszuhalten.

Die Neutralität ist als bewaffnete Neutralität ausgewiesen. Das sicherheitspolitische Grundverständnis der Gesamtverteidigung bedeutet, daß militärische und nicht-militärische Maßnahmen zu treffen sind, um die Verteidigungsbereitschaft sicherzustellen. Das Land soll mit der Gesamtheit aller möglichen Mittel verteidigt werden. Die Armee ist das wichtigste dieser Mittel, aber nur eines. »Gesamtverteidigung« steht für ein Wehrkonzept, das Milizarmee, Zivilschutz und Bevölkerung integriert. Ziel dieser sicherheitspolitischen Konzeption ist es, den »Eintrittspreis« für einen potentiellen Gegner hoch zu setzen. Ihre rechtliche Basis hat die Konzeption der Gesamtverteidigung in einem Dokument des Bundesrates (Regierung) aus dem Jahre 1973. Es gibt eine Zentralstelle für Gesamtverteidigung in Bern, die dem Eidgenössischen Militärdepartement (Verteidigungsministerium) unterstellt ist.

Die durch militärische und nicht-militärische Maßnahmen gesicherte Verteidigungsbereitschaft ist auf zwei wichtige Zielsetzungen hin angelegt:
– Vorbereitung des Widerstandes für den Eventualfall;
– präventive Maßnahmen zur Friedenssicherung.

Die strategischen Ziele der Armee lauten: Kriegsverhinderung durch Verteidigungsbereitschaft (sogenannte Dissuasion); Kriegführung mit dynamischer Raumverteidigung (mindestens einen Teil des Landes halten); Hilfeleistung an die zivilen Behörden (militärische Hilfe). Demgemäß betont die Einsatzdoktrin eine tief gestaffelte Kampfführung.

Die Armee gliedert sich in drei Feldarmeekorps, ein Gebirgsarmeekorps und Fliegertruppen. Hinzu kommen Armeetruppen (z.B. Übermittlungs- und Transportformation) sowie einige selbständige Brigaden, die regional festgelegte Verteidigungsaufträge haben.

Struktur des Wehrdienstes

Die Schweizer Armee ist eine Milizarmee. Im Gegensatz zu anderen N + N-Staaten (Neutrale und Nichtgebundene Staaten) gibt es keine stehenden Streitkräfte, die einen längeren zusammenhängenden Dienst ableisten. Der berufsmäßige Kader beschränkt sich auf etwa 3500 Mann Instruktorenpersonal, Festungswachtkorps und Berufs-Piloten. Nur die Korps- und Divisionskommandanten sind hauptberuflich tätig. Die übrigen Offiziere dienen nebenamtlich. Z.B. tragen einige Konzernchefs den Titel eines Regimentskommandanten. Die zeitliche und inhaltliche Belastung der Offiziere und Unteroffiziere ist höher als die der einfachen Soldaten.

Weitere Strukturmerkmale des schweizerischen Milizsystems sind: kurze Grundausbildung und viele Wiederholungsübungen; Nutzung der zivilen Fähigkeiten in der militärischen Funktion. Innerhalb von 48 Stunden können mehr als 600000 Mann mobilisiert werden. Durch die zeitliche Verteilung der Wiederholungskurse wird erreicht, daß während des ganzen Jahres Truppen zum Schnelleinsatz bereit sind. Die Einheiten sind für den Geländekampf ausgebildet. Es gibt ein ausgeklügeltes System künstlicher Befestigungen und Hindernisse. Munition, Waffen und Lebensmittel sind über das ganze Land verteilt (vgl. Allgemeine Schweizer Militärzeitschrift 7/8 1990, S. 409, sowie Die Zeit vom 28. 11. 1989).

Gemäß Artikel 18, Abs.1 der Bundesverfassung von 1874 (Fassung von 1971) ist jeder Schweizer wehrpflichtig. Die Dauer der Wehrpflicht reicht vom vollendeten 20. bis zum vollendeten 51. Lebensjahr. Es gibt verschiedene dienstliche Belastungen in drei Heeresklassen: Auszug (20 bis 32 Jahre); Landwehr (33 bis 42 Jahre); Landsturm (43 bis 50 Jahre).

Die folgende Übersicht zeigt die Verpflichtungen des Schweizer Soldaten (Stand 1989/1990):

Die Dienstleistungen des Soldaten im Frieden (Instruktionsdienst)

Alter Heeresklasse	Rekrutenschule	Wiederholungskurse	Ergänzungskurse	Landsturmkurse	Ausrüstungsinspektionen	Obligatorische Schießübungen außer Dienst
20	118 Tage					
Auszug 21–32		160 Tage			4	12
Landwehr 33–42			40 Tage		3	10
Landsturm 43–50				13 Tage	4	
Total Tage	118	160	40	13	11	22

Gesamtdienstleistungen vom 20. bis 50. Altersjahr: 364 Tage

Quelle: Marti, Peter, Schweizer Armee 1989, Frauenfeld 1988, S. 216

Die 17 Wochen (118 Tage) dauernde Rekrutenschule gliedert sich in vier Phasen:
- Detailperiode/neun Wochen: Einführung und Grundfertigkeiten;
- Schießverlegung/drei Wochen: Gefechtsschießen in den Voralpen;
- Hauptverlegung/vier Wochen: Gefechtsausbildung im Mittelland und Durchhalteübungen;
- Inspektion/eine Woche: kompanieweise Überprüfung »von oben«.

Die Rekrutenschule absolvieren jährlich rund 40000 Mann. Dazu werden jedes Jahr ca. 400000 Reservisten zu Waffenübungen einberufen. Die Rekruten erhalten nach Absolvierung der Rekrutenschule Noten. Die Note wird nur mitgeteilt, wenn der Rekrut zur Weiterbildung vorgeschlagen wird (Unteroffiziers- oder Offizierslaufbahn). Die Wehrübungen verbringt der »Wehrmann« stets bei derselben Einsatzeinheit. Die Ableistung eines waffenlosen Dienstes aus Gewissensgründen ist möglich.

Bis 1990 betrug die Grundwehrdienstdauer 364 Tage. 1990/91 erfolgte eine Verkürzung auf 331 Tage. Ab 1995 wird die Grundwehrdienstdauer 295 Tage betragen.

Von den Rechten und Pflichten des Schweizer Soldaten sind erwähnenswert: Zusätzlich zum Sold wird auch für Rekruten eine Erwerbsausfallentschädigung gezahlt. Die Ausrüstung verbleibt während der gesamten Wehrpflichtdauer »in den Händen des Wehrmannes« (Bundesverfassung, Artikel 18, Abs. 3) und wird zu Hause aufbewahrt (inkl. Waffen). Sogar nach Entlassung aus der Wehrpflicht kann unter bestimmten Voraussetzungen der Karabiner (nicht das Sturmgewehr) behalten werden. Die »Schießübungen außer Dienst« (vgl. obige Übersicht) bedeuten eine Schießpflicht im Verein oder in Nachschießkursen.

Probleme des Wehrdienstes und Kontroversen

Existenz, Konzeption und Organisation der Schweizer Armee waren bis Ende der 70er Jahre weitgehend unbestritten. Seit Anfang der 80er Jahre kommt es zu intensiveren öffentlichen Diskussionen über verschiedene Problempunkte:
- Viele Rekruten haben die größte Mühe, sich im Militärdienst zurechtzufinden. Die Diskrepanz zwischen dem gewohnten zivilen und dem neuen, militärischen Bezugssystem hat in den letzten Jahren eindeutig zugenommen. Viele Soldaten bringen deshalb ungenügende Leistungen und fallen dem Kader zur

Last (vgl. Allgemeine Schweizer Militärzeitschrift 7/8 1990, S. 428).
- Die Proteste gegen Schießlärm und Einquartierungen von Soldaten nehmen zu (vgl. Südkurier vom 27. 11. 1989).
- Es entlädt sich angestauter Unmut über die vielen militärischen Übungen in Kleinstädten und Dörfern (vgl. Die Zeit vom 24. 11. 1989).
- Kritisiert werden Leerläufe im Dienstalltag (vgl. die Schweizer Woche vom 8. 5. 90.
- Beklagt wird der schlechte Zustand mancher Kasernen (vgl. NZZ vom 12. 12. 1992).
- Mancherorts gibt es Motivationsprobleme, überzogenen Drill und Schikanen (vgl. Siegener Zeitung vom 6. 12. 1990, NZZ vom 15. 9. 1990, sowie Schweizer Woche vom 8. 5. 1990).
- Etwa 10% der Rekruten werden aus neuropsychiatrischen Gründen ausgemustert (die Schätzungen schwanken zwischen 5000 und 10000 jährlich). Die Selbstverletzungen nehmen zu (vgl. Stuttgarter Zeitung vom 10. 6. 92, Spiegel vom 8. 10. 1990, Allgemeine Schweizer Militärzeitschrift 7/8 1990, S. 428).
- Die Ansichten über Sinn und Unsinn einer psychiatrischen Ausmusterung gehen weit auseinander, sowohl in Kreisen der Armee als auch bei Militärkritikern und -gegnern (vgl. ABC der Militärverweigerung 1990, S. 20f.).
- An der Ausbildung wird bemängelt, daß die bestehende Infrastruktur (z.B. Übungsplätze) sowie die Qualifikation der Unteroffiziere unzureichend seien. Insgesamt gebe es zu wenig Instruktoren (vgl. NZZ vom 22. 5. 1992, 8. 9. 1990 und 3. 5. 1990).
- Wehrdienst und Übungen sind eine erhebliche Belastung für die Schweizer Wirtschaft. Sie binden enorme finanzielle Mittel. Viele Unternehmen sind gezwungen, Über-Belegschaften zu beschäftigen (vgl. Loch 1990, Die Rheinpfalz vom 24. 11. 1989, Stern 48/1989, FAZ vom 27. 5. 1989, sowie Heinemann 1988, S. 299f.).
- Die enge Verflechtung zwischen Staat, Wirtschaft und Armee bereitet Unbehagen (vgl. Heilbronner Stimme vom 28. 11. 1989, Südkurier vom 27. 11. 1989 sowie Haltiner 1986, S. 127ff.).
- Die Notwendigkeit einer modernen Flugwaffe ist umstritten (vgl. NZZ vom 9. 8. 1992).

Derartige Probleme waren zweifellos schon in früheren Zeiten vorhanden. Sie wurden aber erst in einer Zeit öffentlichkeitswirksam artikuliert, als die internationale Friedensbewegung sich auch in der Schweiz zu etablieren begann und aus ihrer Sicht neue Interpretationen der internationalen Lage und der Bedrohungswahrnehmung lieferte.

Der vormalige Generalstabschef Häsler (im Amt bis Ende 1992) sprach sich wiederholt für eine Armeereform im materiellen und menschlichen Bereich aus. Ein gewisser Unmut von Bürgern über die Armee könne nicht abgestritten werden; es gelte, diesen Unmut durch eine sinnvolle Reformarbeit abzubauen (vgl. NZZ vom 3. 5. 1990).

Seit der zweiten Hälfte der 80er Jahre finden auch grundsätzlichere Diskussionen über den Sinn von Wehrpflicht und Armee statt. So wird z.B. über die Einführung einer allgemeinen Dienstpflicht nachgedacht, welche die Wehrpflicht ablösen könne. Der Dienstpflichtige würde sich demzufolge zwischen Wehrdienst und anderen Diensten (Katastrophenhilfe, Rettungswesen usw.) entscheiden können.

Andere Auseinandersetzungen bewegen sich um die Frage, ob die bewaffnete Neutralität noch einen Sinn mache. Der Bundesrat führte hierzu an, daß ein Land ohne Armee kein politisches Gewicht hätte. Die Neutralität der Schweiz werde nur dann ernst genommen, wenn sie verteidigt werden könnte (vgl. Archiv der Gegenwart, vom 26. 11. 1989).

Ende 1990 präsentierte die vom Bundesrat eingesetzte Armee-Kommission (Schoch-Kommission) für Schweizer Verhältnisse spektakuläre Vorschläge: Neben der allgemeinen Dienstpflicht und einem neuen Ausbildungskonzept solle auch ein kooperativer Führungsstil eingeführt werden. Die bisherige Militärjustiz solle abgeschafft, ein Ombudsmann ernannt werden (vgl. Siegener Zeitung vom 6. 12. 1990).

Akzeptanz, Funktion und Perspektiven des Wehrdienstes

In der Schweiz war die Selbstwehrmentalität lange hoch entwickelt. Die Armee fungierte als eine Art Sammelbecken traditionell gewachsener Normvorstellungen. Die ungebrochene Wehrtradition sorgte dafür, daß der Schweizer ein Bewußtsein hatte, als bewaffneter Mann seinen persönlichen Verteidigungsbeitrag zu leisten. Weiterhin gelang es, die Idee des Milizsystems politisch voll umzusetzen. Die Rekrutierungsbasis wurde nahezu voll ausgeschöpft, die Übungen »funktionierten«. Bis heute ist jeder zehnte Schweizer Soldat (vgl. Kägi 1987, S. 286ff.).

In den 80er Jahren kam es zu einer Relativierung des Stellenwerts der Armee. 1982 gründete sich die Gruppe »Schweiz ohne

Armee« (GSoA). Sie rekrutierte sich aus Anhängern verschiedener linker Gruppen, Parteien und Alternativorganisationen. Die Gruppe legte im März 1985 eine Volksinitiative »Für eine Schweiz ohne Armee und für eine umfassende Friedenspolitik« vor. Innerhalb von 18 Monaten gelang es der Initiative, mehr als die für eine Volksbefragung benötigten 100000 Unterschriften zu sammeln. Mit Friedrich Dürrenmatt und Max Frisch hatte die Gruppe zwei prominente Mitstreiter. Im September wurde die Volksinitiative mit mehr als 111000 Unterschriften bei den Bundesbehörden eingereicht. Da es als schwierig gilt, das erforderliche Quorum zu erreichen, löste die Einreichung der Initiative allgemeines Erstaunen aus.

Noch mehr überraschte freilich das Ergebnis der Volksabstimmung vom 26. November 1989. Bei einer für Schweizer Verhältnisse hohen Stimmbeteiligung von 68,5% wurde die Initiative mit 64,4% gegen 35,6% abgelehnt. Bei den wehrpflichtigen Schweizern im Alter bis 32 Jahren stimmten allerdings 70% der Initiative zu.

Die Argumente der Initiatoren der Volksinitiative hatten insbesondere bei jüngeren Abstimmenden gezogen: Aus dem Osten drohe keine Gefahr mehr; die Umweltzerstörung sei eine viel größere Gefährdung; eine Eskalation in Mitteleuropa würde den Einsatz von Atomwaffen bedingen, es würde das zerstört, was eigentlich hätte verteidigt werden sollen. Die Initiativgegner hatten demgegenüber an Argumenten beigebracht: Auch ein konventioneller Krieg mit allen möglichen Formen sei denkbar; die politische Lage in Osteuropa sei unsicher; die ökologische Bedrohung sei unbestritten, beseitige aber nicht militärische Bedrohungen (vgl. NZZ vom 28. 11. 1989, SZ vom 28. 11. 1989, Darmstädter Echo vom 27. 11. 1989, sowie Leimbacher 1990, S. 260ff.).

Das Ergebnis der Volksabstimmung dokumentierte das verstärkte Nachdenken über den Sinn der Armee. Deutlich wurde der gesellschaftliche Graben zwischen Abschaffungsbefürwortern und -gegnern erkennbar. Darüber hinaus war auch der für die Schweiz typische Konsens zwischen den vier großen Parteien zerbrochen. Während die FDP (Freisinnig Demokratische Partei), die CVP (Christliche Volkspartei) und die SVP (Schweizerische Volkspartei) die Ablehnung der Initiative empfohlen hatten, hatte sich die SPS (Sozialdemokratische Partei) für die Stimmfreigabe entschieden.

Beide Argumentationsrichtungen, die der Armee-Gegner und die der Befürworter, charakterisieren zusammengenommen wohl die internationale Lage: Es wird einerseits schwieriger, die Notwendigkeit einer bewaffneten Verteidigung glaubhaft zu machen. Andererseits gibt es aber weiterhin ein (wenn auch weniger manifestes) Bedrohungspotential.

Die Armeeabschaffungsinitiative rückte zwei Basisfragen ins öffentliche Bewußtsein: zum ersten das Verhältnis zwischen Armee und Nation, zum zweiten das Verhältnis zwischen Armee und Gesellschaft. Nach Untersuchungen des Zürcher Soziologen Rolf Nef weise, wer sich mit der Nation nicht oder nur schwach identifiziere, eine höhere Bereitschaft auf, die Armee als letztes Mittel zur Bewahrung der Nation abzuschaffen (vgl. Schmidlin, in: Forum 3/1990, S. 35f.).

1989 führte das Eidgenössische Militärdepartement bei 641 nebenamtlichen Milizoffizieren eine Repräsentativbefragung zu ihren Werthaltungen durch. Ein Hauptergebnis war, daß traditionalistisch-patriotische Motivationselemente weitgehend verblaßt sind. Heute entspringt das Handeln der Offiziere einer Vielzahl von Motiven: Führungserfahrung (88 % der Befragten), Brauchbarkeit der Ausbildung für das Zivilleben (84 %) usw. (vgl. Geissler, Beiheft zur Allgemeinen Schweizer Militärzeitschrift 7/8 1990, S. 6ff.).

In einer Umfrage unter jungen Schweizern erklärten 68 % der Befragten, das Militär präge helvetisches Denken und schweizerische Lebensweise stark – weniger zwar als Arbeit und Familie, aber mehr als Politik und Religion. Andererseits fand dies nur jeder achte der Befragten gut (vgl. Die Zeit vom 24. 11. 1989).

Die SPS ist der Ansicht, der Armee käme nur noch subsidiärer Charakter zu. Eine Reduzierung auf ein Viertel des heutigen Bestandes sei möglich (vgl. NZZ vom 9. 5. 1991).

Die bisherigen Funktionen der Schweizer Armee sind nicht mehr uneingeschränkt gültig:
- Symbolfunktion: Im Zuge eines diffus und vage vorhandenen Bedrohungsbewußtseins in militärischer Hinsicht ist die Armee keine Klammer mehr für die nationale Identität und für das bürgerliche Leben.
- Stabilitätsfunktion: Es ist umstritten, ob der finanzielle und personelle Aufwand in einem sinnvollen Verhältnis steht zum stabilitätsbezogenen Nutzen. Es wird danach gefragt, ob Stabilität heute nicht auf andere Weise sinnvoller herzustellen ist.
- Soziale Funktion: Das bisherige Rekrutierungssystem hatte durchaus soziale Vorteile. Es wurden persönliche Bekanntschaften aufgebaut, die oftmals lange nach der Grundausbildung weiterbestanden. Hinsichtlich der Ausbildungsqualität

gab und gibt es allerdings Defizite. Mangelnde Effizienz der Ausbildungsprogramme und Organisations- sowie Führungsschwächen führen während der Rekrutenschule oftmals zu einer negativen Einstellung gegenüber der Armee (vgl. NZZ vom 22. 5. 1992, 15. 9. 1990 und 8. 9. 1990).
- Präventive Funktion: Aufgrund ihrer defensiven Ausrichtung konnten die Streitkräfte für sich in Anspruch nehmen, eine präventive und damit friedenserhaltende Bedeutung zu haben. Die Vermittlung dieser Bedeutung wird schwieriger.

Die Vernetzung der schweizerischen Streitkräfte in der politischen Kultur des Landes ist sicherlich auch heute vorhanden. Allerdings werden sich Wehrwesen und Wehrdienst künftig in mehrfacher Hinsicht einem verstärkten Legitimationsdruck ausgesetzt sehen. Die Bedeutung des Militärs wird heute in der schweizerischen Öffentlichkeit entschieden kritischer gesehen als früher. Die Polarisierung hat zugenommen, die Fronten haben sich verhärtet. Ein Beleg hierfür ist, daß binnen einem Monat die GSoA über 500 000 Unterschriften für ihre Initiative gegen die von der Regierung geplante Beschaffung moderner amerikanischer Kampfjets sammeln konnte (vgl. Die Zeit vom 12. 6. 1992).

Unter denjenigen, die am 26. November 1989 für die Abschaffung der Armee plädierten, befanden sich sicher viele, die dem Militär einen Denkzettel verpassen wollten und nicht die völlige Abschaffung wünschten. Zwei Forderungen lassen sich aus dem Abstimmungsergebnis herauslesen: Die Schweiz soll sich vermehrt einer Friedenspolitik zuwenden, und die Armee muß sich Reformen unterziehen. Die Armee kann die Wehrmotivation nur herstellen, wenn sie reformwillig ist (vgl. NZZ vom 17. 7. 1991, Südkurier vom 27. 11. 1989, Die Zeit vom 24. 11. 1989).

Mit der Abstimmung wurde eine Debatte ausgelöst über die Beibehaltung einer überaus gerüsteten Armee, die jährlich 11 Milliarden Franken kostet. Es kann davon ausgegangen werden, daß ein Teil der Abschaffungs-Befürworter eine andere, weniger aufwendigere Verteidigung wünscht (vgl. Basler Zeitung vom 28. 11. 1989).

Um den von den Abschaffungsbefürwortern ausgehenden politischen Druck abzumildern, hatte das Militärdepartement bereits im Vorfeld der Abstimmung eine Reihe von Maßnahmen zur Restrukturierung der Armee angekündigt. Nach der Abstimmung wurden diese Pläne intensiviert.

Das Konzept »Armee 95« sieht eine Verringerung der Mannschaftsstärke der Armee bis 1995 auf 400 000 Mann vor. Die Wehrpflicht endet bereits mit 40 Jahren. Parallel dazu wird die

Zivilschutz-Dienstpflicht um acht Jahre auf 52 gesenkt. Das neue Armeeleitbild ist auf Flexibilität hin angelegt und berücksichtigt stabile Lagen (Abrüstung) ebenso wie instabile (Aufrüstung). Eine Komponente dieser Flexibilität ist auch die Abschaffung der Heeresklassen. Verbessert werden soll zudem auch der für das Selbstwertgefühl der Soldaten entscheidende offene Dialog zwischen Armeeführung und Mannschaften. Ein neues, völlig revidiertes Militärgesetz löst das alte von 1907 ab. 1992 lag das neue Gesetz im Entwurf vor. Es ist die juristische Umsetzung des neuen Armeeleitbildes.

Im wesentlichen hat die Schweizer Armee dem neuen Leitbild gemäß künftig drei Aufgaben:
- Kriegsverhütung: Abschreckung;
- Existenzerhaltung: z. B. Einsatz bei Waldschäden;
- Friedenserhaltung: Peace-keeping-Operationen der UNO (»Blauhelme«).

In Ausführung des Sicherheitsberichts 1990 beschloß der Bundesrat im Sommer 1992 den Aufbau eines Blauhelmkontingents bis 1995 (vgl. NZZ vom 26. 8. 1992). Bis 1995 soll ein neues Dienstreglement geschaffen werden. Inhaltlich soll sich das neue Reglement vor allem an dem orientieren, was sich innerhalb einer Kompanie abspiele (vgl. NZZ vom 19. 8. 1992). Außerdem wird eine Ombudsstelle eingerichtet. Die Soldaten können hier Beschwerden vorbringen.

Eine zentrale Herausforderung ist, daß die Sinnfrage neu beantwortet werden muß. Der Auftrag der Armee unter veränderten internationalen Bedingungen ist neu zu bestimmen. Die Bevölkerung muß sich mit neu zu formulierenden sicherheitspolitischen Grundsätzen ein Stück weit identifizieren können. Dies kann nur gelingen, wenn die Armee hinsichtlich Ausbildung, Führung und Erscheinungsbild restrukturiert wird. Die materiellen, operativen und psychologischen Komponenten müssen verbessert werden. Der Grundsatz »Qualität vor Quantität« ist hierbei wegweisend. Das Instruktionskorps wird vergrößert, die Ausbildung der Unteroffiziere verbessert. Die Ausbildungszeit für Rekruten wird von 17 auf 15 Wochen verkürzt (vgl. NZZ vom 1. 4. 1992, sowie Gasteyger, in: NZZ vom 22. 5. 1990).

Ein zunehmend größeres Spannungsfeld stellt der kollektive und der individuelle Nutzen der militärischen Ausbildung dar. Früher genügte zur Motivation der militärischen Leistungen der Hinweis auf die Verteidigungswürdigkeit des Landes. Die Wehrmotivation war vom ganzen Umfeld gegeben. Heute wird dieser kollektive Nutzen immer mehr in Frage gestellt. Darauf muß die

Armee reagieren. Dies stellt hohe Anforderungen an die militärische Ausbildung, denn wichtige Ausbildungsbereiche wie »Waffendrill« dienen primär kollektiven Bedürfnissen. Wichtig wird deshalb die Überlegung, wie kollektiver und individueller Nutzen besser miteinander verbunden werden können. Das Verhältnis von effizienter Ausbildungszeit und Leerläufen ist hier von entscheidender Bedeutung. Deshalb ist für die »Armee 95« ein spürbarer Abbau der Leerläufe vorgesehen (vgl. Dubs, in: NZZ vom 6. 3. 1992).

Im Armeeleitbild und im neuen Militärgesetz werden verschiedene »Einsatzformen« der Schweizer Armee aufgeführt. Die wesentlichen sind:
- Ausbildungsdienst (Soldat in der Ausbildung, Rekrutenschule oder Übung);
- Aktivdienst (Kampfeinsätze im Inland);
- Friedensförderungsdienst (Auslandseinsätze auf freiwilliger Basis);
- Assistenzdienst (Hilfeleistungen zugunsten der zivilen Behörden zur Existenzsicherung, z. B. Schutz internationaler Konferenzen oder öffentlicher Einrichtungen);
- Ordnungsdienst (Entlastung der Polizeiorgane).

Der Ordnungsdienst ist umstritten (vgl. NZZ vom 27. 11. 1992). Während über die schweizerische Beteiligung an Friedensoperationen der UNO (»Blauhelme«) ein weitgehender Konsens besteht, gibt es heftige Kontroversen über die mögliche Beteiligung an »Peace-enforcement-Interventionen« (»Kampfeinsätze«). Der Bundesrat schließt mehrheitlich eine solche Teilnahme aus, doch gibt es in den Parteien und unter den Verteidigungsexperten zahlreiche Befürworter (vgl. NZZ vom 17. 11. 1992). Sie argumentieren u. a. damit, nur so seien schweizerische Solidaritätsbekundungen glaubwürdig; außerdem sei die Abgrenzung der beiden Interventionsarten »Peace-keeping« und »Peace-enforcement« nicht immer einfach (vgl. NZZ vom 17. 11. 1992). Die Befürworter der »Kampfeinsätze« treten zum Teil für die Einführung einer Berufsarmee ein. Dieser Vorschlag ist allerdings nicht mehrheitsfähig. Deswegen wird ein starkes »professionelles Gerippe« angestrebt, das dann Kampfeinsätze im UNO-Auftrag durchführen könnte (vgl. NZZ vom 17. 1. 1993).

Zur Zukunft der Schweizer Neutralität: Heute stellt sich verstärkt die Frage, ob künftig kleinstaatliche Interessenwahrnehmung nicht besser in einem System kollektiver Sicherheit zu bewerkstelligen wäre. Im Zuge der weiteren Entwicklungen wird die Schweiz überprüfen, ob Neutralität und Verteidigungsbereitschaft zwingend gekoppelt bleiben müssen (vgl. NZZ vom 27. 4. 1992). Möglich ist, daß die Schweiz sich stärker an die WEU anlehnt und längerfristig formelle Bindungen aufnimmt. Denkbar ist auch eine »europäische Kooperation« ohne formelle Bündnisverpflichtungen (vgl. NZZ vom 9. 10. 1992 und vom 27. 4. 1992).

Das Recht auf Kriegsdienstverweigerung

Am 17. Mai 1992 sprach sich die Schweizer Bevölkerung in einer Volksabstimmung für die Einführung eines zivilen Ersatzdienstes aus. 82,5% stimmten der Einführung zu.

Mit dieser Abstimmung ging ein jahrzehntelanger politischer Prozeß zur Einführung eines Zivildienstes seinem Ende entgegen. 1984 hatte das Volk mit 64 Prozent einen Zivildienst noch abgelehnt.

Im Vorfeld der Abstimmung vom 17. Mai 1992 gab es einen breiten Konsens im Parlament, bei den Parteien sowie bei kirchlichen und anderen Organisationen hinsichtlich der Befürwortung des Zivildienstes. Die Gründe für diesen Konsens waren im wesentlichen (vgl. NZZ vom 19. 5. 1992 sowie vom 14. 4. 1992):

- Angesichts der veränderten sicherheitspolitischen Rahmenbedingungen wird eine Schwächung des Wehrwillens und der Wehrkraft nicht befürchtet.
- Die Erfahrungen in anderen europäischen Ländern zeigen, daß nach der Einführung des Zivildienstes keine Abwanderung in größerem Ausmaß weg von der Armee stattfindet und der Armeebestand gefährdet werden könnte.
- Die Toleranz gegenüber jenen, die aus Gewissensgründen keinen Wehrdienst leisten können, nimmt zu.
- Die Kriminalisierung von Verweigerern ist ein unerträglicher Zustand.
- Die Befürchtung, die Schweiz könnte, wenn sie sich weiterhin einem Zivildienst versagt, in ihrem internationalen Ansehen Schaden nehmen. In der Vergangenheit war die Schweiz vom Europarat mehrfach dafür gerügt worden, daß sie sich einem Zivildienst verweigerte und Verweigerer kriminalisierte.
- Die Kontroversen um Auftrag, Struktur und Funktion der Armee lenken den Blick verstärkt auf andere Möglichkeiten.
- Das Ergebnis der Abstimmung vom 26. November 1989 über die Abschaffung der Armee war für die Regierung und die Parteien ein deutliches Zeichen, über die Einführung eines Zivildienstes nachzudenken.

– Die Entschärfung des Dienstverweigerungsproblems durch die Einführung eines Arbeitsdienstes für ethisch und religiös motivierte Verweigerer hatte eher symbolischen Charakter. Die halbherzige Lösung war unbefriedigend (s. u.).

Mit der Annahme der vom Parlament eingebrachten Zivildienstinitiative wird ein regulärer Status für Kriegsdienstverweigerer geschaffen. Verweigerer werden vollständig entkriminalisiert.

Artikel 18, Abs. 1 der Bundesverfassung lautet nun: »Jeder Schweizer ist wehrpflichtig. Das Gesetz sieht einen zivilen Ersatzdienst vor.«

Mit der angenommenen Verfassungsergänzung wird einer extremen Interpretation ein Riegel vorgeschoben. Die allgemeine Wehrpflicht bleibt. Es wird kein freies Wahlrecht zwischen Armee- und Zivildienst eingeführt. Der Zivildienst ist für solche gedacht, die den Wehrdienst aus Gewissensgründen verweigern.

Unmittelbar nach der GSoA-Abstimmung im November 1989 hatten die Sozialdemokraten eine parlamentarische Initiative für die Schaffung eines Zivildienstes eingereicht. Daraufhin wurde von einer Kommission des Nationalrates obige Verfassungsergänzung ausgearbeitet. Im Herbst 1991 hießen die beiden Kammern, der Nationalrat und der Ständerat, die Ergänzung für gut.

Im März 1990 wurde die außerparlamentarische Arbeitsgruppe Napf gegründet (benannt nach einem Berg). Die aus aktiven Offizieren und höheren Beamten bestehende Gruppe forderte wiederholt eine »allgemeine Pflicht zum Gemeinschaftsdienst« unter »Sicherstellung des notwendigen Armeebestandes«. Die Schweizerische Offiziersgesellschaft (SOG) ist gleichfalls für die Einführung einer allgemeinen Dienstpflicht. Hingegen lehnt der Rat für Gesamtverteidigung eine Dienstpflicht ab (vgl. NZZ vom 17. 3. 1991 und 8. 9. 1990).

Ebenfalls 1990 lancierte die Christliche Volkspartei eine Zivildienstinitiative. Die erforderliche Unterschriftenzahl von 100 000 verfehlte sie aber um 3000.

Bis Mitte 1991 wurden Verweigerer, die eine »schwere Gewissensnot« (religiöse oder ethische Motive) nachweisen konnten, mit höchstens sechs Monaten Gefängnis bestraft. Die übrigen Verweigerer erhielten Gefängnisstrafen bis zu zehn Monaten. Im Juni 1991 stimmten die Schweizer mit 55,7 % der »Entkriminalisierung« der Verweigerer zu (sogenannte Barras-Reform). Es handelte sich dabei allerdings um eine Zwischenlösung: Verweigerer mit schwerer Gewissensnot wurden zu einem »Arbeitsdienst in öffentlichem Interesse« verpflichtet. Dieser Dienst dauerte anderthalb mal so lang wie der Wehrdienst (also bis zu

18 Monate) und war ein Schuldspruch des Militärgerichts. Das »Vergehen« wurde jedoch nicht ins Zentralstrafregister eingetragen. Die übrigen Verweigerer mußten nach wie vor ins Gefängnis.

Struktur des Zivildienstes

Der Zivildienst dauert mindestens 450 Tage, also etwa anderthalb mal so lang wie der Wehrdienst. Die Ableistung kann im Gesundheitswesen, Sozialbereich, Umwelt- und Naturschutz, in der Land- und Forstwirtschaft sowie in der Katastrophenhilfe erfolgen.

Probleme des Zivildienstes und Kontroversen

Die Diskussionen um die Verweigerung wurden bis 1992 von folgenden Problempunkten bestimmt:
- Das Strafmaß für Verweigerer war nicht einheitlich, es gab große Unterschiede.
- Das über den Verweigerer urteilende Gericht bestand nur aus Armeeangehörigen.
- Sehr umstritten war die »privilegierte« Stellung der religiös und ethisch Motivierten, zumal in der Praxis die verschiedenen Gewissensmotive nicht zu trennen sind.
- Es war problematisch, die Stärke der Motivation herauszubekommen.
- Gravierend war, daß auch solche Rekruten abgeurteilt wurden, die erst nach Abschluß der Rekrutenschule verweigerten.

Der Zivildienst wird 1994 institutionalisiert. Deshalb können lediglich allgemeine Fragestellungen formuliert werden:
- Die Verfassungsänderung läßt einen breiten Interpretationsspielraum für die Schaffung des dazugehörigen Ausführungsgesetzes offen. Dies bedeutet, daß parlamentarisch und außerparlamentarisch kontrovers über die Ausgestaltung des Gesetzes diskutiert wird.
- Es muß über die Form des Anerkennungsverfahrens befunden werden.
- Ein gewichtiges Problem wird die Durchführung des Zivildienstes sein. Die Frage, in welchen Bereichen in welchem Umfang der Einsatz erfolgt, ist von besonderer Bedeutung.
- Die Verwaltungsstrukturen des Dienstes müssen installiert werden.

– Das Problem des Verdienstausfalls auch für Zivildienstleistende steht an.

Akzeptanz, Funktion und Perspektiven des Zivildienstes

Die Zahl der Verweigerer war in der Schweiz nie hoch. 1990 z. B. verweigerten 581 junge Männer, 1991 waren es 475. Vermutlich wirkten die Strafen für potentielle Verweigerer abschreckend.

Die Abstimmungen vom Juni 1991 und vom Mai 1992 zeigen, daß die Toleranz gegenüber Verweigerern zugenommen hat (vgl. NZZ vom 19. 5. 1992).

Die Akzeptanz des Zivildienstes wird wesentlich von den organisatorischen und dienstlichen Rahmenbedingungen bestimmt werden. Zu erwarten ist, daß insbesondere die soziale Funktion des Zivildienstes Anerkennung erfahren wird. Die Tätigkeit der Zivildienstleistenden kann sich als für die Gesellschaft nützlich und wertvoll erweisen.

Die Einführung des Zivildienstes kann eine Chance sein, die in den letzten Jahren sich entwickelnde Polarisierung in der Bevölkerung (»Schweiz ohne Armee«) zu entschärfen. Mit der Einführung einer zivilen Alternative zum Wehrdienst außerhalb der militärischen Organisation ist das rechtsstaatliche Prinzip in der Schweiz dem Grundsatz nach verwirklicht. Die Durchführung läßt noch Fragen offen.

Besonderheiten

Jeder Schweizer, der keinen Wehr- oder Zivildienst ableistet, muß Militärpflichtersatz leisten. Hierbei handelt es sich um eine Sondersteuer, die 3% des zu versteuernden Einkommens beträgt. Sie reduziert sich mit zunehmendem Alter des Ersatzpflichtigen. Bezahlt werden muß bis zum 51. Altersjahr.

Von der Sondersteuer betroffen sind die Dienstbefreiten und die Dienstuntauglichen. Befreiungen wurden bisher ausgesprochen für Geistliche, Krankenpfleger sowie für Angehörige öffentlicher Verkehrsbetriebe.

Wer in der Schweiz aus Altersgründen oder aus sonstigen Gründen aus der Armee entlassen wird, ist bis zum vollendeten 60. Lebensjahr zivilschutzpflichtig. Ab 1995 dauert die Zivilschutzpflicht vom 20. bis zum 51. Altersjahr. Der Zivilschutz ist auf Gemeinde- und Kantonsebene organisiert und gut ausgebaut.

Wehr- und Zivildienst in Spanien

Die spanische Sicherheits- und Verteidigungspolitik

Spanien ist seit 1982 NATO-Mitglied. Die militärische Integration wurde bisher z.T. vollzogen. Seit dem Zweiten Golfkrieg ist das Land an der Logistik und an den Rüstungsprogrammen der Verteidigungsgemeinschaft beteiligt. Die Streitkräfte werden modernisiert, um mitteleuropäischen Standard zu erreichen. Das Heer besteht aus Eingreifverbänden und territorialen Verteidigungskräften.

Nach Francos Tod 1975 (der General regierte seit 1938 diktatorisch) markierte die neue Verfassung von 1978 den friedlichen Übergang zur Demokratie. Gemäß Artikel 8 haben die Streitkräfte Spanien nach außen zu verteidigen und außerdem die nationale Einheit des Landes zu sichern.

Die einem ständigen Wechselbad ausgesetzte Wirtschaftslage Spaniens (es gab bis 1991 trotz befriedigender Konjunktur Inflation, steigende Arbeitslosigkeit und mancherorts Versorgungsengpässe; seit 1992 ist eine Verschlechterung der makroökonomischen Eckdaten zu konstatieren) läßt eine Modernisierung der Armee nur mit der gleichzeitigen Perspektive einer Reduzierung des Personalbestandes zu.

Spanien will sich später in das »Eurokorps« integrieren (vgl. SZ vom 18. 1. 93; Details zum »Eurokorps« siehe »Länderanalyse Frankreich«). Die spanische Fremdenlegion umfaßt 6000 Mann.

Struktur des Wehrdienstes

Die Wehrpflicht ist in Artikel 30 der 1992 novellierten Verfassung geregelt. Das Wehrpflichtgesetz von 1984 kodifiziert in den Artikeln 1 ff. die Einzelheiten. Gemäß Verfassung und Gesetz ist der Wehrdienst ein persönlicher Beitrag der Spanier zur nationalen Verteidigung.

1984 reduzierte die seit 1982 amtierende Regierung der Sozialistischen Arbeiterpartei unter Ministerpräsident Gonzales die Grundwehrdienstdauer von 18 auf zwölf Monate. Das Einberufungsalter wurde vom vollendeten 20. auf das vollendete 19. Lebensjahr gesenkt. Seit 1992 dauert der Grundwehrdienst neun Monate. Pro Jahr gibt es 250000 bis 280000 Wehrpflichtige. Die Wehrpflicht reicht bis zum vollendeten 35. Lebensjahr. Wehrdienstausnahmen sind in bestimmten Fällen möglich (z.B. Alleinerzieher). Zurückstellungen können für Studenten, Auszubildende und Auslandsspanier erfolgen.

Probleme des Wehrdienstes und Kontroversen

In Spanien bestimmen insbesondere folgende Probleme und Aspekte die Diskussionen über den Wehrdienst:
- Viele Truppenteile sind strukturell und materiell vernachlässigt (vgl. Buchbender u.a. 1987, S. 406).
- Leerläufe in der Ablauforganisation der Armee führen zu Langeweile der Soldaten (vgl. Mannheimer Morgen vom 21. 11. 1986).
- Manche Ausbilder (Unteroffiziere) sind aufgrund ihres geringen Verdienstes wenig motiviert.
- Der Geldmangel bewirkt, daß relativ wenig sinnvolle Waffenübungen stattfinden können (vgl. Mannheimer Morgen vom 21. 11. 1986).
- Die Ausbildungskonzepte sind zum Teil veraltet.
- Viele Kasernen befinden sich in einem schlechten Zustand.
- In der Vergangenheit kam es wiederholt vor, daß Rekruten für zweckfremde Tätigkeiten (z.B. Ausbesserungsarbeiten an Häusern der Offiziere, private Botengänge für Offiziere) eingesetzt wurden (vgl. Mannheimer Morgen vom 21. 11. 1986).
- Umstritten sind die seit 1986 verstärkt wirksam gewordenen Freilose. Wurde bis Anfang der 80er Jahre nahezu jeder junge Spanier eingezogen (1982 betrug die Zahl der Freilose nur 5500), so schrumpfte der Rekrutenbedarf Mitte der 80er Jahre mit dem Bevölkerungswachstum und der beginnenden Verringerung des Personalbestandes der Streitkräfte. 1986 erhielten von den rund 300000 Wehrtauglichen ca. 90000 ein Freilos. Sie mußten weder die Uniform anziehen noch einen Ersatzdienst leisten (vgl. Mannheimer Morgen vom 21. 11. 1986).
- Die Zentrumspartei CDS und die rechte »Volkspartei« treten für die Schaffung einer Berufsarmee ein. Dieser Vorschlag ist aufgrund der damit zu erwartenden Kostenintensität umstritten (vgl. Die Tageszeitung vom 14. 10. 1989).
- Zu den positiven Veränderungen in der spanischen Armee gehören die seit 1984 bestehenden »Reales Ordonanzas« (Dienstregeln), welche die Soldaten besser vor Übergriffen der Vorgesetzten schützen sollen. Allerdings bestimmen diese demokratischen Regeln und Grundsätze noch nicht durchgehend den Alltag in der Armee.

Akzeptanz, Funktion und Perspektiven des Wehrdienstes

Trotz gesetzlicher Neuerungen und einiger Modernisierungsansätze in der Ablauforganisation sind die spanischen Streitkräfte nach wie vor ein Element der Beharrung. Das Offizierskorps distanziert sich zu großen Teilen von Demokratisierungsversuchen (vgl. Munzinger-Archiv 39/1991, S. 9).

In der spanischen Öffentlichkeit hat die Armee kein gutes Image. Viele Spanier lehnen aufgrund der Vergangenheit unter Franco das Militär ab (vgl. Die Tageszeitung vom 16. 3. 1992, sowie Molina 1991, S. 14ff.).

Die Einstellung der spanischen Bevölkerung zum NATO-Beitritt blieb immer kritisch. Ein Referendum vom 12. 3. 1988 ergab nur eine knappe Mehrheit für die Mitgliedschaft in der Allianz (vgl. Rheinischer Merkur vom 22. 2. 1991).

Die Rekruten selbst empfinden mehrheitlich den Wehrdienst als Zeitverschwendung. In einer Repräsentativumfrage im Jahre 1986 waren 83% dieser Ansicht (vgl. Mannheimer Morgen vom 21. 11. 1986).

Gegenwärtig werden zwei verschiedene Leitbilder des Soldaten diskutiert:
– Das seitherige Leitbild vom Soldaten als dem Untergebenen entspricht den Vorstellungen des Offizierskorps.
– Das neue Leitbild vom »Bürger in Uniform« konnte sich in der Praxis noch nicht durchsetzen.

Für die Zukunft ist zu erwarten, daß sich im Zuge einer weiteren Demokratisierung des Staats und der Gesellschaft das moderne Leitbild »einer Armee in der Demokratie« durchsetzen wird. Die gesellschaftliche Akzeptanz der Armee könnte sich dann erhöhen.

Das Recht auf Kriegsdienstverweigerung

Bis Anfang der 70er Jahre wurden Verweigerer in Spanien verhaftet und ins Gefängnis gesteckt. 1972 kam es zu einer breiten nationalen und internationalen Solidaritätsbewegung und zur Gründung von mehreren Kriegsdienstverweigerer-Gruppen. Diese Entwicklungen führten 1976 zu einer Amnestie für verurteilte Verweigerer und zur Legalisierung der Verweigerung aus religiösen Gründen. Zwei Jahre später wurde in der neuen Verfassung das Recht auf Verweigerung verankert.

Bereits 1977 wurde die MOC gegründet (Movimento de Objecion de Conciencia). Diese »Bewegung für Gewissensverweigerung« versteht sich als Interessenvertretung mit dem Anspruch, die Anliegen der Verweigerer zu bündeln und einer breiten Öffentlichkeit zu vermitteln.

Nachdem 1984 das Kriegsdienstverweigerungsgesetz im Parlament verabschiedet worden war, reichte der »Defensor del Pueblo« (Ombudsmann) auf Druck von über 100 Bürgerrechtsorganisationen beim Verfassungsgericht eine Verfassungsklage ein. Der Ombudsmann begründete seine Klage insbesondere damit, daß Artikel 16 der Verfassung (»Freiheit des weltanschaulichen Bekenntnisses«) die im Gesetz vorgesehene Gewissensprüfung verbiete.

1987 erklärte das Verfassungsgericht (»Oberster Gerichtshof«) das Gesetz für verfassungskonform. Das Gericht stellte fest, daß die Verweigerung kein fundamentales Grundrecht sei, sondern ein Ausnahmeverhalten, das zur Befreiung vom Wehrdienst führen kann. Ende 1987 trat das Gesetz in Kraft, und 1988 verkündete die Regierung eine Zivildienstverordnung. Anfang 1989 wurden erste Zivildienstplätze eingerichtet. Die Einberufung der ersten Zivildienstleistenden erfolgte im April 1989.

Bis 1984 waren die Verweigererzahlen gering (ca. 1000 bis 2000 jährlich bei 250000 bis 300000 Wehrpflichtigen). 1985 bis 1987 stiegen die Zahlen an. In diesem Zeitraum verweigerten rund 27000. Da das Gesetz nicht in Kraft war, wurden fast alle Verweigerer anerkannt. Eine formlose Erklärung genügte. In Ermangelung einer Regelung über den Zivildienst wurden die anerkannten Verweigerer nicht herangezogen.

Nach dem seit Ende 1987 in Kraft getretenen Verweigerungsgesetz müssen die Verweigerer gegenüber dem neu eingerichteten CNOC (Consejo Nacional de Objecion de Conciencia) eingehend ihre Entscheidung begründen. Dieser dem Justizministerium zugeordnete »Nationalrat für Gewissensverweigerung« besteht aus fünf Mitgliedern. Den Vorsitz führt ein Richter. Neben dem Betroffenen können auch Zeugen angehört und schriftliche oder mündliche Auskünfte eingeholt werden. Der Verweigerer kann sich auf religiöse, ethische, moralische, humanitäre oder philosophische Gewissensgründe berufen.

Struktur des Zivildienstes

Der Zivildienst dauert 13 Monate. Der Einsatz erfolgt in der Zivilverteidigung (Zivilschutz), beim Roten Kreuz, in Jugendhäusern, bei Jugendverbänden, bei der Feuerwehr, im Gesundheitswesen, in der Schwerbehindertenbetreuung sowie im Umweltschutz. Der Dienst wird bei privaten und öffentlichen Einrichtungen abgeleistet. Das Amt für den Zivildienst der Verweigerer (OPSOC; Oficina para la prestacion social de los objetores) überwacht und koordiniert die Einsatzstellen.

Probleme des Zivildienstes und Kontroversen

Die in einer breiteren Öffentlichkeit wirksam gewordene Kritik an der Verweigerung und am Zivildienst bezieht sich im wesentlichen auf folgende Aspekte:
- Die Verweigerung ist zwar ein in der Verfassung anerkanntes Recht. Es handelt sich jedoch um kein eigenständiges Grundrecht; vielmehr wird die Verweigerung aus der Meinungsfreiheit abgeleitet.
- Politische Gründe werden bei der Verweigerung nicht anerkannt.
- Während des Grundwehrdienstes gibt es kein Recht auf Verweigerung.
- Die Zivildienstleistenden erhalten eine Grundausbildung in den Bereichen Zivilschutz und Zivilverteidigung.
- Es besteht die Gefahr, daß der Zivildienst Arbeitsplätze wegrationalisiert in einem Land mit hoher Arbeitslosigkeit.
- Es gibt zu wenig Zivildienstplätze. Rund zwei Jahre dauert es, bis ein Verweigerer seinen Dienst antreten kann (vgl. FR vom 30 .7. 1993).

Die MOC startete 1984 eine politische Kampagne gegen die Wehrpflicht und gegen jeden staatlich verordneten Dienst. Zwischen 1985 und 1987 verweigerten rund 10000 Wehrpflichtige den Wehrdienst in Form einer einheitlichen Ablehnung (Kollektivbekundung). Aufgrund der unklaren Rechtslage sah sich der CNOC veranlaßt, auch diese Verweigerer anzuerkennen. Als Ende 1987 das Gesetz in Kraft trat und 1988 die Ausführungsbestimmungen erlassen wurden, lehnte der CNOC die Kollektivanträge ab. Die Zahl der anerkannten Verweigerer ging nun erheblich zurück (1989 rund 1200). Die MOC stellte sich in Frontalopposition zum neuen Gesetz und rief zur Totalverweigerung auf.

Seit Ende der 80er Jahre gelang es der MOC, einen starken gesellschaftlichen Schneeballeffekt zu erzielen und eine breitere Öffentlichkeit für die mit der Verweigerung zusammenhängenden Probleme zu sensibilisieren. Dies ging so weit, daß sich verschiedene Einsatzstellen von sich aus weigerten, anerkannte Verweigerer einzustellen. Es kam zu verschiedenen größeren Demonstrationen, Totalverweigerer wurden von der MOC öffentlich präsentiert. Aufgrund des öffentlichen Aufsehens nahmen die Behörden nur wenige Verhaftungen vor.

1990 zog der Oberste Gerichtshof die Verordnung zur Durchführung des Zivildienstes zurück, nachdem die AOC (Assoziation der Kriegsdienstverweigerer), eine gemäßigte Abspaltung der MOC, moniert hatte, bei der Ausarbeitung der Verordnung nicht beteiligt worden zu sein. Der Urteilsspruch stellte eine neue Durchführungsverordnung »unter besseren Vorzeichen« in Aussicht. Die AOC (Asociacion de Objetores de Conciencia) setzt sich zum Ziel, die Verweigerung auf eine verbesserte Grundlage zu stellen.

Akzeptanz, Funktion und Perspektiven des Zivildienstes

Die Entwicklungen bis Anfang der 90er Jahre führten in Teilen der Öffentlichkeit zu einer Abwehrfront gegen Verweigerung und Zivildienst. 1990 und 1991 leisteten nur wenige den Zivildienst ab (etwa 1200). Bei den Verweigerern waren starke Zunahmen zu verzeichnen: 1988 rund 6000, 1993 rund 50000.

Angesichts der Meinungsdifferenzen in der Öffentlichkeit hinsichtlich Verweigerung und Zivildienst fällt eine Einschätzung der Zukunftsperspektiven schwer. Denkbar sind folgende (einander ausschließende) Möglichkeiten: Etablierung des Zivildienstes mit verbesserten Rahmenbedingungen; Einführung der freien Wahl zwischen Wehrpflicht und einer sozialen Dienstpflicht; Einführung einer Berufsarmee.

Die Verweigerungskampagne löste in der spanischen Gesellschaft eine intensive Debatte über die Rolle der Armee aus. Diese Debatte zielt zusehends mehr auf die Frage ab: Wehrpflichtarmee oder Berufsarmee?

Die Unterschiede in der Rechtsprechungspraxis sind ein Beleg für die gesellschaftlichen Meinungsdifferenzen. Einerseits gab es 1991 und 1992 zweijährige Gefängnisstrafen für einzelne Totalverweigerer und einjährige Gefängnisstrafen für Militärdienstverweigerer; andererseits wurden andere im selben Zeitraum erheblich milder bestraft. Im März 1992 wurde ein Totalverweigerer sogar freigesprochen, wobei der Staatsanwalt Berufung einlegte. In einer Umfrage sprach sich die Mehrheit der Richter gegen den Freispruch aus, erklärte aber, jeder Fall müsse einzeln untersucht werden (vgl. Die Tageszeitung vom 16. 3. 1992, sowie FR vom 13. 3. 1992).

4. Unterrichtspraktische Handreichungen

Einleitung

Relevanz des Themas für die politische Bildungsarbeit

In der Bundesrepublik Deutschland und in den meisten anderen europäischen Staaten werden Strukturen und Probleme des Wehrdienstes, der Kriegsdienstverweigerung und des Zivildienstes breit und kontrovers diskutiert. Aspekte, die bei diesen Diskussionen eine gewichtige Rolle spielen, sind beispielsweise: Wehrgerechtigkeit, Wehrdienst- und Zivildienstdauer, Anerkennungsverfahren für Kriegsdienstverweigerer, dienstliche Rahmenbedingungen des Wehr- und Zivildienstes, Probleme des Dienstalltags sowie gesellschaftliche Akzeptanz der Dienste.

Die Diskussionen sind vielschichtig und betreffen verschiedenste Personen und Institutionen. Nicht nur junge Männer sind davon tangiert, sondern auch ihr privates und berufliches Umfeld. Für die jungen Männer bedeutet die Heranziehung zum Wehr- oder Zivildienst einen tiefgreifenden Einschnitt in ihr bisheriges Leben. Es gibt Unterbrechungen im Berufsleben oder in der Ausbildung, im privaten Bereich kommt es oftmals zu Umorientierungen. Arbeitgeber sind ebenso betroffen wie Familie und Freunde.

Politiker sind in hohem Maße in ihrer Verantwortung gefordert, wenn es um die Inpflichtnahme junger Menschen und um die hieraus resultierenden Probleme geht: Wehrdienst und ziviler Ersatzdienst sind politisch-gesellschaftliche Gegebenheiten, deren Ausgestaltung ein wichtiger Gradmesser für eine gelebte Demokratie ist. Gerade weil es sich um staatlich normierte Dienstverpflichtungen handelt, denen sich der einzelne grundsätzlich nicht entziehen kann, sind Analysen darüber wichtig, ob der Staat in diesen Bereichen demokratische Grundsätze zur Geltung kommen läßt.

Die Kernfrage ist, welchen politischen Rahmen der Staat für den Wehr- und Zivildienst setzt. Dies bezieht sich sowohl auf die Legitimation als auch auf die Organisation der Dienste. »Legitimation« meint die staatlichen Begründungen für das Vorhandensein der Dienste (vgl. hierzu Reeb 1992, S. 21ff.).

Eine weitere Frage ist die gesellschaftliche Akzeptanz des Wehr- und Zivildienstes. Die öffentliche Meinung zu den Diensten basiert auf Erfahrungswerten, die unmittelbar Betroffene weitergeben.

Die große Aufgabe der nächsten Jahre, die Europäische Union zu vollenden, wird das Interesse daran verstärken, wie andere Staaten den Wehr- und Zivildienst ausgestalten, welche Probleme und Kontroversen es andernorts gibt.

Die vergleichende Länderanalyse ermöglicht die Herausarbeitung von Gemeinsamkeiten und Unterschieden. Diese sind deswegen von großer Bedeutung, weil sie die Basis bilden für die Herausforderungen, denen sich ein geeintes Europa in den Fragen des Wehr- und Zivildienstes stellen muß. Da das Ziel der europäischen Integration ein Europa mit gleichen Rechten und Pflichten der Bürger ist, besteht auch ein Harmonisierungsbedarf in Wehrdienst- und Zivildienstangelegenheiten. Die Überlegung drängt sich auf, daß im geeinten Europa Vereinheitlichungen der Grundlagen für den Wehr- und Zivildienst gelten sollten.

Begründung der Länderauswahl

Die unterrichtspraktischen Handreichungen beschränken sich auf neun europäische Länder. Leitgedanken der Auswahl sind: EG-Zugehörigkeit sowie Angrenzung an die Bundesrepublik Deutschland. Es geht darum, für Belgien, Deutschland, Frankreich, Griechenland, Italien, die Niederlande, Österreich, die Schweiz und Spanien Unterschiede und Gemeinsamkeiten festzustellen. Die Länder Griechenland, Italien und Spanien bieten in unserem Schulwesen auch die Möglichkeit eines interkulturellen Vergleichs.

Vergleichsfelder für den Wehrdienst sind:
– Legitimation der Wehrpflicht und Wehrstruktur;
– Wehrdienstdauer;
– dienstliche Rahmenbedingungen und Dienstalltag;
– gesellschaftliche Akzeptanz;
– Wehrgerechtigkeit.

Vergleichsfelder für die Kriegsdienstverweigerung und den Zivildienst sind:
– Legitimation der Verweigerung;
– Anerkennungsverfahren und Gewissensprüfung;
– Zivildienstdauer;
– dienstliche Rahmenbedingungen und Dienstalltag;
– gesellschaftliche Akzeptanz.

Adressaten

Adressaten der Unterrichtsbausteine sind in unterschiedlichen Arbeitsbereichen tätige Pädagogen: Lehrer an allgemeinbildenden Schulen und an Berufsschulen, Fachleiter an Seminaren für Lehrerausbildung, Jugendoffiziere und Ausbilder der Bundeswehr, Lehrer an Zivildienstschulen, freiberufliche Dozenten für die politische Bildung in der Bundeswehr und im Zivildienst, Mitarbeiter an Jugendbildungsstätten usw.

Das Thema im Fach Gemeinschaftskunde

Die Behandlung des Themas »Wehr- und Zivildienst in europäischen Ländern« ist in verschiedenen Schularten möglich. Beispielhaft sei auf das Land Baden-Württemberg verwiesen: Im Gymnasium ist die Themenbehandlung sowohl in Klasse 10 (LPE 5 »Die politische Ordnung in der Bundesrepublik Deutschland«) als auch im Grundkurs 13.2 (LPE 1 »Sicherheitspolitik«) sowie im Leistungskurs 13.2 (LPE 4 »Friedenssicherung und Konfliktregelung«) möglich. In der Realschule besteht die Möglichkeit in Klasse 10 (LPE 4 »Friedenssicherung und Bundeswehr«), in der Hauptschule in Klasse 9 (LPE 4 »Friedenssicherung und Bundeswehr«). Auch in den Berufsschulen ist es möglich, das Thema zu behandeln.

Die Unterrichtsbausteine nehmen keine schulartbezogene Differenzierung vor. Vielmehr bleibt es dem Pädagogen überlassen, eine Auswahl zu treffen und Akzente zu setzen. Möglich ist es auch, Bausteine im Rahmen der nicht vom Lehrplan vorgegebenen Stundenkapazitäten zu behandeln. Weiterhin kann die Thematik aufgrund ihrer Vielschichtigkeit als fächerübergreifendes Lernangebot oder als Projekt realisiert werden.

Das Thema in der Jugend- und Erwachsenenbildung

In der außerschulischen politischen Bildung ist die Behandlung des Themas in zweifacher Weise bedeutsam: Politische Bildner können sich Grundinformationen beschaffen; in Seminaren ist es möglich, die Thematik eingehend zu behandeln und die Lernangebote sämtlicher Bausteine zu nutzen.

Struktur der Unterrichtsbausteine

Bisher liegen keine Unterrichtsbausteine vor, die eine vergleichende Länderperspektive ermöglichen. Auch auf Deutschland bezogen wird das Thema wenig zusammenhängend behandelt. Die vorliegende Darstellung will diese Lücken schließen. Sie versteht sich als Angebot, Strukturen und Probleme des Wehrdienstes, der Kriegsdienstverweigerung und des Zivildienstes im deutschlandbezogenen und im internationalen Rahmen zusammenhängend zu behandeln.

Die Bausteine widmen sich folgenden thematischen Aspekten:

Baustein **A**:	Entwicklung des Wehrdienstes, Wehrstruktur, Wehrpflicht als staatliche Grundpflicht
Baustein **B**:	Legitimation der Kriegsdienstverweigerung und des zivilen Ersatzdienstes/Zivildienstes, Anerkennungsverfahren und Gewissensprüfung, Gewissensgründe
Baustein **C**:	Wehrdienst- und Zivildienstdauer
Baustein **D**:	Rechte und Pflichten der Dienstleistenden, Dienstalltag, dienstliche Rahmenbedingungen
Baustein **E**:	Gesellschaftliche Akzeptanz des Wehr- und Zivildienstes
Baustein **F**:	Wehrgerechtigkeit, Frauen in den Streitkräften, Diskussion um allgemeine Dienstpflicht

Die sechs Bausteine bestehen jeweils aus drei Teilen: Ländervergleich, unterrichtspraktische Hinweise und Unterrichtsmaterialien.
 Bei Baustein G (Ergebniszusammenfassung) entfällt der Ländervergleich.

Didaktische Leitlinien

Die Unterrichtsvorschläge fühlen sich dem Minimalkonsens der Politischen Bildung verpflichtet (Beutelsbacher Konsens, vgl. Wehling 1977, S. 179f., sowie Wehling 1987, S. 199f.).
– Indoktrinationsverbot: Der Lernende darf nicht im Sinne erwünschter Meinungen überrumpelt werden. Demzufolge wer-

den in den Bausteinen Wertungen vermieden. Unausweichliche Einschätzungen werden auf sachlich-informativer Grundlage vorgenommen.
- Kontroversität: Was in der Politik kontrovers ist, muß auch im Unterricht kontrovers erscheinen. Dementsprechend thematisiert die Analyse politische und gesellschaftliche Kontroversen. Es werden Aussagen getroffen über strittige Sachverhalte und Aspekte. Die Unterrichtsmaterialien sind so ausgewählt, daß unterschiedliche meinungsbildende Positionen Berücksichtigung finden.
- Interessenorientierung: Der Lernende soll in die Lage versetzt werden, seine Interessenlage zu analysieren und entsprechend auf die politische Situation Einfluß zu nehmen. Diesem Anspruch gemäß ermöglicht es das Baustein-Konzept, Interessen der Lernenden zu akzentuieren und Schwerpunktbildungen vorzunehmen.

Diesen Postulaten entsprechend haben die Bausteine drei formale Ziele: Vermittlung politischer und gesellschaftlicher Informationen; Entwicklung von Problembewußtsein (Orientierungshilfen für Gedankenaustausch und Diskurs); Förderung der Meinungs- und Urteilsfähigkeit.

Inhaltliche Ziele sind:
- Fähigkeit zur Analyse und Beurteilung aktueller Strukturen und Probleme der Themenkomplexe Wehrdienst, Kriegsdienstverweigerung und Zivildienst;
- Kenntnisse, die den Lernenden befähigen, sich ein Urteil über die politischen und gesellschaftlichen Sachzusammenhänge von Wehr- und Zivildienst zu bilden;
- Einsicht in die Notwendigkeit der Wehrpflicht;
- Einsicht in die Berechtigung der Kriegsdienstverweigerung und die Notwendigkeit des zivilen Ersatzdienstes;
- Erkennen unterschiedlicher Meinungen und Verstehen kontroverser Standpunkte zum Wehrdienst, zur Verweigerung und zum zivilen Ersatzdienst;
- Aufzeigen möglicher Entwicklungen und Handlungsmöglichkeiten.

Unterrichtspraktische Hinweise

Ein Teil der Materialien hat eher informativen Charakter. Andere Materialien hingegen tragen dazu bei, das aktuelle Meinungsspektrum aufzuzeigen. Sie zielen somit auf die Meinungsbildung der Lernenden ab. Bei vielen Materialien lassen sich beide Zielsetzungen miteinander verbinden. Die Materialien wurden nach dem Kriterium der Authentizität ausgewählt. Insofern kommt ihnen ein dokumentarischer Stellenwert zu. Die Vielfältigkeit (Karikaturen, Fotos, Diagramme, Grafiken, spielerische Elemente usw.) sorgt für Abwechslung, Auflockerung und Visualisierung.

Die meisten Materialien beziehen sich auf Deutschland. Diese Schwerpunktsetzung hat ihren Grund in der Quellenlage. Für Deutschland standen zahlreiche, für didaktische Zwecke geeignete Materialien zur Verfügung. Bei Frankreich, Österreich und der Schweiz war die Quellensituation so, daß brauchbare Materialien ausgewählt werden konnten. Da die drei Länder unmittelbare Nachbarstaaten sind, dürften sie auch von besonderem Interesse sein. Für die übrigen europäischen Länder lagen dem Verfasser keine unterrichtlich verwendbaren Quellen vor.

Die den Materialien vorangestellten methodischen Hinweise verstehen sich als Anregungen und Empfehlungen. Der Lehrende kann die Materialien seinen Verwendungsabsichten gemäß einsetzen und dementsprechende Modifikationen vornehmen.

Die sechs Bausteine werden jeweils in eine Einstiegs-, Erarbeitungs- und Schlußphase gegliedert. Baustein G schließt das in den Bausteinen vermittelte Wissens- und Meinungsspektrum ab.

Am Anfang eines Bausteins (Einstiegsphase) stehen Einstiegselemente (z. B. Karikatur, ABC-Spiel). In der Erarbeitungsphase folgen Gesetzestexte, Gerichtsurteile, zeitgeschichtliche Informationen oder aktuelle Übersichten. Diese Elemente sind ein Grundwissensgerüst. Die folgenden Stellungnahmen, kontroversen Standpunkte, Thesen und Meinungsumfragen gehören ebenfalls zur Erarbeitungsphase. Am Ende des jeweiligen Bausteins gibt es Zusammenfassungen (Schlußphase). In den Bausteinen E und F ist das Grundwissen integrierter Bestandteil der Stellungnahmen und Kontroversen.

Bei einem Großteil der Materialien werden Arbeitsanregungen angeschlossen. Der Lehrende braucht diese Vorschläge nicht zu übernehmen. Der empfehlende Charakter der methodischen Kommentierungen wird dadurch deutlich, daß an der einen oder anderen Stelle Hinweise auf alternative Arbeits- und Einsatzmöglichkeiten erfolgen.

| Baustein A | Entwicklung des Wehrdienstes
Wehrstruktur
Wehrpflicht |

Ländervergleich

Entwicklung des Wehrdienstes

Mit »Wehrpflicht« wird die Verpflichtung des wehrfähigen Staatsbürgers bezeichnet, im Frieden während eines begrenzten Zeitraums Wehrdienst mit der Waffe zu leisten. Im Kriegsfall besteht eine unbefristete Verpflichtung.

Eine Wehrpflicht gab es bereits im republikanischen Rom und bei den Germanen. Seit dem 14. Jahrhundert lösten Söldnerheere die Wehrpflichtarmeen ab (Ausnahme Schweiz). Der Wehrpflichtgedanke lebte erst wieder nach der Französischen Revolution auf. In Frankreich wurden die Revolutionsheere durch Männer aus dem ganzen Volk ergänzt (Wehrpflichtgesetz von 1793). In Preußen wurde 1814 die allgemeine Wehrpflicht eingeführt. Die anderen kontinentaleuropäischen Staaten folgten in den kommenden Jahren dem französischen Beispiel. 1871 übernahm das Deutsche Reich die Wehrpflicht. In Frankreich wurde die 1815 abgeschaffte Wehrpflicht 1872 wieder eingeführt. Ende des 19. Jahrhunderts gab es in fast allen kontinentaleuropäischen Staaten die Wehrpflicht, während Großbritannien bis zum Ersten Weltkrieg Freiwilligen-System und Berufsarmee beibehielt und erst 1916 die Wehrpflicht einführte. In Österreich-Ungarn (ab 1918/19 nur noch Österreich) war 1868 die Wehrpflicht eingeführt worden. 1919 wurde sie abgeschafft und 1936 als Allgemeine Bundesdienstpflicht wieder eingeführt. Nach der abermaligen Abschaffung 1945 wurde die Wehrpflicht in Österreich 1955 erneut eingeführt. In Deutschland gab es in den Jahren 1920 bis 1935 und 1945 bis 1955 keine Wehrpflicht. In Großbritannien wurde 1960 eine Berufsarmee eingeführt.

Wehrstruktur und Wehrpflicht als staatliche Grundpflicht

In den meisten europäischen Staaten gibt es derzeit ein Mischsystem von Berufsarmee (Berufssoldaten und Zeitsoldaten) und von Wehrpflichtarmee. Eine reine Berufsarmee auf freiwilliger Basis existiert in Großbritannien, Irland, Luxemburg und Malta.

In Belgien wird ab 1994 eine Berufsarmee eingeführt. Die Schweiz verfügt über ein Milizsystem auf Pflichtbasis: An eine kurze Ausbildungsphase schließen sich zahlreiche, über einen langen Zeitraum verteilte Übungen an. Österreich hat eine Wehrpflichtarmee (stehendes Heer) mit milizartigen Elementen: Nach einer kürzeren Ausbildungsdauer finden noch verhältnismäßig umfangreiche Übungen statt. Schweden hat keine stehenden Verbände, der Anteil von Berufs- und Zeitsoldaten beträgt nur etwa 24%. Im Krisenfall können bis zu 750000 Personen mobilisiert werden (vgl. Länderinformation).

In Belgien hat die Streitkräfterekrutierung sowohl in der alten Verfassung von 1831 als auch in der neuen von 1993 ihren festen Platz. In Deutschland ist die Wehrpflicht im Grundgesetz festgelegt. Die Ableistung des Wehrdienstes ist nach Art. 12a (1) eine grundsätzliche staatsbürgerliche Pflicht. Die Soldaten sind »Staatsbürger in Uniform« mit denselben staatsbürgerlichen Rechten wie andere Bürger (Einzelheiten vgl. Länderanalyse). Die Legitimation des Wehrdienstes gründet sich auf den Verteidigungsauftrag der Streitkräfte für das heimatliche Territorium und für das deutsche Volk.

In Frankreich wird der Wehrdienst seit 1798 als »service national« bezeichnet. Damals wurde festgelegt, daß jeder Franzose Soldat sei. Diese Festlegung gilt bis heute. Vom Anspruch her handelt es sich auch heute noch um eine national-historische Begründung des Wehrdienstes: Nur durch die Ableistung des Wehrdienstes kann der nationale Anspruch der Verteidigungsfähigkeit des Landes eingelöst werden. Die Wehrpflicht hat keinen Verfassungsrang (vgl. Länderanalyse).

In Griechenland legt die Verfassung von 1975 in Artikel 4 die Verpflichtung fest, zur Verteidigung des Vaterlandes beizutragen.

In Italien bezeichnet Artikel 52 der Verfassung von 1947 (Fassung von 1967) den Wehrdienst als »heilige Pflicht eines jeden Staatsbürgers«. Die derzeitige Wehrpflicht besteht seit 1936 (Militärgesetz).

In den Niederlanden gibt es ein Dienstpflichtgesetz von 1922; in der Verfassung von 1983 wird der Rahmen für die Wehrpflicht festgelegt (Artikel 97 und 98).

In Österreich regelt Artikel 9a der Bundesverfassung die Wehrpflicht. Seit 1990 ist die Wehrhoheit nicht mehr eingeschränkt. Das sicherheitspolitische Grundverständnis der »Umfassenden Landesverteidigung« liefert den Rahmen für den Wehrdienst.

In der Schweiz gibt es die Wehrpflicht in der derzeitigen Form seit 1848. Gemäß Artikel 18 der Bundesverfassung von 1874 ist jeder Schweizer wehrpflichtig. Das Militärorganisationsgesetz von 1907 regelt die Details.

In Spanien ist die Wehrpflicht in Artikel 30 der 1992 novellierten Verfassung von 1978 geregelt. Einzelheiten finden sich im Wehrpflichtgesetz von 1984. Der Wehrdienst gilt als persönlicher Beitrag der Spanier zur nationalen Verteidigung.

Hinweis: Details zur Wehrpflicht finden sich in den Länderanalysen (vgl. auch die Materialien A 3, A 15 und A 16).

Unterrichtspraktische Anregungen und Empfehlungen

Einstiegsphase

Das »Ampelspiel« A 1/1 eignet sich für einen ersten Zugang zum Gesamtthema. Bei den Aussagen handelt es sich um Thesen. Der Sinn des Spiels ist, daß die Lernenden ihre eigene Meinung zu den Aussagen abgeben (vgl. die unter dem Spiel stehende methodische Empfehlung). A 1/2 ist ein Initialelement zur Einführung in das Gesamtthema. Der Lehrer kann die Karikatur als Impuls einsetzen (Folie auf dem Tageslichtprojektor). Anschließend erfolgen Begriffsnennungen und Beschreibungsversuche durch die Lernenden. Aufgabe ist es, die Gesamtaussage der Karikatur herauszuarbeiten (*»Das Militär befindet sich heute aus mehreren Gründen in einer schwierigen Situation.« »Es gibt zahlreiche aktuelle Probleme, die mit den Streitkräften, mit Wehrdienst und Wehrpflicht zusammenhängen.«*).

Das »ABC-Spiel« (A 2) wird verwendet, damit jeder Schüler ihm bekannte Begriffe herausfindet. Intention dieses Elements könnte es sein, das Vorwissen der Lernenden zu ermitteln. Bei Bedarf sollten Begriffe erläutert werden.

Erarbeitungsphase

A 3 und A 4 dienen der Information. Die Grundgesetzartikel sind unverzichtbar, um sich Klarheit über die Bedeutung der Bundeswehr zu verschaffen. Bei A 4 ist die Unterscheidung zwischen Eid (»Ich schwöre«) und Gelöbnis (»Ich gelobe«) interessant. Die Bundeswehrwerbungen A 5 weisen Unterschiede für die 80er und 90er Jahre auf. Offensichtlich wirken sich hier die jeweiligen internationalen sicherheitspolitischen Entwicklungen aus. Hinsichtlich dieser Entwicklungen kann der Lehrer zusätzliche Informationen anbieten.

Die Parteiprogrammauszüge A 6 zeigen die Positionen zum Thema »Verteidigung/Wehrdienst« und »Verweigerung/Zivildienst« auf. Gemeinsamkeiten und Unterschiede sollen herausgearbeitet werden.

Die sechs Thesen A 7 können in vier Gruppen bearbeitet werden. Zwei Gruppen bearbeiten jeweils die Thesen eins bis drei, die zwei anderen Gruppen widmen sich jeweils den Thesen vier bis sechs. Diese Mischung von arbeitsgleicher und arbeitsdifferenzierender Gruppenarbeit bietet den Vorteil, daß die Thesen für die Gruppen überschaubar bleiben, aber zugleich Vergleichsmöglichkeiten mit einer anderen Gruppe vorliegen.

Mit Hilfe der Karikatur A 8/1 kann auf die Grundsatzfrage »Allgemeine Wehrpflicht oder Berufsarmee?« zugesteuert werden. Nach erfolgter Präsentation von A 8/1 empfiehlt es sich, die Lernenden eigenständig Argumente für eine Berufsarmee bzw. für die Wehrpflicht finden zu lassen.

Die Lerngruppe kann in zwei Gruppen aufgeteilt werden. Eine Gruppe sammelt Argumente für die Berufsarmee, die andere solche für die Wehrpflicht. Die Argumente werden anschließend im Plenum präsentiert und besprochen.

Der Argumentationskatalog A 8/2 wird hinterher ausgeteilt und besprochen. Interessant ist der Vergleich zwischen den Schülerbeiträgen und den im Katalog aufgelisteten Argumenten. Säulendiagramm A 9 wird im Anschluß an folgende Aufgabe präsentiert: »*Warum ist die Bundeswehr eine Mischform von Berufs- und Wehrpflichtigen?*«

A 10/1 bis A 10/6 bieten kontroverse Stellungnahmen zu den Bereichen Verteidigung, Berufsarmee und Rolle der Bundeswehr. A 10/1 und A 10/2 (pro und kontra Berufsarmee) können arbeitsteilig in Gruppen analysiert werden. A 10/3, A 10/4 und A 10/6 sind Thesen/Stellungnahmen, die im Plenum diskutiert werden können. A 10/5 eignet sich als Diskussionsgrundlage für ein Plenumsgespräch über die Rolle und den Auftrag der Bundeswehr.

Die Umfrage A 11 bietet ein Meinungsbild zu verschiedenen Wehrstrukturen. Es ist sinnvoll, der Lerngruppe zuerst nur die Antwortkategorien der Umfrage zur *eigenen* Stellungnahme vorzulegen. Erst danach erfolgt die Konfrontation mit dem Umfrageergebnis.

Die Übersicht A 12 vermittelt grundlegende Fakten. Es bietet sich an, die Übersicht auf die Bandbreite der Regelungen untersuchen zu lassen: Wo sind Extreme? Welche Angaben fallen aus dem Rahmen?

Interessante Aufschlüsse und ergänzende Hinweise bietet das Säulendiagramm A 13.

Karikatur A 14 illustriert die Schwierigkeiten, die Zahl der europäischen Staaten überblicken zu können. Die Frage des Lehrers könnte hier lauten: *»Welche Probleme ergeben sich bei der Beurteilung der Wehrdienst- und Zivildienststrukturen in verschiedenen Ländern?«* Problemhintergrund ist dabei, daß die Beurteilung zusehends erschwert wird.

A 15 dient dazu, unterschiedliche Begründungen für die Wehrpflicht in verschiedenen Staaten herauszuarbeiten. Es ist nicht leicht, die Verfassungsartikel für sich genommen zu bewerten, da sie jeweils im historischen, politischen und gesellschaftlichen Kontext des betreffenden Landes gesehen werden müssen. Dennoch ist die Gegenüberstellung aufschlußreich. Eventuell müssen im Rahmen dieser Unterrichtsphase flankierende Informationen bereitgestellt werden. A 16 bis A 19/2 geben Einblicke in die Situation der Schweiz. A 16 dient der allgemeinen Information. A 17 bis A 19/1 können arbeitsteilig analysiert werden (am besten in Partnerarbeit). A 19/2 hat eine informativ-zusammenfassende Funktion. Gleichzeitig ist es möglich, die angeführten Vor- und Nachteile kritisch zu würdigen. Einen Beitrag zur Lage in Österreich liefert A 20. Die Leitfrage für die Schüler könnte hier lauten: *»Welche Tendenzen sind erkennbar?«*

Anhand der Materialien A 21 bis A 23 werden wesentliche Grundlagen des Wehrdienstes in Frankreich erarbeitet.

Für die Materialien A 16 bis A 23 können drei Ländergruppen gebildet werden. Jede Gruppe erhält den Auftrag, die für ihr Land vorhandenen Materialien zu bearbeiten. Anschließend erfolgen Präsentation und Diskussion der Ergebnisse im Plenum.

Schlußphase

Die Aufgabe A 24 kann in Einzelarbeit bearbeitet werden. Bei der Ergebnispräsentation besteht die Möglichkeit, unklare Begriffe nochmals zu besprechen.

A 25 ist eine Wiederholungsübung. Das Lösungswort lautet »Wehrdienst«.

A 1/1 Ampelspiel

1. Die Wehrpflicht in Deutschland soll bleiben.
2. Jeder sollte zwischen Wehr- und Zivildienst wählen können.
3. Der Wehrdienst verlangt mehr als der Zivildienst.
4. Zivildienst ist ein Dienst für Drückeberger.
5. Die meisten Wehrdienstleistenden sehen die Notwendigkeit ihres Dienstes ein.
6. Zivildienstleistende sollten noch mehr im pflegerischen Bereich eingesetzt werden, um den Pflegenotstand zu beheben.
7. Der Zivildienst bietet mehr Vorteile als der Wehrdienst.
8. Die meisten Wehrdienstleistenden leisten den Dienst gerne ab.
9. Zivildienstleistende sind höher motiviert als Wehrdienstleistende.
10. Der Zivildienst wird von der Gesellschaft anerkannt.
11. Ein Pflichtjahr für alle sollte eingeführt werden.
12. Auch Frauen sollten zur Armee.

Methodische Empfehlung. Jeder Teilnehmer erhält je eine Karteikarte in den Farben Rot, Grün und Gelb. Der Lehrer liest die Fragen einzeln vor. Bei Zustimmung heben die Abstimmenden die grüne Karte hoch, bei Ablehnung die rote, bei Enthaltung die gelbe. Die Abstimmungsrunden sollten unkommentiert bleiben.

A 1/2 Auf der Couch

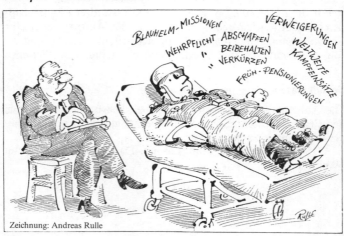

Zeichnung: Andreas Rulle

»Und wie lange hören Sie diese Stimmen nun schon?«

A 2 ABC-Spiel

Aufgabe: Finden Sie zu jedem Anfangsbuchstaben ein Wort, das zu Wehrdienst, Wehrpflicht, Militär usw. paßt.

A _____
B _____
C _____
D _____
E _____
F _____
G _____
H _____
I _____
J _____
K _____
L _____
M _____
N _____
O _____
P _____
R _____
S _____
T _____
U _____
V _____
W _____
Z _____

A 3 Grundgesetz und Streitkräfte

Schutz der Menschenwürde. Artikel 1 (1). Die Würde des Menschen ist unantastbar. Sie zu achten und zu schützen ist Verpflichtung aller staatlichen Gewalt.

Aufstellung von Streitkräften. Artikel 87a (1). Der Bund stellt Streitkräfte zur Verteidigung auf. Ihre zahlenmäßige Stärke und die Grundzüge ihrer Organisation müssen sich aus dem Haushaltsplan ergeben.

Wehrpflicht. Artikel 12a (1). Männer können vom vollendeten achtzehnten Lebensjahr an zum Dienst in den Streitkräften, im Bundesgrenzschutz oder in einem Zivilschutzverband verpflichtet werden.

Verbot eines Angriffskrieges. Artikel 26 (1). Handlungen, die geeignet sind und in der Absicht vorgenommen werden, das friedliche Zusammenleben der Völker zu stören, insbesondere die Führung eines An-

griffskrieges vorzubereiten, sind verfassungswidrig. Sie sind unter Strafe zu stellen.
Verteidigungsfall. Artikel 115a (1). Die Feststellung, daß das Bundesgebiet mit Waffengewalt angegriffen wird oder ein solcher Angriff unmittelbar droht (Verteidigungsfall), trifft der Bundestag mit Zustimmung des Bundesrates. Die Feststellung erfolgt auf Antrag der Bundesregierung und bedarf einer Mehrheit von zwei Dritteln der abgegebenen Stimmen, mindestens der Mehrheit der Mitglieder des Bundestages.

Quelle: Grundgesetz, Stand Dezember 1992

A 4 Eid und feierliches Gelöbnis des Soldaten der Bundeswehr

(1) Berufssoldaten und Soldaten auf Zeit haben folgenden Diensteid zu leisten:
»Ich schwöre, der Bundesrepublik Deutschland treu zu dienen und das Recht und die Freiheit des deutschen Volkes tapfer zu verteidigen, so wahr mir Gott helfe.«
Der Eid kann auch ohne die Worte »so wahr mir Gott helfe« geleistet werden. Gestattet ein Bundesgesetz den Mitgliedern einer Religionsgesellschaft, an Stelle der Worte »ich schwöre« andere Beteuerungsformeln zu gebrauchen, so kann das Mitglied einer solchen Religionsgesellschaft diese Beteuerungsformel sprechen.
(2) Soldaten, die aufgrund der Wehrpflicht Wehrdienst leisten, bekennen sich zu ihren Pflichten durch das folgende feierliche Gelöbnis:
»Ich gelobe, der Bundesrepublik Deutschland treu zu dienen und das Recht und die Freiheit des deutschen Volkes tapfer zu verteidigen.«

Quelle: Gesetz über die Rechtsstellung des Soldaten (Soldatengesetz) § 9, vom 19. 3. 1956, BGBl. I, S. 114

A 5 Bundeswehrwerbung – früher und heute

Anfang der 80er Jahre: **Anfang der 90er Jahre:**

Lieber Stacheln zeigen, als sein Fell riskieren!

Jedes Land hat eine Armee. Wenn es nicht die eigene ist, ist es eine fremde.

A 6 Parteiprogramme

Die Verteidigung unseres Landes ist Sache des ganzen Volkes. Sie erfordert die Bereitschaft aller Bürger, für die Sicherheit unseres freien Gemeinwesens einzutreten. Für diese demokratische Grundpflicht wollen wir bereits bei der jungen Generation Verständnis wecken. Wir halten an der allgemeinen Wehrpflicht nach dem Grundgesetz fest. Wir achten das Grundrecht auf Kriegsdienstverweigerung, wenn die Entscheidung auf echten Gewissensgründen beruht. Dieses Recht darf nicht zu Lasten der Gemeinschaft mißbraucht werden. Die Lasten der Verteidigung müssen getragen und gerecht verteilt werden...

Quelle: Grundsatzprogramm der CDU vom Oktober 1978, S. 55

Der Soldat bleibt auch in Uniform Staatsbürger. Wir bejahen die Bundeswehr und die Wehrpflicht. Wehrdienst für Frauen lehnen wir ab. Das Ziel von Friedenspolitik ist es, Streitkräfte überflüssig zu machen.

Wir achten das Engagement von Pazifisten, die für die Utopie einer gewaltfreien Völkergemeinschaft einstehen. Sie haben einen legitimen Platz in der SPD. Wir garantieren das Grundrecht auf Kriegsdienstverweigerung. Wir sind für die Abschaffung der Gewissensprüfung. Der Zivildienst darf nicht so gestaltet werden, daß er abschreckend wirkt oder für die Streitkräfte nutzbar gemacht werden kann.

Quelle: Grundsatzprogramm der SPD vom Dezember 1989, S. 13

Die Bundeswehr und die nach der Vereinigung der beiden deutschen Staaten entstehenden gesamtdeutschen Streitkräfte sind Ausdruck des Willens unserer Demokratie, Freiheit und äußeren Frieden zu bewahren. Der Auftrag der Streitkräfte bleibt, Kriege zu verhindern und Frieden zu bewahren...

Die FDP bekennt sich zur allgemeinen Wehrpflicht, zugleich aber auch zum Recht, den Wehrdienst zu verweigern und Zivildienst zu leisten. Es darf keine unterschiedliche moralische Wertung der von jedem einzelnen getroffenen Entscheidung geben...

Die Dauer des Zivildienstes soll die Dauer des Grundwehrdienstes einschließlich der entsprechenden Zeit von Wehrübungen nicht übersteigen.

Quelle: Programm der FDP zu den Bundestagswahlen am 2. Dezember 1990, S. 28

Als erste notwendige Schritte einer aktiven deutschen Friedenspolitik schlagen wir vor:
- Abbau der deutschen Rüstungsindustrie und deren Umstellung auf friedliche Produktion, z. B. auf neue Energiesysteme und Fertigungen für den Umweltschutz.
- Abbau der Bundeswehr und des staatlich verordneten Ersatzdienstes; Förderung freiwilliger sozialer Dienste.
- Langfristig wird eine Abschaffung des Militärdienstes erwartet.

Quelle: Die Grünen, Das Bundesprogramm vom März 1980, S. 19

Aufgaben: 1. Arbeiten Sie die Gemeinsamkeiten in den Aussagen heraus.
2. Arbeiten Sie die Unterschiede heraus.

A 7 Thesen

Aufgabe: Nehmen Sie zu den folgenden Thesen Stellung.
1. Zur Demokratie gehört die Wehrpflicht als wesentliche staatsbürgerliche Pflicht.
2. Nur eine Wehrpflichtarmee kann eine sinnvolle Verteidigung gewährleisten.
3. Eine Berufsarmee ist ein Söldnerheer, das nur für Geld kämpft.
4. Verzicht auf Wehrpflicht ist eine sinnvolle Möglichkeit, den Freiheitsanspruch der Demokratie zu verwirklichen.
5. Eine Berufsarmee leistet eine effektivere Verteidigung als eine Wehrpflichtarmee.
6. Eine Berufsarmee ist hoch motiviert und zeigt mehr Kampfeinsatz.

A 8/1 Allgemeine Wehrpflicht oder Berufsarmee?

Diesjähriges Sommertheater   Zeichnung: Klaus Pielert/Kölner Stadt-Anzeiger

A 8/2 Argumentationskatalog Berufsarmee oder Wehrpflicht

Argumente für eine Berufsarmee

- Es gibt keine Wehrgerechtigkeit mehr.
- Angesichts der Veränderungen in der Weltpolitik wird es schwieriger, für die Wehrpflicht eine allgemeine politische Begründung zu formulieren.
- Intensive Ausbildung ist gewährleistet.
- Waffen und Geräte werden besser gepflegt.
- Beherrschung komplizierter Waffensysteme ist gesichert.
- Berufssoldaten sind motivierter und flexibler einsetzbar; eine Wehrpflichtarmee ist in ihrer Wehrkraft zu wenig effizient.
- Berufsstreitkräfte können sich besser an neue Situationen anpassen, da sie über einen beachtlichen Grundstock an Wissen und Fähigkeiten verfügen.
- Da die Mobilisierung entfällt, ist eine rasche Umstellung vom Frieden zur Kriegsbereitschaft möglich.
- Eine Berufsarmee ist leichter zu führen; die Personalfluktuation ist nicht so hoch wie bei einem Wehrpflichtigenwechsel.
- Es entwickelt sich ein stärkeres Zusammengehörigkeitsgefühl (Korpsgeist).
- Die Belastung der Wirtschaft ist geringer, da die Arbeitskräftefluktuation entfällt.

Argumente für die Wehrpflicht

- Verteidigungslasten werden auf viele verteilt.
- Allen Schichten der Gesellschaft ist die Verteidigung der gemeinsamen Werte aufgebürdet.
- In einer Wehrpflichtarmee gibt es eine breite soziale Streuung (Berufe, Bildung, Interessen). Das geistige Niveau wird so eher gefördert.
- Die allgemeine Wehrpflicht verbindet Gesellschaft und Streitkräfte und verhindert die Entwicklung der Armee zum »Staat im Staate« (Gefahr eines Eigenlebens und Elitebewußtseins).
- Eine Wehrpflichtarmee ist resistent gegen militärische Staatsstreiche.
- Die Wehrpflicht ist Ausdruck der Teilhabe des Bürgers an der Verantwortlichkeit für Staat und Gesellschaft.
- Jeder mündige Staatsbürger hat die moralische Pflicht, zum Erhalt seines Staates beizutragen. Den Staat schützen heißt, uns zu schützen.
- Eine Wehrpflichtarmee gewährleistet, daß die Streitkräfte im öffentlichen Bewußtsein besser verankert sind.
- Wehrpflicht schafft Reservisten, die im Bedarfsfall mobilisiert werden können.
- Wehrpflicht erspart Personalkosten.
- Eine Armee gewinnt eine nicht unerhebliche Zahl ihrer längerdienenden Soldaten über die Wehrpflicht.
- Fehlbestände können eher ausgeglichen werden.

- Die Einberufung von Rekruten verhindert Monotonie und stellt hohe Anforderungen an die Ausbilder (Rotationsmodell).
- Wehrdienst kann für junge Männer zu einer persönlichen Bereicherung werden.
- Eine Überalterung der Armee ist ausgeschlossen.
- Die Einführung einer Berufsarmee würde den zum beruflichen Aussteiger stempeln, der sich für den auch nur zeitweise freiwilligen militärischen Dienst entscheidet.

Argumentationskatalog erstellt vom Verfasser in Anlehnung an:
Seidler, Franz W./Reindt, Helmut: Die Wehrpflicht, München 1971, S. 52

A 9 Die Personalstruktur der Bundeswehr

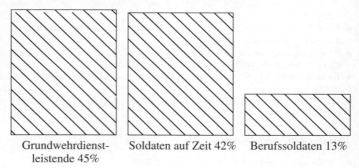

Grundwehrdienstleistende 45%   Soldaten auf Zeit 42%   Berufssoldaten 13%

A 10 Stellungnahmen und Kontroversen

Aufgaben:
1. Arbeiten Sie bei jedem Text die Kernaussagen heraus.
2. Stellen Sie die Kernaussagen gegenüber und diskutieren Sie ihren Stellenwert.

Pro und contra Berufsarmee

A 10/1 *Pro: Jürgen Koppelin*

Effizienz

Wenn in letzter Zeit die Wehrpflicht wieder verstärkt in der Öffentlichkeit diskutiert wird, so ist das nicht nur Ergebnis des Sommerlochs. Eine Hinterfragung der allgemeinen Wehrpflicht ist im Gegenteil nur allzu verständlich angesichts der dramatischen Veränderungen in Ost- und

Mitteleuropa. Die unmittelbare Bedrohung unseres Landes ist beseitigt. Damit entfällt auch die Notwendigkeit kurzer Mobilmachungszeiten, was das typische Merkmal einer Wehrpflichtarmee ist.

Überhang an wehrfähigen Männern
Der weltweite Abrüstungsprozeß wird mittelfristig auch zu einer weiteren personellen Reduzierung der Bundeswehr auf unter 370000 Mann führen. Dies wird unweigerlich zu einer Verschärfung der Wehr- und Dienstungerechtigkeit führen. Schon jetzt existiert ein großer Überhang an wehrfähigen jungen Männern, der aufgrund von administrativen Einberufungshindernissen, wie zum Beispiel der faktischen Begrenzung des Einziehungsalters auf das vollendete 25. Lebensjahr, nicht berücksichtigt werden kann. Weiter ist davon auszugehen, daß in den nächsten Jahren durchschnittlich 300000 wehrfähige junge Männer zur Verfügung stehen werden. Demgegenüber besteht ein Bedarf der Streitkräfte bei Zugrundelegung einer Gesamtstärke von 370000 Mann und einer nicht mehr weiter einschränkbaren zwölfmonatigen Wehrdienstzeit in Höhe von jährlich etwa 200000 Mann. Diese Wehr- bzw. Dienstungerechtigkeit würde auch die Akzeptanz der Streitkräfte in der Öffensichtlich weiter verringern. Des weiteren hätte dies auch nachteilige Auswirkungen auf die Motivationslage der dienenden Wehrpflichtigen.

Freiwillige sind motivierter
Viele meinen, einen Lösungsweg in der Weiterentwicklung der bisherigen Wehrpflicht zu einer allgemeinen Dienstpflicht gefunden zu haben. Sie verkennen jedoch, daß schon die Wehrpflicht eine starke Beeinträchtigung der individuellen Grundrechte der Betroffenen darstellt, die nur im Rahmen der Ost-West-Bedrohungslage und bei Sicherstellung von Dienstgerechtigkeit legitimiert war. Hier würde eine Dienstpflicht im Gegensatz zu einer Freiwilligenarmee keine Verbesserung bringen.

Auch ist eine Freiwilligenarmee militärisch besser und effizienter, weil ihre Angehörigen mehr Zeit und Motivation für Ausbildung und Übung haben. Gerade die zunehmend hohe Technisierung des Geräts der Bundeswehr verlangt intensiv geschultes Personal und eingespielte Teams. Durch die starke Fluktuation innerhalb einer Wehrpflichtarmee kann dieses Ziel nicht erreicht werden. Weiter kann sich Deutschland auf längere Sicht internationalen Einsätzen nicht widersetzen. Wehrpflichtigen sollte dies ohne ihre Zustimmung nicht zugemutet werden. Die Gefahr, daß eine Freiwilligenarmee dabei eher den Gefahren internationaler Einsätze ausgesetzt werden könnte, sehe ich indessen nicht, da solch ein Auftrag der Bundeswehr auf jeden Fall dem Votum des Parlaments unterliegt.

Kein »Staat im Staate«
Auch die Gefahr, daß eine Freiwilligenarmee zu einem »Staat im Staate« nach dem Vorbild der Weimarer Reichswehr wird, besteht heutzutage nicht mehr, da alle Freiwilligen bewußt in unserer Demokratie aufgewachsen sind und sich mit ihr identifizieren. Der durch eine Wehrpflichtarmee geförderte geistige Austausch mit der Gesellschaft kann auch

durch eine Freiwilligenarmee übernommen werden, sofern kurze Verpflichtungszeiten nicht zur Ausnahme gemacht werden. Auch müßten den Soldaten mehr Mitbestimmungsrechte eingeräumt und Aufstiegs- und Berufsförderungsmöglichkeiten für Berufs- bzw. Zeitsoldaten verbessert werden. Damit die Bundeswehr kein Sammelbecken derjenigen wird, die in anderen Berufen keine Chance bekommen, müßten den Soldaten attraktive Angebote auf dem Nivau des öffentlichen Dienstes gemacht werden.
Jürgen Koppelin (FDP) ist Mitglied des Verteidigungsausschusses des Bundestags.

Quelle: Stuttgarter Nachrichten vom 22. 8. 1992

A 10/2 *Contra: Peter Kurt Würzbach*

Verantwortung

Territoriale Integrität, Souveränität und Freiheit des Handelns nach unseren Gesetzen in unserem Land sind Werte, für deren Sicherung legitimerweise die Gesellschaft jeden in die Pflicht nimmt. Schlimme Bilder aus vielen Teilen dieser Welt zeigen uns, wie dringend diese Werte des Schutzes bedürfen. Dem kommt der Bürger nach durch die Ableistung der allgemeinen Wehrpflicht, auch wenn man ihr aus historischen Gründen Frauen nicht unterworfen hat. Dies hat sich unter der neuen Sicherheitslage, nach Abbau der Spannung zwischen Ost und West, nicht verändert. Deshalb bin ich prinzipiell für die Wehrpflichtarmee; wohl wissend, daß es für jeden Wehrpflichtigen ein hohes Opfer bedeutet, mehrere Monate seines Lebens dem Staat und damit den Mitbürgern zu dienen und nicht für sich selbst während dieser Zeit hoch zu verdienen. Mit Recht allerdings verlangen die Wehrpflichtigen hier von der Bundesregierung mehr Gerechtigkeit, mehr Wehrgerechtigkeit.

Streitkräfte brauchen Reservisten
Abgesehen davon, daß sich nicht vermeidbare Reibungsverluste bei der jetzt möglichen Reduzierung der Bundeswehr mit denen einer neuen Wehrstruktur potenzieren würden, wäre der Wegfall der Wehrpflicht gerade jetzt auch ein falsches politisches Signal. Freiwilligenstreitkräfte weisen den Vorteil hoher Präsenz und Professionalität auf. Andererseits produzieren sie, das liegt in der Natur der Sache, nicht in dem Ausmaß Reservisten wie eine Wehrpflichtarmee. Es fehlt daher an Regenerations- und Durchhaltevermögen. Dessen bedürfen aber auch die jetzt aufzustellenden Krisen-Reaktionskräfte, die im Rahmen des Bündnisses einsetzbar sein sollen. Der Einsatz von Zeit- und Berufssoldaten neben »freiwilligen« Wehrpflichtigen und Reservisten ist hier das richtige Instrument.

»Gammeln« gibt es kaum mehr
Selbst durch die Verlängerung unserer Warnzeiten wird eine Aussetzung der Wehrpflicht nicht sinnvoll. Nur sie stellt sicher, daß eine für unsere Landesverteidigung ausreichende Zahl an Reservisten herangebildet wer-

den kann. Im Konzept des Heeres für die Hauptverteidigungskräfte, also die Kräfte mit nationalem Aufgabenspektrum, sind sie unerläßlich. Das Beispiel USA zeigt, mit welchen enormen Kosten es verbunden ist, eine Milizkomponente aus freiwilligen Reservisten aufzubauen. Mit ihrem materiellen wie ideellen Opfer für den Dienst an der Gemeinschaft zwingen die Wehrpflichtigen den militärischen Führer zur besonderen Verantwortung in Ausbildung, Erziehung und Führung. Prinzipien der inneren Führung, des Demokraten in Uniform, sind beispielhaft für die Armeen in der Welt verwirklicht. Die Beseitigung des »Gammeldienstes« – also ein sorgsamer Umgang mit der zur Verfügung gestellten Zeit – ist weitestgehend erreicht. Wehrpflichtige sind für die Armee ein nie versiegendes, tägliches Korrektiv. Wehrpflichtige und Reservisten bringen die vielfältigen zivilen Ressourcen in die Streitkräfte. Unsere Streitkräfte heute sind ein Spiegel der Gesellschaft, vom Know-how im Praktischen bis hin zum intellektuellen und gesellschaftlichen Bewußtsein. Freiwilligenarmeen, die sich als Eliten verstehen, tragen den Keim der gesellschaftlichen Isolation, entpflichten den Bürger und unterstützen die Abkoppelung der Gesellschaft von einer Gemeinschaftsaufgabe.

Andere Tradition in Deutschland
Eine Berufsarmee in Deutschland birgt die Gefahr in sich, zu einer hochtechnisierten, modernen militärischen Söldnertruppe zu werden, die schnell zum Spielball der Parteien oder der Politik insgesamt werden kann. Je nach Konstellation könnte sie »verwöhnt« oder »in die Ecke gestellt« werden. Vergleiche mit anderen Staaten treffen nicht zu. Wir sind, als noch ganz junge Demokratie, in einer anderen Tradition gegenüber unseren Streitkräften.
Peter Kurt Würzbach ist abrüstungspolitischer Sprecher der CDU/CSU-Bundestagsfraktion.
Quelle: Stuttgarter Nachrichten vom 22. 8. 1992

A 10/3

»Wenn wir der Staat sind, dann sind wir auch Verteidiger des Staates. Denn ein wirklich demokratisches Bürgerbewußtsein schließt notwendigerweise die Verteidigungsbereitschaft ein.«
Quelle: Bundespräsident Heuss

A 10/4

»Wer sich nicht mehr verteidigen kann, ist nicht mehr politikfähig, sondern im besten Falle ein einflußloses Leichtgewicht, wahrscheinlich aber über kurz oder lang ein Objekt für politischen Druck.«
Quelle: Bundespräsident Richard von Weizsäcker auf der 29. Kommandeurstagung der Bundeswehr am 3. 6. 1987

A 10/5 Erweiterter Auftrag der Bundeswehr

»Die Bundeswehr
- schützt Deutschland und seine Staatsbürger gegen politische Erpressung und äußere Gefahr
- fördert die militärische Stabilität und die Integrität Europas
- verteidigt Deutschland und seine Verbündeten
- dient dem Weltfrieden und der internationalen Sicherheit im Einklang mit der Charta der Vereinten Nationen und
- hilft bei Katastrophen, rettet aus Notlagen und unterstützt humanitäre Aktionen.«

Quelle: Bundesminister der Verteidigung, Verteidigungspolitische Richtlinien vom 26. 11. 1992

A 10/6

»Dabei ist es doch Ihr Staat, unser Staat. Er kann nicht besser sein als unsere Gesinnung über ihn und unsere Bereitschaft, uns für ihn, also nicht für etwas Fremdes, sondern für die Gemeinschaft von uns Bürgern einzusetzen. Dazu gehört auch die Landesverteidigung. Sie ist im Grundgesetz verankert. Unsere Wehrverfassung ist demokratisch legitimiert. Sie erfordert persönliche Bereitschaft zum Dienst. Wer ihn leistet, muß sich von der allgemeinen Überzeugung getragen fühlen, daß es um unserer Freiheit willen notwendig ist, Lasten nicht nur in Form des Steuerzahlens, sondern auch des persönlichen Dienstes für das Gemeinwesen auf sich zu nehmen.«

Quelle: Bundespräsident Richard von Weizsäcker 1985 vor Grundwehrdienstleistenden

A 11 Welche Wehrstruktur? Ein Meinungsbild

November 1985	Total	Geschlecht M	F
Das Vorbild der Schweizer Miliz mit kurzer Grundausbildung und mehreren Wochen Wehrübung pro Jahr	6	3	9
Eine Berufsarmee, die nur aus Freiwilligen besteht, aber mehr Steuergelder kostet	26	32	20
oder die Organisationsform der gegenwärtigen Bundeswehr, die in der Hauptsache aus Wehrpflichtigen besteht, die z.Z. 15 und künftig eventuell 18 Monate zu dienen haben	47	49	44
Kann ich nicht beurteilen	18	12	24
Keine Angabe	3	4	2
Summe	100	100	100

Angaben in Prozent   Quelle: NDR-Fernsehen/EMNID

A 12 — Ein Blick über die Grenzen

Staat	Dauer des Grundwehrdienstes	Recht zur Kriegsdienstverweigerung	Möglichkeit zum Zivildienst und Zivildienstdauer
Albanien	15 Monate	nein	nein
Belgien	Berufsarmee	ja	entfällt
Bosnien und Herzegowina	keine Angaben	nein	nein
Bulgarien	12 Monate	nein	nein
Dänemark	9 Monate	ja	ja; 11 Monate
Deutschland	12 Monate	ja	ja; 15 Monate
Estland	12 Monate	ja	ja; bis 24 Monate
Finnland	8 Monate	ja	ja; 13 Monate
Frankreich	10 Monate	ja	ja; 20 Monate
Griechenland	15–19 Monate (Heer)	nein	nein
Großbritannien	Berufsarmee	ja	entfällt
Irland	Berufsarmee	ja	entfällt
Island	keine Armee	entfällt	entfällt
Italien	12 Monate	ja	ja; 12 Monate
Jugoslawien (Serbien und Montenegro)	7–8 Monate	nein	ja; 24 Monate
Kroatien	10 Monate	ja	ja; 15 Monate
Lettland	18 Monate	ja	ja; 24 Monate
Litauen	12 Monate	ja	ja; 24 Monate
Luxemburg	Berufsarmee	ja	entfällt

Staat	Dauer des Grundwehrdienstes	Recht zur Kriegsdienstverweigerung	Möglichkeit zum Zivildienst und Zivildienstdauer
Malta	Berufsarmee	ja	entfällt
Makedonien	keine Angaben	nein	nein
Moldawien	12 Monate	ja	ja; 24 Monate
Niederlande	9 Monate	ja	ja; 12 Monate
Norwegen	12 Monate (Heer)	ja	ja; 16 Monate
Österreich	8 Monate	ja	ja; 10 Monate
Polen	12 Monate (Heer)	ja	ja; 18 Monate
Portugal	7 Monate	ja	ja; 10 Monate
Rumänien	12 Monate	nein	nein
Rußland	18 Monate	ja	ja; keine Angaben
Schweden	7 ½–15 Monate (Heer)	ja	ja; 14 Monate
Schweiz	11 Monate	ja	ja; 15 Monate
Slowakei	12 Monate	ja	ja; 24 Monate
Slowenien	7 Monate	ja	ja; 7 Monate
Spanien	9 Monate	ja	ja; 13 Monate
Tschechien	12 Monate	ja	ja; 24 Monate
Türkei	15 Monate	nein	nein
Ukraine	12 Monate	ja	ja; 36 Monate
Ungarn	12 Monate	ja	ja; 22 Monate
Weißrußland	12 Monate	nein	nein; geplant
Zypern	26 Monate	ja	ja; 42 Monate

Stand 1994: eigene Recherchen

A 13

Armeebestand im Vergleich zur Bevölkerung

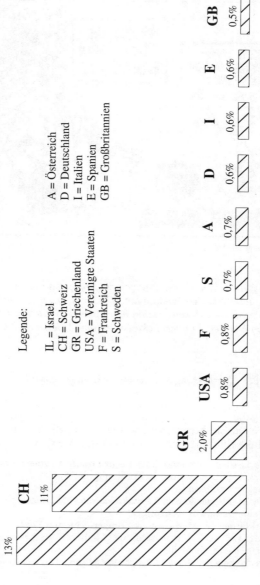

Legende:

IL = Israel
CH = Schweiz
GR = Griechenland
USA = Vereinigte Staaten
F = Frankreich
S = Schweden
A = Österreich
D = Deutschland
I = Italien
E = Spanien
GB = Großbritannien

Warum haben Länder mit kleiner Bevölkerungszahl einen hohen Armeebestand?

A 14 Keiner blickt durch...

Erdkunde '91 Zeichnung: Horst Haitzinger

Die politischen Veränderungen in Europa hatten u.a. zur Folge, daß neue Staaten entstanden. Dieser Prozeß scheint noch nicht abgeschlossen zu sein. Während es früher einfach war, die europäischen Staaten zu überblicken, wird dies zusehends schwieriger.

A 15 Verfassungsartikel europäischer Staaten

Aufgabe:
Arbeiten Sie heraus, welche Begründungen für die Wehrpflicht und die Existenz einer Armee geliefert werden.

- **Verfassung des Königreiches Belgien von 1831, zuletzt geändert 1988**
  Art. 118. Die Art der Rekrutierung der Streitkräfte wird durch das Gesetz bestimmt...
- **Verfassung der Republik Frankreich von 1958, zuletzt geändert 1976**
  Kein Artikel zur Wehrpflicht
  Erklärung der Menschen- und Bürgerrechte von 1789
  Art. 12. Die Gewährleistung der Menschen- und Bürgerrechte erfordert eine Streitmacht.
- **Verfassung der Republik Griechenland von 1975, zuletzt geändert 1986**

Art. 4 (6) Jeder wehrfähige Grieche ist verpflichtet, nach Maßgabe der Gesetze zur Verteidigung des Vaterlandes beizutragen.
- **Verfassung der Republik Italien von 1947, zuletzt geändert 1967**
  Art. 52. Die Verteidigung des Vaterlandes ist heilige Pflicht des Bürgers. Der Militärdienst ist Pflicht in den vom Gesetz festgelegten Grenzen und Formen.
- **Verfassung des Königreiches der Niederlande von 1983**
  Art. 97 (1) Alle Niederländer, die dazu in der Lage sind, sind verpflichtet, an der Wahrung der Unabhängigkeit des Reiches und an der Verteidigung seines Hoheitsgebiets mitzuwirken.
  Art. 98 (1) Zum Schutz der Interessen des Staates gibt es Streitkräfte, die sich aus Freiwilligen und Wehrpflichtigen zusammensetzen.
  Art. 98 (3) Die Wehrpflicht ist durch Gesetz geregelt.
- **Bundesverfassungsgesetz der Republik Österreich von 1920, Fassung von 1973**
  Art. 79 (1) Dem Bundesheer liegt der Schutz der Grenzen der Republik ob.
- **Verfassung des Königreiches Spanien von 1978**
  Art. 30. (1) Die Spanier haben das Recht und die Pflicht, Spanien zu verteidigen.
  Art. 30. (2) Das Gesetz legt die militärischen Pflichten der Spanier fest...

Ein Blick ins Nachbarland Schweiz

A 16   Verfassung

Bundesverfassung der Schweizerischen Eidgenossenschaft von 1874, Fassung von 1971

Art. 18 (1) Jeder Schweizer ist wehrpflichtig.
Art. 18 (3) ... Die Waffe bleibt ... in den Händen des Wehrmannes.

A 17   Uniform und Waffen zu Hause!

Nach Artikel 18, Absatz 3 der Bundesverfassung bewahrt der Wehrmann Uniform, Ausrüstung, Waffen und Munition zu Hause auf. Dies ist eine Vertrauensvorgabe, die es in Europa in keinem anderen Land gibt.

Aufgabe:
Arbeiten Sie heraus, wie diese Bestimmung von den Schweizern wohl empfunden wird.

A 18 Militärpflichtersatz

Schweizer Bürger, die ihre Wehrpflicht nicht erfüllen, haben einen Ersatz in Geld zu leisten, den Militärpflichtersatz. Dieser ist keine Steuer, sondern die Ersatzleistung, die der Bürger schuldet. Rechtsgrundlage des Militärpflichtersatzes ist Artikel 18 (4) der Bundesverfassung.

In Anlehnung an: Marti, Peter: Schweizer Armee, Frauenfeld 1989, S. 230

Aufgabe:
Ist Militärpflichtersatz eine sinnvolle Maßnahme?

A 19/1 Was ist eine Milizarmee?

Das entscheidende Strukturmerkmal des Milizsystems ist nicht die Ableistung des Wehrdienstes in einem Stück, sondern in periodischen Abschnitten von etwa gleicher Dauer. Auf die Rekrutenschule (Ausbildungszeit) folgen Wiederholungs- und Ergänzungskurse, deren Häufigkeit sich nach Dienstgrad und Alter des Wehrmannes richtet.

Aufgabe:
Welche Vor- und Nachteile hat ein solches Milizsystem?

A 19/2 Milizsystem

Vorteile
Wehrgerechtigkeit, weil jedermann wehrpflichtig
Förderung des Zusammenlebens und Zusammenwirkens
Kostengünstige Armee
Großer Mannschaftsbestand
Rasche Mobilmachung
Ausnutzung ziviler Berufskenntnis der Wehrmänner
Gewähr für defensives Verhalten der Staatsführung

Nachteile
Kurze Ausbildungszeiten
Kriegsmaterial nicht auf dem neuesten Stand der Technik
Mangel an Schieß- und Übungsplätzen
Disziplinprobleme
Dienstverweigererproblem

Quelle: Kägi, Erich A., Probleme der Milizarmee, in: Beurer, Paul/Gasser, Peter/Wetter, Ernst (Hrsg.), Sicherheitspolitik und Armee, Frauenfeld 1976, S. 137; 149

A 20   Österreichs Armee im Spiegel der Presse

Die Diskussionen um den Stellenwert und die Zukunftsperspektiven der Armee werden auch in Österreich kontrovers geführt. Die folgenden Presseausschnitte zeigen diese Kontroversität und belegen, wie entscheidend aktuelle politische Entwicklungen (Bürgerkrieg in Jugoslawien) sind.

Bundeskanzler Franz Vranitzky sprach sich am Freitag gegen ein Berufsheer und gegen eine generelle Abschaffung des Wehrdienstes aus.

Quelle: Der Standard vom 15. 7. 1990

Die alte Auseinandersetzung um Sinn und Aufgabe des österreichischen Bundesheeres ist neu aufgeflammt und sieht die Gegner einer umfassenden Landesverteidigung derzeit kläglich, aber keineswegs resigniert in der Defensive. Der günstige Zeitpunkt wird genutzt, um Geld lockerzumachen und die Armee besser auszustatten.

Quelle: Frankfurter Rundschau vom 10. 7. 1991

Österreichs Bereitschaftsheer wird angesichts der sich verändernden Bedrohungen in Europa drastisch verkleinert. Die Mobilmachungsstärke der Armee sinkt von 200000 auf 120000 Mann.

Quelle: Südwest Presse vom 25. 11. 1991

Die Situation in Frankreich

A 21   Die Struktur der Streitkräfte

Der Anteil der Wehrpflichtigen an der Verteidigungsorganisation Frankreichs stellt sich wie folgt dar:
- Etwa 50 Prozent der im Verteidigungshaushalt für die Streitkräfte genehmigten Stellen werden von Wehrpflichtigen besetzt.
- Wehrpflichtige stellen etwa ein Drittel der bei den Strategischen Nuklearstreitkräften eingesetzten Soldaten.
- Mehr als zwei Drittel des bei den Taktischen Nuklearstreitkräften verwendeten Personals sind Wehrpflichtige.
- Das aktive Feldheer besteht zu mehr als zwei Dritteln aus Wehrpflichtigen. Der Wehrpflichtige spielt also im System der französischen Verteidigung im Frieden, aber auch in Krisenzeiten eine ganz entscheidende Rolle.

Quelle: Zwingelstein, Hervé: Armee und Nation, in: Dokumente, Zeitschrift für den deutschfranzösischen Dialog, August 1988, Heft 4, 44. Jg., S. 279f.

Aufgabe:
Beschreiben Sie den Unterschied zwischen Deutschland und Frankreich hinsichtlich des Anteils der Wehrpflichtigen. Was bedeutet es für eine Armee, einen hohen Anteil Wehrpflichtiger zu haben?

A 22 Die verschiedenen Wehrdienstformen in Frankreich

Aufgabe:
Das Kreisdiagramm zeigt auf, auf welche Formen des Wehrdienstes sich die 1989 Einberufenen verteilten. Bis heute hat sich an den Zahlen nur Unwesentliches geändert. Welche grundlegenden Unterschiede gibt es zu Deutschland?

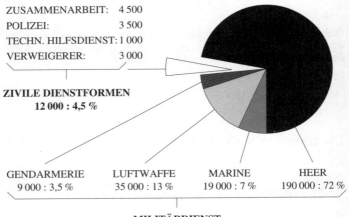

ZUSAMMENARBEIT:	4 500
POLIZEI:	3 500
TECHN. HILFSDIENST:	1 000
VERWEIGERER:	3 000

ZIVILE DIENSTFORMEN
12 000 : 4,5 %

GENDARMERIE	LUFTWAFFE	MARINE	HEER
9 000 : 3,5 %	35 000 : 13 %	19 000 : 7 %	190 000 : 72 %

MILITÄRDIENST
253 000 : 95,5 %

Quelle: Le Service National et Vous, Dossier d'Information, Paris, Januar 1991, S. 17

A 23 Die Debatte über die Professionalisierung der Streitkräfte

In Frankreich ist nach Beendigung des Golfkrieges eine heftige Debatte über die Einführung einer Berufsarmee ausgebrochen. »Die erste Lehre, die aus dem Golfkrieg zu ziehen ist«, sei die Aufstellung einer Berufsarmee, so die Forderung vor allem aus dem oppositionellen Lager. Der Ruf nach einer »Professionalisierung« der Streitkräfte wird vor allem damit begründet, daß Frankreich nur mit Mühe ein 12000 Mann starkes Kontingent aus Berufssoldaten an den Golf entsenden konnte, obwohl fast die Hälfte der französischen Streitkräfte aus Berufssoldaten besteht. Deshalb müsse die Stellung des Berufssoldaten gestärkt werden, so eine der Forderungen. Wehrpflichtige seien bei nur 12monatigem Grundwehrdienst nicht in der Lage, mit der modernen Waffentechnik umzugehen, so weiter die Befürworter der »Professionalisierung«. Andere Stimmen sind für eine »Neuaufteilung« der Aufgaben zwischen Berufssoldaten und Wehrpflichtigen, wollen aber, daß die Landesverteidigung »von allen Franzosen« getragen wird.

Quelle: Soldat und Technik 5/1991

Aufgabe:
Welche Gründe werden in Frankreich für die Aufstellung einer Berufsarmee angeführt?

A 24 Überprüfen Sie Ihr Wissen!

Eins paßt nicht!

Aufgabe:
Bei jeder der folgenden Begriffsgruppen paßt ein Begriff nicht. Streichen Sie diesen Begriff.

Grundwehrdienstleistender – Verteidigungsminister – Wehrpflicht – Rekrut – Grundausbildung

---

Wehrpflichtarmee – Kostengünstige Armee – Milizarmee – Berufsarmee

---

Verteidigung – Entspannung – Sicherheit – Schutz – Reservisten – Frieden

---

Infanterie – Heer – Luftwaffe – Marine

Bundeswehr – Bundesheer – Polizei – Service national

Soldaten auf Zeit – Grundwehrdienstleistende – Berufssoldaten – Zivilangestellte der Armee

---

Uniform – Stahlhelm – Gewehr – Empfang (von Essen) – Kampfanzug

---

A 25 Wortsuche – aufgepaßt!

Aufgabe:
Suchen Sie aus den folgenden 15 Sätzen die 10 richtigen heraus. Der Reihe nach gelesen ergeben die Anfangsbuchstaben des ersten Wortes eines jeden richtigen Satzes das Lösungswort.

1. Wehrpflichtig sind in Deutschland alle junge Männer vom vollendeten 18. Lebensjahr an.
2. Frauen sind in Deutschland wehrpflichtig.
3. In den meisten europäischen Ländern gibt es eine Berufsarmee.
4. Eine Milizarmee gibt es in der Schweiz.
5. Wehrdienstleistende haben keine Rechte, nur Pflichten.
6. Haare dürfen bei Wehrdienstleistenden nicht lang sein.
7. Ränge gibt es viele bei jeder Armee; der niedrigste Rang ist einfacher Soldat, z.B. Jäger, Schütze, Grenadier. Der höchste Rang ist General.
8. Die Schweizer Wehrmänner müssen viele Übungen absolvieren. Sie bewahren ihre Waffen zu Hause auf.
9. In Frankreich gibt es mehrere Möglichkeiten, den Wehrdienst zu absolvieren.
10. Österreich kennt keine Wehrpflicht, da es ein neutrales Land ist.
11. Einrücken müssen alle, die einen Einberufungsbescheid erhalten.
12. Neulinge müssen in jeder Armee eine Grundausbildung absolvieren.
13. Franzosen müssen den Wehrdienst in jedem Fall ableisten; eine Verweigerung gibt es nicht.
14. Spind ist ein schmaler Schrank in Kasernen für Soldaten.
15. Treue geloben Soldaten, indem sie ein Gelöbnis oder einen Eid ableisten.

> Baustein **B**
> Legitimation der Kriegsdienstverweigerung
> und des zivilen Ersatzdienstes/Zivildienstes
> Anerkennungsverfahren und
> Gewissensprüfung
> Gewissensgründe

Ländervergleich

Existenz von Kriegsdienstverweigerung und zivilem Ersatzdienst

In Belgien besteht das Kriegsdienstverweigerungsrecht seit 1964. Kurz danach wurde der Zivildienst eingeführt. Das Spektrum an Einsatzbereichen ist breit gefächert (vgl. Länderanalyse).

In Deutschland (Bundesrepublik) gibt es die Kriegsdienstverweigerung seit 1949. Faktisch wurde sie mit der Einführung der Bundeswehr 1956 wirksam. Der zivile Ersatzdienst existiert seit 1960.

In Frankreich besteht das Recht auf Kriegsdienstverweigerung seit 1963. Der Zivildienst wurde 1971 eingeführt.

Griechenland kennt kein Recht auf Verweigerung. Appelle des Europäischen Parlaments und des Europarats, die Verweigerung einzuführen, waren bisher erfolglos.

In Italien wurde die Verweigerung 1972 eingeführt. Der Zivildienst wurde 1974 eingerichtet.

Die Niederlande kennen bereits seit 1923 das Recht auf Kriegsdienstverweigerung. Einen zivilen Ersatzdienst mit einem ausreichenden Angebot an Zivildienstplätzen gibt es seit Ende der 60er Jahre.

In Österreich gab es bis 1974 zwar das Kriegsdienstverweigerungsrecht; der Verweigerer mußte aber die Dienstpflicht als waffenlosen Dienst im Bundesheer ableisten. Die Einführung des Zivildienstes erfolgte 1974.

In der Schweiz existiert das Kriegsdienstverweigerungsrecht seit 1992. 1994 wird mit der Institutionalisierung des Zivildienstes begonnen. Bisher wurden »Verweigerer mit schwerer Gewissensnot« zu einem »Arbeitsdienst in öffentlichem Interesse« verpflichtet (vgl. Länderanalyse).

In Spanien gibt es seit 1984 ein Gesetz zur Kriegsdienstverweigerung und seit 1989 einen Zivildienst. Faktisch leisten aber nur wenige den Zivildienst ab, da Totalverweigerungskampagnen Wirkung zeigten.

Legitimation des zivilen Ersatzdienstes und Charakter des Dienstes

In Deutschland hat der Zivildienst einen Ersatzdienstcharakter. Die Verweigerung ist auf Gewissensgründe beschränkt.

Gleichfalls einen Ersatzdienstcharakter hat der Zivildienst in Belgien, Frankreich, Italien, den Niederlanden, Österreich, der Schweiz sowie in Spanien.

Wer in Griechenland verweigert, muß einen waffenlosen Dienst in der Armee ableisten (Dauer ca. 40 Monate, vgl. Länderanalyse).

Motivationen für die Einführung der Verweigerung und des Zivildienstes

Die Gründe für die Einführung der Verweigerungsmöglichkeiten waren in den untersuchten Ländern unterschiedlich: Einmal spielten historische Erfahrungen eine wichtige Rolle (Deutschland), zum anderen waren es traditionelle Pazifismusgedanken (Niederlande); weiterhin wurden die in den Armeen verbleibenden »Verweigerer« zu einem Störfaktor (Belgien, Österreich); schließlich ist der internationale Angleichungsdruck zu nennen (Frankreich, Italien, Spanien, Schweiz).

Gewissensprüfung und Anerkennungsverfahren

In Belgien kommt es nur noch in Ausnahmefällen zu einer formellen Gewissensprüfung vor dem »Rat für Wehrdienstverweigerung«. In der Regel genügt eine schriftliche Antragstellung. Anerkannt werden alle schwerwiegenden Gewissensgründe.

In Deutschland spricht im Regelfall das Bundesamt für den Zivildienst nach erfolgtem schriftlichen Antrag an das Kreiswehrersatzamt die Anerkennung aus. Im Zweifelsfall findet eine mündliche Prüfung vor dem »Ausschuß für Kriegsdienstverweigerung« statt. Anerkennung finden religiöse sowie ethisch-moralische Gewissensgründe.

In Frankreich entscheidet über das schriftliche Gesuch (formale Erklärung ohne Darlegung der Gewissensgründe) ein Offiziersausschuß. Nur in Ausnahmefällen wird der Antragsteller vorgeladen.

In Italien befindet der Verteidigungsminister aufgrund der Stellungnahme eines Rekrutierungsausschusses über den schriftlichen Antrag. Eine Anhörung erfolgt nicht. Anerkannt werden religiöse, ethisch-moralische sowie philosophische Gewissensgründe.

In den Niederlanden kommt es nach dem schriftlichen Antrag zu einem Gespräch mit einem Beamten des Verteidigungsministeriums. Dieser kann bereits die Anerkennung aussprechen. Nur in Fällen einer Ablehnung erfolgt ein Prüfverfahren vor einer dreiköpfigen Kommission. Anerkannt werden religiöse, philosophische, ethische und andere »ernste« Gewissensgründe.

In Österreich findet seit Sommer 1991 im Regelfall keine mündliche Anhörung mehr statt. Eine persönliche Erklärung genügt.

In der Schweiz entscheidet das »Bundesamt für Industrie, Gewerbe und Arbeit« über den schriftlichen Antrag. Anerkannt werden alle ernsthaften Gewissensgründe.

In Spanien begründet der Antragsteller gegenüber dem »Nationalrat für Gewissensverweigerung« seine Entscheidung. In der Regel kommt es zu einer Anhörung. Anerkennung finden religiöse, ethisch-moralische und philosophische Motive.

Rechtsgrundlagen der Verweigerung

Verfassungsgrundrecht ist die Kriegsdienstverweigerung in Deutschland, den Niederlanden sowie in Österreich. In den übrigen untersuchten Staaten hat die Verweigerung Gesetzesrang. In Spanien ist die Verweigerung zwar ein in der Verfassung anerkanntes Recht. Es handelt sich jedoch um kein eigenständiges Grundrecht; vielmehr erfolgt eine Ableitung aus der Meinungsfreiheit.

Gewissensgründe im Überblick

Staat	Art der Gewissensgründe
Belgien	Alle schwerwiegenden Gewissensgründe
Deutschland	Religiöse sowie ethisch-moralische Gewissensgründe
Frankreich	Formale Erklärung ohne Darlegung der Gewissensgründe genügt; bei Anhörung (Ausnahmefall) werden alle Gewissensgründe anerkannt.
Italien	Religiöse, ethisch-moralische sowie philosophische Gewissensgründe
Niederlande	Religiöse, philosophische, ethische und andere »ernste« Gewissensgründe
Österreich	Formale Erklärung ohne Darlegung der Gewissensgründe
Schweiz	Alle ernsthaften Gewissensgründe
Spanien	Religiöse, ethisch-moralische und philosophische Gewissensgründe

Erläuterung verschiedener Gewissensgründe

Gewissensgründe	Mögliche Konkretionen
Religiöse	Grundaussagen des Christentums: Nächstenliebe; Töten bedeutet Schuld vor Gott; Lebensbejahung
Ethisch-moralische	Zurückschrecken vor Gewalt; Angst vor Gewaltausübung; Unfähigkeit zur körperlichen Gegenwehr
Philosophische	Der Mensch hat mit seiner Ratio nicht das Recht, Leben zu zerstören; der Mensch hat keine Verfügungsgewalt über Leben und Tod eines anderen.

Anmerkung: Bei den verschiedenen Motivgruppen sind Überschneidungen möglich.

Unterrichtspraktische Anregungen und Empfehlungen

Einstiegsphase

Der Cartoon B 1/1 bezieht sich auf die Problematik der bis 1984 in der Bundesrepublik Deutschland praktizierten Form der Gewissensprüfung. Das spektakulär wirkende Gerichtsurteil von 1981 (vgl. B 1/2) führt zu der Problemfrage »*Was ist eine Waffe?*«

Erarbeitungsphase

In B 1/2 werden die rechtlichen Zusammenhänge erkennbar, die für den Richterspruch ausschlaggebend waren. Zusatzinformationen liefern die Materialien B 2 bis B 4 sowie B 6 und B 7. Das Urteil des Bundesverfassungsgerichts vom April 1985 (B 5) trifft Aussagen über den rechtlichen Stellenwert des Ersatzdienstes und liefert Begründungen für die längere Zivildienstdauer. Nach der Bearbeitung der Fragen bietet sich eine Pro- und Kontra-Diskussion zu der richterlichen Entscheidung an.

B 8 kommentiert die Begründungen einer Gewissensentscheidung.

Die Materialien B 9 bis B 10 lenken den Blick auf Frankreich. B 10 verdeutlicht, daß in Frankreich die Entscheidung über die Anerkennung als Verweigerer bei militärischen Instanzen liegt. Angedeutet wird, daß die Verweigerung nicht sehr verbreitet ist.

B 11 bis B 13 sprechen die Situation in der Schweiz an. Anhand von B 11 (Karikatur und Pressemeldungen) lassen sich die unterschiedlichen gesellschaftlichen Interessenlagen während der letzten Jahre erkennen. Die Karikatur bringt die traditionelle Verankerung des Milizgedankens in der schweizerischen Gesellschaft und die damit verbundenen Ansprüche zum Ausdruck. Verbunden damit ist eine Kritik am Milizkonzept, das im Zuge der internationalen Entwicklungen nicht mehr uneingeschränkt bejaht wird. Karikatur und Meldungen können mit folgender Fragestellung analysiert werden: »*Welche Interessenlagen lassen sich erkennen?*«

Erlebnisbericht B 12/1 zeigt auf, in welchen Gewissenskonflikt ein Rekrut geraten kann. B 12/2 (Text von Max Frisch), B 12/3 (Pressemeldung) und B 12/4 (Autorentext) thematisieren die Problematik der Kriegsdienstverweigerung bis 1992. B 13 (Autorentext) dient der Information über die aktuelle Situation.

Der Autorentext B 14 liefert Kurzinformationen zur Verweigerung und zum Zivildienst in Österreich.

Das Dienstabzeichen symbolisiert die Bedeutung formaler, an das Militär erinnernder Dienstvorschriften.

Die verkürzt wiedergegebene Entschließung des Europäischen Parlaments B 15 nennt Forderungen zur Wehrdienstverweigerung. Die Forderungen implizieren eine Kritik am Kriegsdienstverweigerungsrecht einzelner Staaten. Empfehlenswert ist, daß der Lehrer vor Präsentation von B 15 die Probleme in verschiedenen Ländern zusammenfassend erläutert (vgl. Länderanalysen). Dann wäre herauszuarbeiten, daß die EG-Resolution auf nationaler Ebene (d.h. bei den von Forderungen betroffenen Staaten) Denkprozesse auslösen kann. Auch Länder außerhalb der EG können unter einen internationalen Zugzwang geraten (die Schweiz kann hier als Beleg angeführt werden).

Schlußphase

Kreuzworträtsel B 16 kann in Einzelarbeit gelöst werden. Die Auflösung und Klärung der Begriffe erfolgt im Plenum.

Info-Puzzle B 17 und das Vier-Länder-Spiel B 18 dienen der Wissensüberprüfung (Einzel- oder Partnerarbeit).

B 1/1 Auto als Waffe?

In Bremen setzten Richter bei der Nichtanerkennung eines Kriegsdienstverweigerers mit Führerschein das Autofahren mit dem Wehrdienst gleich.

Zeichnung: Erich Rauschenbach/ Sozialdemokrat Magazin 4/81

B 1/2

In Bremen begehrte 1980/81 der 1957 geborene X seine Anerkennung als Kriegsdienstverweigerer. Das Verwaltungsgericht wies die Klage ab (Urteil vom 23. 1. 1981 – 2 A 219/78). Das Gericht begründete seine Entscheidung im wesentlichen wie folgt:

»Im Anschluß an diese Darlegungen zu den seine Kriegsdienstverweigerung auslösenden Gründen (insbesondere die Fernsehberichterstattung über den Vietnamkrieg) hielt das Gericht dem Kläger, der im Besitz einer Fahrerlaubnis ist, die heutige Situation im Straßenverkehr vor Augen, bei der ein motorisierter Verkehrsteilnehmer stets eine latente Gefährdung von Menschenleben darstellt. Auf entsprechendes Befragen hat der Kläger erklärt, daß ebenso wie bei der Beteiligung an einer bewaffneten Auseinandersetzung im Kriege das Leben für ihn seinen Sinn verlöre, wenn er als Autofahrer einen Verkehrsunfall mit tödlichem Ausgang verursachen würde. Das sei selbst dann der Fall, wenn ihm ein Schuldvorwurf im strafrechtlichen Sinne nicht zu machen sei, weil er sich moralisch schuldig fühlen würde. Den Vorhalt der Kammer, daß seine weitere

Teilnahme am motorisierten Straßenverkehr dann aber inkonsequent sei, wies er mit dem Einwand zurück, daß er auf das Autofahren gleichwohl nicht verzichten wolle, weil dies nicht notwendig die Verwicklung in einen Unfall voraussetze. Etwas anderes hingegen sei es, wenn er bei der Bundeswehr ein Gewehr in die Hand nehmen müsse, denn der Dienst an der Waffe sei für die Vernichtung von Menschenleben bestimmt...

Diese Äußerungen beinhalten nach Auffassung der Kammer ein so geringes Maß an Reflektion und Durchdringung der angesprochenen Problematik, daß sie die Darlegungen des Klägers in ihrer Gesamtheit als unglaubhaft erscheinen lassen. Wäre es dem Kläger mit seiner Behauptung ernst gewesen, sein Leben würde im Falle eines durch ihn verursachten Verkehrsunfalls für ihn sinnlos werden – woran die Kammer zweifelt –, hätte er sich für die einzig naheliegende Konsequenz entschieden, nämlich zukünftig auf das Autofahren zu verzichten...«

B 2 Kriegsdienstverweigerung im Grundgesetz

Artikel 4, Abs. 3 GG Niemand darf gegen sein Gewissen zum Kriegsdienst mit der Waffe gezwungen werden. Das Nähere regelt ein Bundesgesetz.

Art. 12a, Abs. 2 GG Wer aus Gewissensgründen den Kriegsdienst mit der Waffe verweigert, kann zu einem Ersatzdienst verpflichtet werden. Die Dauer des Ersatzdienstes darf die Dauer des Wehrdienstes nicht übersteigen. Das Nähere regelt ein Gesetz, das die Freiheit der Gewissensentscheidung nicht beeinträchtigen darf und auch eine Möglichkeit des Ersatzdienstes vorsehen muß, die in keinem Zusammenhang mit den Verbänden der Streitkräfte und des Bundesgrenzschutzes steht.

Kurzinformation:

Das Recht zur Kriegsdienstverweigerung, als Absatz 3 dem Artikel 4 des Grundgesetzes angefügt, wurde im Plenum des Parlamentarischen Rates gegen zwei Stimmen angenommen.

Aufgaben:
1. Überlegen Sie, was unter den Begriff »Gewissen« fallen kann.
2. Kann »Gewissen« überprüft werden?

B 3 1949: Pro und contra

Bei der zweiten Lesung der Grundrechte versuchte Dr. Heuss (FDP) letztmals die Streichung des die Kriegsdienstverweigerung betreffenden Absatzes durchzusetzen. Er sagte u. a.:

»Ich glaube, für meine Meinung, daß dieser Absatz gestrichen werden muß, spricht so etwas wie ein historisches Stilgefühl... Die allgemeine

Wehrpflicht ist das legitime Kind der Demokratie, seine Wiege stand in Frankreich ... wenn wir jetzt hier einfach das Gewissen einsetzen, werden wir im Ernstfall einen Massenverschleiß des Gewissens verfassungsmäßig festlegen ...«

Carlo Schmid (SPD) erwiderte u.a.:

»... Es handelt sich vielmehr darum, daß jemand, der es mit seinem Gewissen nicht vereinbaren kann, auch im Falle eines Krieges einen anderen zu töten ... die Möglichkeit haben soll, zu sagen: ›Ich will in dieser Not meines Vaterlandes meinen Dienst auf andere Weise tun können als auf diese Weise‹. Dafür sollten wir die rechtliche Grundlage schaffen, ... Herr Kollege Dr. Heuss. Wenn Sie glauben, daß im Falle eines Krieges wegen dieses Artikels ein billiger Verschleiß von Gewissen stattfinden würde, so bezweifele ich, ob das richtig ist. Ich glaube, es wird im Kriegsfall mehr Zivilcourage dazu gehören, zu sagen: ›Ich berufe mich auf diesen Artikel und nehme kein Gewehr auf die Schulter‹, als Courage dazu gehören wird, einem Gestellungsbefehl Folge zu leisten.«

Aufgaben:
1. Fassen Sie die Pro- und Contra-Argumente zusammen.
2. Teilen Sie die Auffassung, daß die »Wehrpflicht das legitime Kind der Demokratie« sei und somit Wehrpflicht und Demokratie zwangsläufig zusammengehören?

B 4 Wehrdienst als einzige Dienstpflicht?

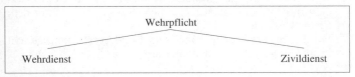

Wehrpflichtgesetz

§ 3 Inhalt und Dauer der Wehrpflicht
(1) Die Wehrpflicht wird durch den Wehrdienst oder im Falle des § 25 durch den Zivildienst erfüllt ...

Zivildienstgesetz in der Fassung von 1986, zuletzt geändert 1991

§ 7 Tauglichkeit
Die Tauglichkeit für den Zivildienst bestimmt sich nach der Tauglichkeit für den Wehrdienst. Wehrdienstfähige gelten als zivildienstfähig, vorübergehend nicht Wehrdienstfähige als vorübergehend nicht zivildienstfähig und nicht Wehrdienstfähige als nicht zivildienstfähig.

B 5 Urteil des Bundesverfassungsgerichts vom 24.4.1985:

...Der Ersatzdienst nach Art. 12a Abs. 2 GG ist auf Kriegsdienstverweigerer aus Gewissensgründen beschränkt. Er soll, wie sich schon aus der Wortwahl (Ersatzdienst, Ersatzdienstpflicht) ergibt, nur an die Stelle des im Einzelfall rechtmäßig verweigerten Wehrdienstes treten. Denn ihre innere Rechtfertigung erfährt die Ersatzdienstpflicht allein daraus, daß nach Art. 12a Abs. 2 GG die Leistung des Wehrdienstes aus Gründen des Art. 4 Abs. 3 GG verweigert werden darf; der Zivildienst ersetzt, unbeschadet der wesensverschiedenen Aufgabenbereiche, den Wehrdienst (BVerfGE 48, 127 [165])...

Die bewußte Inkaufnahme des gegenüber dem Grundwehrdienst um fünf Monate verlängerten Zivildienstes soll als tragendes Indiz für das Vorliegen einer Gewissensentscheidung gelten. In erster Linie soll die erschwerte Ausgestaltung des Zivildienstes sicherstellen, daß das Grundrecht aus Art. 4 Abs. 3 Satz 1 GG nur von echten Kriegsdienstverweigerern in Anspruch genommen wird...

Dem steht nicht entgegen, daß danach der Zivildienst oft länger dauert als der Wehrdienst, der in der Vergangenheit im Durchschnitt tatsächlich abzuleisten war. Denn in der Praxis sind die rechtlich zulässigen Höchstzeiten für Wehrübungen bisher regelmäßig nicht in Anspruch genommen worden...

Der Zivildienstleistende erbringt seinen Dienst zusammenhängend und abschließend, ist in der Regel einem weniger strengen Dienstverhältnis unterworfen und befindet sich typischerweise in einer weniger belastenden Lebenssituation...

Aufgaben:
1. Wie begründet das Bundesverfassungsgericht die Ersatzdienstpflicht, und welcher rechtliche Stellenwert kommt dem Ersatzdienst zu?
2. Welche Begründungen führt das Bundesverfassungsgericht für die längere Zivildienstdauer an?

B 6 Das Anerkennungsverfahren für Kriegsdienstverweigerer

Wegen Ungeeignetheit der dargelegten Beweggründe mußten bisher nur wenige Anträge abgelehnt werden... Maßgebend für die Ablehnung war, daß die Antragsteller zu einem Teil ausschließlich familiäre, gesundheitliche oder wirtschaftliche Gründe vortrugen, daß sie zu einem Teil ausschließlich rational-politische Erwägungen anstellten, die sich nicht zu einer Gewissensentscheidung gegen den Kriegsdienst mit der Waffe verdichtet hatten, zu einem geringen Teil auch, daß Antragsteller allein situationsbedingt argumentierten oder eine Wahlmöglichkeit zwischen Wehr- und Zivildienst unterstellten.

Eine relativ geringe Anzahl von Anträgen ... mußte wegen begründeter Zweifel an Ausschüsse für Kriegsdienstverweigerung abgegeben werden. Es lagen entweder
- Vorstrafen wegen Straftaten gegen die körperliche Unversehrtheit (z. B. Vergewaltigung, räuberische Erpressung, gefährliche Körperverletzung) oder andere Gewaltdelikte,
- die Bewerbung als Freiwilliger bei der Bundeswehr oder der ausdrückliche Wunsch nach Einberufung zum Grundwehrdienst oder
- textidentische Begründungen mehrerer Antragsteller vor.

In den bisher von Ausschüssen entschiedenen Fällen konnten überwiegend in persönlicher Anhörung die Zweifel ausgeräumt und die Antragsteller danach als Kriegsdienstverweigerer anerkannt werden.

Quelle: Bundesamt für den Zivildienst, Daten und Fakten zur Entwicklung von Kriegsdienstverweigerung und Zivildienst, Köln 1990, S. 27

B 7 Der Antrag auf Anerkennung als Kriegsdienstverweigerer

B 8 Gewissensgründe

Ich, Rainer Müller, wurde am 7. Januar 1957 als Sohn des Kfz-Mechanikers Karl Müller und seiner Ehefrau Mathilde in D. geboren. Ostern 1963 wurde ich in die Katholische Grundschule an der Aachener Straße eingeschult. Im Dezember 1966 wechselte ich auf die Städtische Freiherr-vom-Stein-Realschule für Jungen an der Färberstraße, die ich 6 Jahre lang besuchte und 1972 mit der mittleren Reife abschloß. Zum 1. 8. 1972 begann mein Ausbildungsverhältnis bei der Deutschen Bank AG, welches ich im Januar 1975 mit der Kaufmannsgehilfenprüfung vor der IHK beendete.

Über Freunde lernte ich den Bund Deutscher Pfadfinder kennen, dem ich dann auch 1971 beitrat. Ich lebte mich in der Folgezeit schnell ein und hatte sehr bald guten Kontakt zu meinen Kameraden. Nach einiger Zeit wählte man mich zum Sprecher der Gruppe, danach machte ich eine Schulung zum Jugendgruppenleiter mit. Unser Ziel in der Jugendarbeit war es, ein Freizeitheim für Jugendliche zu schaffen. In dieses Freizeitheim bauten wir auch einen geregelten Diskothekbetrieb ein, der jedoch nach zwei Jahren einen von uns nicht gewollten »Aufschwung« bekam, so daß keine in unserem Sinn liegende Jugendarbeit mehr möglich war. Ergebnis war, daß sich einige Schlägertruppen in unser Jugendheim einnisteten. Eines Abends war es dann soweit, daß ich von einem dieser

Jugendlichen Prügel bezog. Von da an hatte ich vor jedem Abend Angst...
Ich glaube, daß alle diese Ereignisse zu einem Schlüsselerlebnis für mich geworden sind. Ich weiß heute, daß ich, obwohl ich körperlich die Möglichkeit zur Gegenwehr gehabt hätte, damals zum ersten Mal erlebte, daß ich mich nicht wehren konnte, und nahm es in Kauf, zusammengeschlagen zu werden. Ich konnte einfach nicht schlagen. Meine innere Bewußtseinsbildung, die mich auf den pazifistischen Grundgedanken gebracht hat, hat damals wohl ihren Anfang genommen...
Ich begann mich für die evangelische Kirche und ihre Arbeit zu interessieren. Ich glaube, meine mir bekannte Form von Jugendarbeit hier verwirklichen zu können. Ich habe in verhältnismäßig schnellerer Zeit hier eine neue »Heimat« gefunden. Seit gut zwei Jahren gehöre ich zum Kreis der Ehrenamtlichen Mitarbeiter dieses Heimes und engagiere mich für die verschiedensten Veranstaltungen, die die junge Gemeinde hier durchführt...
Gerade durch die Arbeit in der evangelischen Gemeinde, in der viele Diskussionen zum Thema Krieg und Frieden, Gewalt und Gewaltlosigkeit durchgeführt wurden, ist meine innere Einstellung, die sich anfänglich nur gefühlsmäßig bei mir äußerte, zu einer Gewissensentscheidung geworden. Nicht zuletzt die Kameraden in unserem Heim, die sich »länger verpflichtet« haben und mit mir oft über ihre positive Einstellung zur Bundeswehr gesprochen haben, haben mir weitere Klarheit verschafft. Ich hasse nicht die Bundeswehr, sondern jede Form von Gewalt. Ich respektiere die Entscheidung mancher meiner Kameraden, die zum »Bund« gegangen sind, aber ich kann sie nicht akzeptieren. Ich weiß auch, daß die Bundeswehr keinen Krieg, sondern nur schützen will. Aber zum Dienst mit der Waffe erzogen zu werden, ist für mich ein unerträglicher Gedanke...

Quelle: Erdmann, Jürgen: Zur Motivation von Kriegsdienstverweigerern. In: Klein, Paul (Hrsg.): Wehrpflicht und Wehrpflichtige heute, Baden-Baden 1991, S. 53 ff.

Aufgaben:
1. Nach welchen Prinzipien richtet der Verweigerer sein Handeln aus?
2. Warum will er keinen Wehrdienst leisten? Mit welchen Argumenten wird die Verweigerung begründet?

B 9 Ein Blick ins Nachbarland Frankreich

1983 wurde in Frankreich das Gesetz zur Kriegsdienstverweigerung geändert.
In einem Zeitschriftenbeitrag heißt es hierzu:

...Das neue Gesetz vereinfacht zwar einiges, das Wesentliche ist jedoch unverändert geblieben: So darf in Frankreich jetzt öffentlich für die

Kriegsdienstverweigerung geworben werden... Die Art der Verweigerung beschränkt sich nicht mehr lediglich auf »religiöse« oder »philosophische« Gründe, das neue Gesetz erkennt »persönliche« Argumente an... Doch es gibt auch Verschärfungen: So ist eine Verweigerung während einer bereits begonnenen Militärzeit gänzlich unmöglich geworden... die Einstellung der Regierung: Anerkennung der Kriegsdienstverweigerung, aber bewußte Einschränkung auf eine kleine Schar. Unverändert müssen die Zivildienstleistenden zwei Jahre Dienst tun und nicht nur eins wie die Wehrpflichtigen. Unverändert bestimmt auch der Staat... den Einsatzort des Verweigerers, und unverändert dürfen sich die Zivildienstleistenden politisch nicht engagieren...

In der Praxis zeigt sich ganz deutlich, daß die Kriegsdienstverweigerer noch weit von einer gesellschaftlichen Anerkennung entfernt sind: Informationen, wie man die rechtlichen Klippen einer Anerkennung meistern kann, werden von der Armee oder dem Verteidigungsministerium selbst nicht gegeben. Dort fühlt man sich schlicht und einfach nicht zuständig. Und so etwas wie ein »Bundesamt für den Zivildienst« gibt es in Frankreich auch nicht.

Quelle: Stefan Voigt, in: Dokumente, H. 1/40. Jg., 1984, S. 54f.

Aufgabe:
Stellen Sie die Unterschiede zwischen Frankreich und Deutschland tabellarisch zusammen.

Zusatzinformation:
Die Zivildienstdauer beträgt heute in Frankreich 20 Monate, die Wehrdienstdauer 10 Monate.

B 10 Das Anerkennungsverfahren in Frankreich

mouvement des objecteurs de conscience

In einem Informationsblatt der Bewegung der Kriegsdienstverweigerer (s.o.) heißt es:
    Wie erhält man die Anerkennung als
    Kriegsdienstverweigerer?
Man bedient sich hierfür eines Musterbriefes, der den gesetzlichen Bestimmungen entspricht...
 Diese Förmlichkeit... ist das Ergebnis des Kampfes der Verweigerer. Der Text lautet:
»Herr Verteidigungsminister, aus Gewissensgründen lehne ich den persönlichen Gebrauch von Waffen ab. Ich fordere deshalb, auf mich die Bestimmungen des Kriegsdienstverweigerungsgesetzes anzuwenden.«

... Es existieren gewisse Restriktionen:
- Wenn Sie sich freiwillig melden oder einem Einberufungsbefehl nicht Folge leisten wollen...
- Wenn Sie Ihr Begehren später als 15 Tage vor der militärischen Einberufung abschicken.

Falls einer dieser Fälle vorliegt, ist es unmöglich, die Anerkennung zu erhalten...

B 11 Kontroversen in der Schweiz während der letzten Jahre

Zeichnung: Hans Sigg/Copyright: Weltwoche

Schweizer wollen Armee behalten

Bern (dpa). Die Schweizer werden auch künftig... eine Armee haben...

Nach der gestrigen als historisch geltenden Volksabstimmung über den Fortbestand der Armee haben 35,6 Prozent der Eidgenossen der Volksinitiative »Für eine Schweiz ohne Armee« ihre Stimme gegeben. Dieses Ergebnis gilt als sensationeller Achtungserfolg...

Quelle: Rheinpfalz vom 27. 11. 1989

Bern will einen Zivildienst

Bern (Reuter). Das Schweizer Parlament will einen Zivildienst einführen... Allerdings muß auch die Bevölkerung noch über den Zivildienst abstimmen. Die Schweizer haben bereits... 1977 und 1984 die Einführung des Zivildienstes abgelehnt...

Quelle: Südkurier vom 28. 11. 1991

B 12/1 Gewissenskonflikt eines Schweizer Rekruten

Der folgende Text zeigt den Gewissenskonflikt des eingerückten Rekruten A. auf. Rekrut A hat sich äußerlich in den dienstlichen Rahmen eingefügt. Als es aber ans Schießen geht, ist er dazu nicht in der Lage.

»Ich kann nicht mehr«

Rekrut A. ist gestern eingerückt. Mit gemischten Gefühlen, wie viele andere auch. Besonders aufgefallen ist er bis jetzt nicht, höchstens daß er sich etwas wenig kontaktfreudig zeigte und sich sehr einsilbig im Umgang mit den neuen Kameraden verhielt. Heute faßt er das Sturmgewehr, seine persönliche Waffe. Dem Kompaniekommandanten, der jedem seiner Rekruten eigenhändig das Gewehr übergibt, ist A. schon durch sein abwesendes Verhalten aufgefallen. Jetzt, da er an der Reihe ist, seine Waffe in Empfang zu nehmen, beginnt A. plötzlich heftig zu zittern. Halb trotzig, halb ängstlich preßt er schließlich hervor: »Ich kann nicht«, und wendet sich ab.

Der Kommandant, ein verständiger Mann, läßt A. am Abend zu sich kommen. Der Rekrut hat Mühe, sich zum Vorfall zu äußern. Er verrät deutlich seine Angst vor allem, was mit Waffen zusammenhängt, und meint, er werde nie schießen können. Er läßt sich aber dazu überreden, das Gewehr vorerst einmal zu fassen und die Ausbildung daran mitzumachen.

Bis zum ersten Schießen geht alles leidlich. Jetzt liegt der junge Mann hinter seinem Gewehr, er hat soeben mit einiger Überwindung den scharfen Schuß geladen und bekommt nun den Befehl zum Schießen. Auf einmal bricht er in fassungsloses Weinen aus, läßt die Waffe sinken, der neben ihm liegende Zugführer greift ein, betätigt den Sicherungshebel und kümmert sich um den weinenden Rekruten. Dieser stammelt immer wieder, er könne nicht auf einen Menschen schießen, er habe aber soeben vor der Zielscheibe einen Menschen gesehen – eine Phantasie sei es, gewiß, aber jetzt sehe er klar, wohin es führe, wenn er sich weiter an der Waffe ausbilden lasse. Er werde keine Waffe mehr anrühren.

Quelle: Stucki, Alfred: Dienstverweigerer, Frauenfeld 1986, S. 19

Aufgaben:
1. Beschreiben Sie das Verhalten des Rekruten A. Welche Verhaltensauffälligkeiten zeigt er?
2. Überlegen Sie anhand der Einstellung des Rekruten A, warum die Einführung eines Zivildienstes wichtig ist. Bis 1993 gab es in der Schweiz keinen Zivildienst.

B 12/2 Auszug aus einem Dialog zwischen Großvater und seinem Enkel Jonas

- Du hast nie an Dienstverweigerung gedacht, Großvater?
- Nein.
- Würdest du heute dazu raten?
- Wenn's ein religiöses Gewissen ist, Jonas, das dich dazu bewegt, so brauchst du keinen Rat...
- Ethik ist nicht religionsgebunden.
- Und das andere wäre also Dienstverweigerung aus politischem Bewußtsein, was nicht anerkannt werden kann... Da kommt, wie eine Dame es ausdrücken würde, der Rechtsstaat zum Tragen. Und das heißt nun einmal Gefängnis, Jonas...
- Wenn es einen Zivil-Dienst gäbe.
- Ich verstehe ja nicht, warum die Armeespitze so zögert. Dann hätten sie wirklich ihre Armee. Ohne einen einzigen Soldaten in der ganzen Kolonne, der unter Umständen seine Zweifel hat, und ohne einen Korporal, der unter Umständen auch seine Zweifel hat, oder gar einen Leutnant...

Max Frisch: Schweiz ohne Armee? Ein Palaver, geschrieben Februar/März 1989, in: ders.: Schweiz als Heimat? © Suhrkamp Verlag, Frankfurt/Main 1990, S. 526

B 12/3 Verweigerer verurteilt

Bern (Reuter) In der Schweiz sind im vergangenen Jahr 475 Männer wegen Verweigerung des Wehrdienstes verurteilt worden. 1990 wurden noch 581 Urteile verhängt.

Quelle: Südkurier vom 21. 2. 92

B 12/4

1991 bis 1993 leisteten in der Schweiz Militärdienstverweigerer einen Arbeitsdienst ab. Sie mußten nicht mehr ins Gefängnis. Allerdings war diese Regelung auf Verweigerer mit ethischen oder religiösen Motiven begrenzt. Wer aus politischen Gründen verweigerte, mußte weiterhin ins Gefängnis.

Aufgaben:
1. Arbeiten Sie heraus, welche Probleme es in der Schweiz bisher gab.
2. Fassen Sie Max Frischs Argument (B 12/2) für die Einführung eines Zivildienstes zusammen.

B 13 Die aktuelle Situation in der Schweiz

1994 wird der Zivildienst eingeführt. Militärdienstverweigerer müssen nicht mehr ins Gefängnis. Der seitherige Arbeitsdienst entfällt. Wer den Militärdienst verweigern will, stellt einen schriftlichen Antrag mit Darlegung der Gewissensgründe.

B 14 Verweigerung und Zivildienst in Österreich

Seit 1992 gibt es in Österreich keine förmliche Gewissensprüfung für Wehrdienstverweigerer mehr. Nach dem neuen Zivildienstgesetz kann der Verweigerer einen schriftlichen Antrag mit einfacher Erklärung (ohne Darlegung der Gewissensgründe) abgeben. Die Prüfungskommissionen entfallen. Nach wie vor weist der Zivildienst vom äußeren Rahmen und in der inneren Ausgestaltung an das Militär erinnernde Elemente auf. Dies symbolisiert u.a. das Dienstabzeichen.

Ein **Dienstabzeichen in Metallausführung** hat der Zivildienstleistende während seiner Einsätze sichtbar auf der linken Brustseite der Arbeitskleidung zu tragen. Ein **Dienstabzeichen in Stoffausführung** ist grundsätzlich auf dem linken Oberarm der je nach Witterung zu tragenden Oberbekleidung aufzunähen.

Quelle: Bundesministerium für Inneres (Hrsg.), Grundlehrgang für Zivildienstleistende, Lernbehelf, Lehrblock 2, Wien 1991

B 15 Europäisches Parlament: Entschließung zur Wehrdienstverweigerung aus Gewissensgründen und zum Ersatzdienst vom 13. Oktober 1989 (Auszug):

Das Europäische Parlament

1. fordert für alle Wehrpflichtigen das Recht, zu jedem beliebigen Zeitpunkt aus Gewissensgründen den Wehrdienst mit oder ohne Waffen verweigern zu dürfen, unter voller Wahrung der Grundsätze der Freiheit und der Gleichbehandlung der Bürger;
2. fordert, daß zugleich mit der Einberufung zum Wehrdienst eine Rechtsbelehrung über die Möglichkeit der Wehrdienstverweigerung erteilt wird, soweit dies noch nicht bereits erfolgt ist;
3. fordert die betreffenden Mitgliedsstaaten nachdrücklich auf, dafür zu sorgen, daß den Ersatzdienstleistenden nicht ihre Verfassungs- und/

oder Bürgerrechte vorenthalten werden und die Würde der Person gewahrt bleibt;
4. fordert, daß eine individuell begründete Erklärung ausreichen soll, um den Status als Wehrdienstverweigerer zu erhalten und als solcher anerkannt zu werden;
5. verlangt, ... daß der zivile Ersatzdienst in den jeweiligen Staaten genauso lange dauern soll wie der Wehrdienst.

B 16   Überprüfen Sie Ihr Wissen

Kreuzworträtsel »Kriegsdienstverweigerung/Zivildienst in Europa«

K	A	O	G	T	A	V	W	P	H	P	I	T	H	Z	T	T	I	U	P
R	F	B	U	X	Z	R	T	U	O	B	K	C	P	I	U	E	Z	O	A
I	K	O	R	E	M	P	B	M	S	D	B	S	E	V	N	G	I	N	N
E	P	L	S	R	R	C	L	K	A	R	H	I	C	I	G	E	V	B	E
G	E	W	I	S	S	E	N	S	G	R	U	E	N	D	E	W	I	N	R
S	K	M	G	A	E	B	E	D	K	M	K	F	S	G	W	I	L	C	K
D	B	T	D	T	N	C	M	Y	A	L	D	N	Z	I	I	S	D	L	E
I	C	G	N	Z	K	N	B	D	D	G	I	E	I	D	S	S	I	E	N
E	M	Y	B	D	E	A	I	N	K	S	A	M	V	N	S	E	E	N	N
N	P	F	L	I	C	H	T	E	N	P	L	E	I	H	E	N	N	B	U
S	T	L	G	E	W	I	S	S	E	N	C	R	L	M	N	S	S	M	N
T	A	T	G	N	P	C	K	B	P	P	B	H	D	D	S	P	T	H	G
V	O	A	T	S	E	P	H	D	B	A	F	B	I	L	E	R	D	M	S
E	M	C	H	T	R	A	V	H	D	F	P	I	E	M	N	V	A	A	V
R	R	E	I	N	B	E	R	U	F	U	N	G	N	C	T	E	V	L	E
W	Y	O	G	L	I	N	P	B	K	L	D	F	S	G	S	F	E	G	R
E	O	R	R	C	S	D	H	K	W	A	E	I	T	S	C	U	R	H	F
I	Z	E	I	N	S	A	T	Z	B	E	R	E	I	C	H	N	K	C	A
G	M	C	K	R	F	V	N	P	N	B	K	S	D	K	E	G	B	E	H
E	W	H	Z	A	B	R	A	S	Z	I	V	I	L	D	I	E	N	E	R
R	W	T	S	B	K	V	I	K	W	C	S	K	Z	K	D	O	I	O	E
U	H	E	G	U	L	A	D	F	L	V	D	H	E	H	U	Z	A	L	N
N	I	K	D	W	C	A	E	G	E	F	A	E	N	G	N	I	S	B	E
G	L	M	L	O	F	S	P	L	U	R	F	X	Z	U	G	S	H	N	F

Aufgabe:
In diesem Rätsel sind 16 Begriffe versteckt (7 waagerecht/9 senkrecht), die etwas »mit Kriegsdienstverweigerung/Zivildienst in Europa« zu tun haben.

B 17 Info-Puzzle

a Grundgesetz (Art. 4) b Antrag mit Begründung	Sie erfolgt in den meisten europäischen Ländern aufgrund eines schriftlichen Antrags. Nur noch in wenigen Fällen kommt es zur Anhörung vor einer Kommission. 1	Wer den Wehrdienst verweigern will, muß selber aktiv werden, indem er das einreicht. 2
c Anerkennungsverfahren d Europäisches Parlament	Sie ist in Deutschland auch während des Militärdienstes oder danach möglich; in Frankreich ist das nicht möglich. 3	Von einer Behörde (in Deutschland das Bundesamt für den Zivildienst) wird entschieden, ob der Verweigerer anerkannt wird. 4
e Ziviler Ersatzdienst oder Ersatzdienst/Zivildienst f Gewissensprüfung	Die Verweigerung kann in verschiedenen Ländern unterschiedlich begründet werden: religiös, ethisch, humanitär 5	Niemand darf gegen sein Gewissen zum Kriegsdienst gezwungen werden. 6
g Verweigerung h Verweigerungsgründe	Institution, die fordert, daß in allen EG-Ländern die Wehrpflichtigen den Wehrdienst verweigern dürfen. 7	Tritt an die Stelle des im Einzelfall rechtmäßig verweigerten Wehrdienstes und nennt sich in vielen Ländern so. 8

Aufgabe:
Ordnen Sie die Begriffe den Aussagen zu.

B 18 Vier-Länder-Spiel

Aufgabe:
Suchen Sie die Begriffe, die für das jeweilige Land passen, und schreiben Sie sie unter den Ländernamen.

- Bundesamt für den Zivildienst
- Grundgesetzartikel 4 und 12
- Militärpflichtersatz
- Service civil
- Schriftlicher Antrag mit Begründung
- Ministère de la Solidarité
- Zivildiener
- Schriftlicher Antrag ohne Begründung
- Einführung des Zivildienstes 1974
- Einführung des Zivildienstes 1960
- Einführung des Zivildienstes 1971
- Einführung des Zivildienstes 1994
- Bis 1991/92 Gefängnisstrafen für Verweigerer
- Arbeitsdienst bis 1993
- Service national
- Verweigerung ist Verfassungsgrundrecht (Art. 9a der Bundesverfassung)
- Zivildienstschulen
- Dienstabzeichen

Deutschland

Frankreich

Österreich

Schweiz

Baustein C — Wehrdienst- und Zivildienstdauer

Ländervergleich

Grundwehrdienstdauer (Heer)

Bei den ausgewählten Ländern gibt es erhebliche Unterschiede. Am kürzesten dauert der Grundwehrdienst mit acht Monaten in Österreich. Die längste Dienstdauer besteht in Griechenland (15 bis 19 Monate). Dazwischen liegen Spanien und die Niederlande mit je neun, Frankreich mit zehn sowie Deutschland und Italien mit je zwölf Monaten. Eine besondere Situation gilt für die Schweiz: Dem Charakter einer Milizarmee entsprechen die viermonatige Grundwehrdienstdauer sowie die Übungen von insgesamt etwa sieben Monaten Dauer. In Belgien gibt es ab 1. 1. 1994 eine Berufsarmee.

Zivildienstdauer

Auch hier bestehen beträchtliche Unterschiede. Am kürzesten ist der Zivildienst in Österreich (zehn Monate im Regelfall). Die längste Dauer weist Frankreich mit 20 Monaten auf. Dazwischen liegen Italien und die Niederlande mit je zwölf, Spanien mit 13 sowie Deutschland und die Schweiz mit je 15 Monaten. In Griechenland gibt es keinen »echten« Ersatzdienst. Für religiös Motivierte besteht die Möglichkeit, einen waffenlosen Dienst in der Armee abzuleisten (Dauer 40 Monate).

Didaktische Anregungen und Empfehlungen

Einstiegsphase

Karikatur C 1 spricht die Problematik der längeren Zivildienstdauer an. Die Karikatur kann als stummer Impuls eingesetzt werden.

Erarbeitungsphase

C 2 besteht aus vier Texten. Nach einer informativen Grundlage (Grundgesetz) folgen drei Texte zur Zivildienstdauer. Genannt werden Argumente für die längere Zivildienstdauer. Die dpa-Meldung »Bundesrats-Einspruch zurückgewiesen« zeigt zudem, daß die längere Dauer politisch umstritten ist. Die Aufgaben zu C 2 können in Partner- oder Gruppenarbeit bearbeitet werden.

Zuordnungsaufgabe C 3 kann nur in Verbindung mit A 12 gelöst werden.

Schlußphase

Lückentext C 4 dient der Wissensüberprüfung und ist als Einzelarbeit gedacht.

C 1 »Es ist doch nur eine kleine Gewissensprobe!«

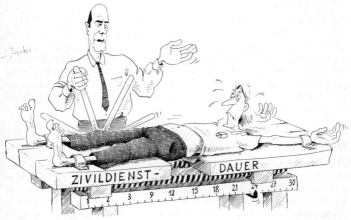

Zeichnung: Gerhard Mester

C 2 Warum dauert der Zivildienst länger als der Grundwehrdienst?

In Artikel 12a Abs. 2 des Grundgesetzes heißt es u.a.: »Die Dauer des Ersatzdienstes darf die Dauer des Wehrdienstes nicht überschreiten.«

Trotz dieses Grundgesetzartikels dauert der Zivildienst länger als der Grundwehrdienst. Hierfür muß es Gründe geben, die in den folgenden Stellungnahmen angesprochen werden.

Aufgaben
1. Arbeiten Sie aus den drei Stellungnahmen die Argumente für eine längere Dauer des Zivildienstes heraus.
2. Teilen Sie diese Auffassungen, oder machen Sie Gegenargumente geltend?

Europäisches Parlament

Die Dauer des Wehrdienstes sowie die Dauer des Ersatzdienstes in den verschiedenen Mitgliedstaaten ist unterschiedlich. Daß der Ersatzdienst länger dauert als der Wehrdienst, läßt sich daraus rechtfertigen, daß die Dauer der Reserveübung bei der Dauer des Ersatzdienstes in Betracht gezogen werden muß. Die Dauer des Ersatzdienstes darf aber nicht so viel länger sein, daß sie den Charakter einer Bestrafung und Abschreckung annimmt. Damit bestünde keine Gleichberechtigung zwischen denjenigen, die ihren Wehrdienst ableisten und diejenigen, die den Wehrdienst verweigern.

Quelle: Europäisches Parlament, Sitzungsdokument vom 1. 9. 1989/PE 124.125/Dokument A 2-0433/88 T.B

Bundesverfassungsgericht

Aus den Leitsätzen des Urteils vom 24. 4. 1985:

Das Grundgesetz ist nicht dadurch verletzt, daß der Zivildienst um ein Drittel länger dauert als der Grundwehrdienst ... Die bewußte Inkaufnahme des gegenüber dem Grundwehrdienst um fünf Monate verlängerten Zivildienstes soll als tragendes Indiz für das Vorliegen einer Gewissensentscheidung gelten, ... In der Praxis sind die rechtlich zulässigen Höchstzeiten für Wehrübungen bisher regelmäßig nicht in Anspruch genommen worden ...

Bundesrats-Einspruch zurückgewiesen:
Der Zivildienst ist auch künftig länger als der Wehrdienst

Der Zivildienst wird auch künftig länger dauern als der Wehrdienst. Das vom Bundestag bereits am 13. September beschlossene Gesetz zur Verkürzung von Wehr- und Zivildienst auf 12 bzw. 15 Monate kann jetzt in Kraft treten. Das Parlament wies am 25. Oktober mit der Mehrheit seiner Abgeordneten den wiederholten Einspruch des Bundesrates gegen eine unterschiedlich lange Dauer von Wehr- und Ersatzdienst zurück.

340 Abgeordnete waren in der namentlichen Abstimmung für, 239 gegen eine Zurückweisung des Einspruchs des Bundesrates, vier enthielten sich. Damit ist auch der Vorschlag des Vermittlungsausschusses von Bundestag und Bundesrat vom Tisch, nach dem der Ersatzdienst zunächst auf 13 und ab Herbst 1991 auf zwölf Monate verkürzt werden sollte. Die Dienstzeitverkürzung gilt bereits seit 1. Oktober 1990.

Roland Sauer (CDU) verteidigte die unterschiedlich lange Dauer mit dem Gebot des »Lastenausgleichs«. So ließen heimatferner Einsatz, Kasernierung und Leben unter Befehl und Gehorsam Jugendliche den Wehrdienst als belastender empfinden. Der Zivildienstleistende arbeite »in einem objektiv weniger strengen« Dienstverhältnis«. Der FDP-Verteidigungsexperte Uwe Ronneburger sagte, bei einer weiteren positiven politischen Entwicklung in Europa sei eine weitere Reduzierung der Dienstzeit anzustreben.

Sprecher von SPD und GRÜNEN wiesen die Argumentation Sauers entschieden zurück und erklärten, die Pflege alter und kranker Menschen verlange ein Höchstmaß körperlicher und seelischer Anstrengungen, Ilja Seifert (PDS) nannte es »inhuman«, den Wehrdienst höher zu stellen als den Zivildienst. dpa

Quelle: Das Parlament vom 2. 11. 1990

C 3 Gewußt wie lang

Aufgabe:
Schreiben Sie auf, wie lange der Grundwehrdienst und der Zivildienst in den bezeichneten Ländern dauert.

Land	Dauer des Grundwehrdienstes in Monaten	Dauer des Zivildienstes in Monaten
Belgien		
Deutschland		
Frankreich		
Großbritannien		
Italien		
Niederlande		
Österreich		
Schweiz		

C 4 Überprüfen Sie ihr Wissen

Lückentext zum Thema Wehrdienst- und Zivildienstdauer
Aufgabe: Füllen Sie die Lücken aus.

Der Grundwehrdienst dauert in den europäischen Ländern _____ lang, ebenso der _____.
Der _____ dauert meist ein paar _____ länger. Eine gleich lange Zivildienst- und Wehrdienstdauer gibt es nur in _____ und _____.

Die längere Dauer des Zivildienstes/Ersatzdienstes wird damit gerechtfertigt, daß die Dauer der _____ in Betracht gezogen werden muß.

Diese Regelung ist allerdings in einzelnen Ländern _____ Einerseits wird eine Angleichung der Zivildienst- an die Grundwehrdienstdauer gefordert, andererseits wird die _____ oder sogar Verlängerung der Zivildienstdauer verlangt.

Es gibt eine weitere Begründung für die längere Zivildienstdauer: Wer den Wehrdienst _____, müsse nachweisen, daß er es ernst meine. Diesen Nachweis erbringe er durch die Ableistung des _____ Zivildienstes.

Auch über die Grundwehrdienstdauer bestehen in verschiedenen Ländern _____. Die Vorschläge reichen von der Kürzung der Dienstdauer bis zur Beibehaltung der jetzigen Regelungen.

12 Lücken

Lösungswörter (in falscher Reihenfolge):

Zivildienst, verlängerten, umstritten, Monate, unterschiedlich, Beibehaltung, Wehrübungen, Slowenien, verweigere, Zivildienst, Kontroversen, Italien

| Baustein | **D** | **Rechte und Pflichten der Dienstleistenden
Dienstalltag
Dienstliche Rahmenbedingungen** |

Ländervergleich

Rechte

Soldaten und Zivildienstleistende haben in den untersuchten Ländern grundsätzlich dieselben Rechte wie alle Bürger, wie z. B. Meinungsfreiheit, Beschwerderecht, Mitgliedschaft in Organisationen, Schutz eines bestehenden Arbeitsverhältnisses.

Die für alle Bürger geltenden Grundrechte werden allerdings in manchen Ländern während der Wehrdienstzeit eingeschränkt. Die Einschränkungen beziehen sich hauptsächlich auf zwei Bereiche:
- Freizügigkeit (Kasernenunterkunft und im Zusammenhang mit der Ableistung des Zivildienstes gegebene Wohnsitzpflichten);
- Meinungsfreiheit (keine politische Betätigung während der Dienstzeit, Mäßigung außerhalb der Dienstzeit).

Die Ausgestaltung der Einschränkungen fällt unterschiedlich aus: In Frankreich beispielsweise ist die Meinungsfreiheit sehr eingeschränkt; Wehrdienst- und Zivildienstleistende dürfen weder politisch noch gewerkschaftlich aktiv sein. Hingegen dürfen in den Niederlanden Soldaten in Uniform an politischen Demonstrationen teilnehmen, es existieren dort Soldatengewerkschaften.

Pflichten

Die Grundwehrdienst- und Zivildienstleistenden haben folgende wesentliche Pflichten:
- Grundpflicht: gewissenhafte Erfüllung des Dienstes;
- Anerkennung der verfassungsrechtlichen Grundsätze;
- Schweigepflicht über dienstliche Angelegenheiten.

Wehrdienst: Diskussionen über den Dienstalltag und die dienstlichen Rahmenbedingungen

Staat	Probleme und Kontroversen
Belgien	Höhere dienstliche Belastung bei der Eingreiftruppe, Defizite im Führungsstil, Leerlaufzeiten
Deutschland	Dienstzeitbelastung, mancherorts überzogene Auslegungen des Drills, Recht auf Meinungsäußerung, Defizite bei der Mitbestimmung und bei der Eigeninitiative
Frankreich	Geringer Sold, Dienstzeitbelastung, Einschränkung der Meinungsfreiheit, heimatferner Einsatz, veraltete und schlecht ausgestattete Kasernen, überkommenes Soldatenreglement
Griechenland	Dienstzeitbelastung, Defizite im Führungsstil
Italien	Zu wenige und veraltete Kasernen, defizitäre Ausbildungsinhalte, heimatferner Einsatz, Benachteiligung des Heeres (schlechtere Ausrüstung und Dienstbedingungen)
Niederlande	Dienstzeitbelastung
Österreich	Belastungen mit nicht-militärischen Aufgaben, mangelnde Motivation aufgrund dieser Situation, heimatferner Einsatz, Defizite bei den Ausbildungskonzepten (Menschenführung)
Schweiz	Unzureichende Infrastruktur der Ausbildung, zu wenig Übungsplätze, zu wenig Instruktoren, psychiatrische Ausmusterungen, Leerläufe, Motivationsprobleme
Spanien	Schlechter Zustand vieler Kasernen, Leerläufe, überkommene unzeitgemäße Ausbildungskonzepte (Menschenführung)

Der Vergleich zeigt, daß drei Problembereiche diskutiert werden:
- infrastrukturelle Probleme: Kasernen, Übungsplätze;
- organisatorische Probleme: heimatferner Einsatz, Dienstzeitbelastung, allgemeine dienstliche Belastung, Leerläufe;
- soziale Probleme: z.B. Defizite in der Menschenführung.

Ziviler Ersatzdienst: Diskussionen über Dienstalltag und dienstliche Rahmenbedingungen

Staat	Probleme und Kontroversen
Belgien	Staat bestimmt oft über Einsatzort, waffenloser Wehrdienst gilt offiziell als »Teilverweigerung« (dadurch geht die Trennschärfe des Begriffs »Verweigerung« verloren)
Deutschland	Fachliche und psychische Überforderung der Zivildienstleistenden, zu wenig dienstbegleitende Betreuung
Frankreich	Staat bestimmt oft über Einsatzort, schlechte Rahmenbedingungen (z.B. Finanzierung der Zivildienstplätze)
Griechenland	–
Italien	Fehlen eines eigenen Behördenapparates, Ausbildung fehlte bisher, viele Zivildienstleistende können nicht im gewünschten Bereich arbeiten
Niederlande	Bindung der Verweigerung an das Verteidigungsministerium, beschränkte Zahl an Plätzen in bestimmten Einsatzbereichen, Ableistung des Dienstes in Regierungsinstitutionen
Österreich	Einbeziehung des Zivildienstes in das Konzept der »Umfassenden Landesverteidigung«, bevorzugte Bedienung von Trägern, die der »Umfassenden Landesverteidigung« dienen, mögliche Kasernierung Zivildienstleistender
Schweiz	Institutionalisierung des Zivildienstes 1994, Problemdiskussionen entwickeln sich erst
Spanien	Zivildienstleistende erhalten Grundausbildung im Zivilschutz und in der Zivilverteidigung

Der Vergleich zeigt die Diskussion dreier Problemgruppen auf:
- rechtliche Probleme: z.B. Anbindung an Verteidigungsaufgaben;
- organisatorische Probleme: Staat legt Einsatzort fest, Finanzierung der Plätze, Fehlen eines Behördenapparates usw.
- soziale Probleme: Überforderung, Betreuungsdefizite.

Sold im Vergleich

Forderungen nach einer höheren Besoldung für Grundwehrdienst- und Zivildienstleistende gibt es bis auf die Niederlande in allen untersuchten Ländern. Diese Forderungen sind verständlich, da der Sold z.T. niedrig ist. Nur in den Niederlanden gibt es eine ausgesprochen gute Besoldung zwischen 800 und 1200 DM monatlich. In den übrigen Ländern beträgt die monatliche Besoldung ungefähr (jeweils niedrigste Einstufung, ledige Dienstleistende):

Belgien:	DM 230,–
Deutschland:	DM 405,–
Frankreich:	DM 200,–
Italien:	DM 160,–
Griechenland:	DM 10,–
Österreich:	DM 250,–
Schweiz:	DM 150,–
Spanien:	DM 20,–

In der Schweiz gibt es zusätzlich eine Erwerbsausfallentschädigung in Höhe von ca. 750 DM. Die Finanzierung dieser Entschädigung erfolgt durch Zuschläge aller Arbeitgeber und Arbeitnehmer an die Altersversicherung. In Frankreich erhalten den Zivildienst ableistende Verweigerer monatlich ca. 700 DM, Wehrdienstleistende bei Auslandsfirmen bis zu 3500 DM pro Monat (vgl. Länderanalyse).

Unterrichtspraktische Anregungen und Empfehlungen

Einstiegsphase

Die Fotos D 1 und D 2 zeigen Arbeitssituationen von Wehrdienst- und Zivildienstleistenden. Die Fotos können als Impuls eingesetzt werden.

Erarbeitungsphase

Der Information dient die Übersicht D 3. Im Anschluß an das Quiz D 4 sollen die Lernenden herausarbeiten, welche Vor- und Nachteile ihrer Meinung nach Wehr- und Zivildienst aufweisen. Es empfiehlt sich eine Aufteilung in Gruppen.

Die Befragung von Soldaten (D 5) zu den Vor- und Nachteilen ihres Dienstes kann im Anschluß an die Arbeitsgruppenergebnisse präsentiert werden, wobei die Konfrontation der eigenen Stellungnahme mit den Umfrageergebnissen aufschlußreich ist.

Die Tagesberichte D 6 bis D 9 sollen in ihrer Gesamtbetrachtung aufzeigen, daß die Belastungsintensität sowohl beim Wehr- als auch beim Zivildienst unterschiedlich sein kann. Es empfiehlt sich, Gruppen zu bilden. Die erste Gruppe untersucht die Texte D 6 (härterer Dienst eines Wehrdienstleistenden) und D 8 (härterer Dienst eines Zivildienstleistenden). Die zweite Gruppe analysiert die Texte D 7 und D 9 (jeweils leichterer Dienst). Hilfreiche Fragestellungen für die Berichte können sein: »*Welche Aufgaben hat der Dienstleistende? Wie anstrengend ist die Tätigkeit in geistiger, körperlicher und psychischer Hinsicht? Ist die Tätigkeit abwechslungsreich?*«

Die »Lückenbüßer-Funktion« der Zivildienstleistenden im Pflegebereich wird in Karikatur D 10 angesprochen. Die Karikatur zielt in ihrer Aussage darauf ab, daß die Zivildienstleistenden als »normale« Arbeitskräfte eingesetzt werden. Die Berichte des Wehrbeauftragten D 11 beschreiben grundlegende Probleme von Soldaten bei der Bundeswehr. Die Materialien D 12 bis D 14 lenken den Blick nach Österreich. D 15 bezieht sich auf die Situation in Frankreich, in D 16 geht es um die Lage in der Schweiz. Anhand von D 12 läßt sich herausarbeiten, ob der Zivildienst in Österreich gegenüber dem Wehrdienst privilegiert ist. Bei der Beantwortung der Fragestellung sollte berücksichtigt werden, welche Tätigkeit Zivildienstleistende ausüben (Krankenhaus, Altenheim usw.). D 13 kann im Anschluß an D 12 präsentiert werden. Bei D 14 (Tätigkeitsbereiche der Zivildienstleistenden) ist ein Vergleich mit Deutschland aufschlußreich (siehe D 3).

D 15 vermittelt einen Einblick in die Situation der französischen Armee. Die Besonderheiten des schweizerischen Milizsystems lassen sich anhand von D 16 herausarbeiten.

Schlußphase

Beim Rollenspiel D 17 geht es darum, anhand der Tagesberichte D 6 bis D 9 verschiedene Rollen hinzunehmen. Überprüft werden soll nochmals die Frage, bei welchem Dienst die Belastungen höher sind. Es empfehlen sich zwei Spielvarianten: Rollen eins und drei (härterer Dienst, Texte D 6 und D 8) sowie Rollen zwei und vier (leichterer Dienst, Texte D 7 und D 9).

D 1 Wehrdienstleistende bei der Arbeit

Quelle: dpa

Aufgabe:
Beschreiben Sie Aussehen/Kleidung und Art der Tätigkeit.

D 2 Ein Zivi bei der Arbeit

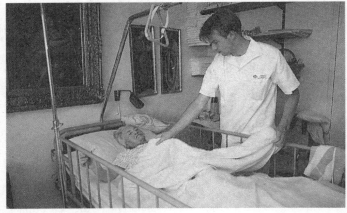

Quelle: Mainbild, Frankfurt

Aufgabe:
Beschreiben Sie Aussehen/Kleidung und Art der Tätigkeit.

D 3 Tätigkeitsbereiche im Zivildienst

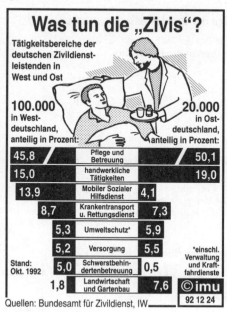

Quellen: Bundesamt für Zivildienst, IW

D 4 Quiz: Was gehört zu wem?

Wehrdienst	Zivildienst
Uniform	
Kasernierung	
Sold	
Wehrpflicht	
Heimschlafen	
Eigenes Zimmer	
Stube	
Militärischer Gruß	
Einheit	
Sozialer Dienst	
Kriegsdienstverweigerer	
Zurückhaltung bei politischer Betätigung	

Aufgabe:
Welche Vorteile und Nachteile haben Ihrer Meinung nach Wehrdienst und Zivildienst?

D 5 Meinungen zur Bundeswehr...

Positive Seiten der Bundeswehr

Welche Vorteile hat der Wehrdienst für Sie?
(Antworten in Prozent der Befragten)

	betrachte ich als persönlichen Gewinn	stimmt nicht	stimmt, aber ist kein Vorteil
daß man körperlich fit wird	59,8	37,5	7,7
daß man lernt, Unannehmlichkeiten zu ertragen	43,4	22,3	34,3
daß man persönlich diszipliniert und fest wird	40,7	40,6	18,8
daß man neue Freunde gewinnt	72,3	14,2	13,5
daß man Selbständigkeit lernt	48,1	44,9	7,0
daß man lernt, Ordnung und Sauberkeit zu halten	47,4	30,3	22,3

Negative Seiten der Bundeswehr

Welche Erfahrung in Ihrer bisherigen Bundeswehr-Zeit war für Sie unangenehm?
(Antworten in Prozent der Befragten)

	ist mir unangenehm	stimmt nicht	stimmt, aber stört mich nicht
daß man aus dem normalen Leben fast völlig herausgerissen wird	75,7	8,4	15,9
daß man wie ein kleines Kind behandelt wird	65,5	26,6	7,9
daß man auch bei unsinnigen Befehlen nicht zurücktreten darf	75,1	10,9	14,0
daß man dauernd herumkommandiert wird	67,9	16,6	15,5
daß man nicht seiner Vorbildung und seinen Kenntnissen/Fähigkeiten entsprechend behandelt wird	55,4	23,9	20,7
daß man sich langweilt und die Zeit sinnlos vertut	59,9	29,6	10,5
daß man zu wenig Freizeit hat	65,8	29,0	5,2
daß man das Bewußtsein hat, im Ernstfall doch keine Chance zu haben	79,0	12,3	7,0

Quelle: M. Braun u.a., Erziehung in der Bundeswehr, München 1984, S. 12ff. Obige Aussagen sind eine vom Autor getroffene Auswahl.

Aufgabe:
Wägen Sie die genannten Vorteile und Nachteile gegeneinander ab!

Tagesberichte

Die folgenden Materialien D 6 bis D 9 sind Tagesberichte von Wehrdienstleistenden und Zivildienstleistenden.

Aufgaben:
1. Wie sieht der Tagesablauf aus? Nennen Sie wesentliche Punkte der Tätigkeit.
2. Vergleichen Sie zwei Tagesberichte miteinander. Versuchen Sie, Aussagen über die Belastungsintensität zu treffen.

D 6 Wehrdienstleistender – Tagesbericht I
Biwak Hohenfels 9. 9. 91 – 19. 9. 91

Tagesablauf vom Donnerstag, den 12. 9. 1991

5.45 h Wecken der Rekruten durch die Streife. Das Wetter ist diesig, und es ist mit Regen zu rechnen. Nach dem Wecken wird das Zelt aufgeräumt und sich in Sportanzug umgezogen, um, wie jeden Morgen, Sport zu treiben.

6.10 h Treffen aller Soldaten am Zuggefechtsstand, um geschlossen im Zugrahmen, den gesamten Kompaniebereich singend zu umjoggen.

6.45 h Jetzt ist Körperreinigung angesagt. Waschen des Oberkörpers an der hergerichteten Waschgelegenheit. Danach umziehen in Feldanzug, auch wird der Stiefelputz und die Tarnung des Helmes verbessert.

7.00 h 2 Soldaten empfangen das Frühstück für die ganze Gruppe, mit Hilfe eines Kartons und zwei Kaffeebecher. Wie jeden Morgen gibt es frische Brötchen und miserablen Kaffee.

8.00 h Feldmäßiges Waffenreinigen ist jetzt angesagt.

8.30 h Die halbe Stunde San-Ausbildung bei Uffz. Müller im ZgGefStd. ist eine willkommene Abwechslung. Geübt wird die Herz-Lungen-Belebung anhand eines künstlichen »Verletzten«. Danach Rückmarsch ins Gruppennest, welches ca. 250 m vom Zuggefechtsstand entfernt liegt.

9.10 h Nachdem die Tarnung des Gruppennestes verbessert wurde, steht auf dem Dienstplan: Waffen zerlegen und zusammensetzen. Durchschnittszeit: G3 1,15, MG 1,45

12.00 h Empfang des Mittagessens für die Gruppe

13.00 h Mit Hilfe von Schanzmaterial werden die einzelnen Stellungen und der Alarmposten gebaut. Auch wird ein Streifenweg zum AP mit Trassband markiert.

15.00 h Alle Ausbilder treffen sich im ZgGefStd. um den 20-km-Marsch vorzubereiten. Die Stationen werden besetzt und die verschiedenen Aufgabenbereiche besprochen.
18.00 h Abendessenempfang
19.00 h Optimierung der Tarnung an den Stellungen
20.00 h Duschen anhand der feldmäßigen Dusche. Wie neugeboren!
21.00 h Die Nachtstreifen werden eingeteilt, danach Leben im Felde.
2.18 h Alarm. Die Streife alarmiert die Gruppe wegen eines gehörten Schußwechsels. Nach einer halben Stunde in den Stellungen wird »Entwarnung« gegeben.

Verfasser: A. Sch. aus Würzburg

D 7 Wehrdienstleistender – Tagesbericht II
Schreibstube

Dienstag, 22. 10. 1991

6.45 h Dienstantritt, Empfang des Schlüssels für das KpTrpFhr-Büro beim UvD vom FvW
7.00 h Mehrere Ausbilder kommen ins Büro, und ich gebe ihnen für Unterrichte ZDVs und Unterrichtsmappen. Ein Zug geht zum Schulschießen, und ein Hilfsausbilder bekommt ebenfalls von mir eine Schießkladde, welche wie die Unterrichtsmappen und die ZDVs in Karteikarten eingetragen wird.
8.00 h Vorbereiten der Wochendienstpläne der Züge für die nächste Woche
9.00 h Pause
9.20 h Schreiben von Schießbefehlen mit der Schreibmaschine in neunfacher Ausführung für Schießvorhaben der Züge der kommenden Woche
11.20 h Vereinnahmen von Zeitschriften und Änderungen für ZDVs, die mit der Post geschickt wurden. Einnahmescheine werden mit Stempeln, Datum und Unterschrift versehen, danach abgelegt und die entsprechenden Änderungen in den ZDVs durchgeführt. Die Zeitschriften werden teilweise im Keller gesammelt und die übrigen an KpChef/ZgFhr usw. verteilt.
12.00 h Mittagspause
13.00 h Schreiben von Wochendienstplänen auf Matrize mit der Schreibmaschine der drei Züge für die Ausbildung der nächsten Woche
15.00 h Schreiben einer Dienstplanänderung auf Matrize mit der Schreibmaschine für einen Zug. Nach Unterschrift des KpChefs werden von der Änderung gemäß Verteiler Durchschläge am Vervielfältigungsgerät gemacht und anschließend entsprechend Verteiler weitergeleitet.
16.00 h Schreiben einer Busanforderung für Schulschießen in Hammelburg in zweifacher Ausführung mit der Schreibmaschine
16.30 h Dienstschluß, Abgabe des Büroschlüssels beim UvD

Verfasser: T. G. aus Würzburg

D 8 Zivildienstleistender – Tagesbericht I
Rettungshelfer

Freitag, 10. 1. 1992

8.45 h	Eintreffen am ASB-Standort, Fahrzeugkontrolle: Fahrzeug und Notfallkoffer mit Decken und evtl. Verbandsmaterial auffüllen, Sauerstoffflaschen überprüfen.
9.00 h	Dienstbeginn; Warten am Standort
9.05 h	Transportauftrag: ein 2 Wochen altes Baby im Inkubator (Brutkasten) zum wartenden Hubschrauber fahren
9.20 h	Eintreffen an der Kinderklinik, Aufnehmen von Kind und begleitendem Arzt für den Flug nach Köln, Fahrt zum Hubschrauberlandeplatz
9.30 h	Hubschrauber übernimmt Arzt und Inkubator; Rückfahrt zur Kinderklinik, um unsere Trage wieder aufzunehmen, die dem Inkubator Platz machen mußte
9.45 h	wieder einsatzbereit; nächster Auftrag über Funk: 38jährigen Mann mit künstlicher Niere von der HNO-Klinik zur Endoskopie der Uni-Klinik, Abteilung Innere fahren
10.20 h	wir sind an der Uni-Klinik wieder frei; Anschlußauftrag von der Uni-Klinik zum OP (in der Chirurgischen Klinik: 29jähriger Mann hat große Angst vor dem Eingriff, seine Frau und ich versuchen ihn auf der Fahrt zu beruhigen und aufzumuntern
10.50 h	Ankunft im OP; wir lagern den Patienten auf den OP-Tisch um und verabschieden uns
11.05 h	kurze Ruhepause, wir warten über Funk auf den nächsten Auftrag
11.15 h	Verlegung einer 58jährigen Patientin von der Uni-Klinik in das Rehabilitationskrankenhaus; die Patientin ist durch einen Schlaganfall halbseitig gelähmt und muß von uns übergehoben werden
11.55 h	nächster Transportauftrag: 77jährigen nichtgehfähigen Patienten vom Arzt nach Hause fahren; wir müssen den Patienten mit unserem Sitzstuhl drei Stockwerke hinuntertragen
12.50 h	Mittagspause am Standort
13.47 h	Notfalleinsatz: eine 82jährige Patientin muß wegen einer starken vaginalen Blutung sofort vom Bundeswehrkrankenhaus (BWK) in die gynäkologische Ambulanz gefahren werden. Wir fahren mit Sondersignal an
13.54 h	Eintreffen im BWK, Aufnahme der Patientin und Fahrt in die Gynäkologie
14.40 h	Patientin ist übergeben, wir desinfizieren die Trage und sind wieder einsatzklar; unser folgender Auftrag: eine 83jährige Patientin vom Röntgen zurück ins Altersheim fahren
15.30 h	im Moment ist es ruhig, wir bleiben über Funk
15.45 h	Einweisung eines 45jährigen Mannes mit Asthma und Herzinsuffizienz in das naheliegende Kreiskrankenhaus Laupheim. Wir nehmen für alle Fälle das Asthmaspray des Patienten mit

15.40 h wir treten die Rückfahrt an, nachdem der Patient den Schwestern übergeben wurde
17.05 h Erreichen der Stadtgrenze; unsere Leitstelle schickt uns zum Standort
17.10 h der Tag endet mit Wagenwäsche und Reinigung des Innenraumes, wir müssen noch tanken, die Transportscheine sowie das Fahrtenblatt vervollständigen
17.40 h Schlüssel abgeben, Dienstschluß, nur 10 Minuten Überstunden

Der Dienst gliedert sich in 7 verschiedene Schichten rund um die Uhr im wöchentlichen Wechsel.

Verfasser: O. M. aus Ulm

D 9 Zivildienstleistender – Tagesbericht II
Tätigkeit in den Außenanlagen eines Krankenhauses

Dienstag, 7. 1. 1992

7.00 h Da es im Januar um diese Zeit draußen noch dunkel ist, schickt mich mein Vorgesetzter in das erhellte Innere des Krankenhauses. Hier befinden sich, über alle Stockwerke und Abteilungen verteilt, Pflanzen. Ich habe die Aufgabe, diese Pflanzen, meistens sind es Hydrokulturen oder Gummibäume, auf Schädlinge zu untersuchen und die abgestorbenen Pflanzenteile abzuschneiden. Am Anfang meiner Zivildienstzeit war es bereits nach wenigen Wochen für mich kein Problem mehr, die Schildlaus von der Blattlaus mit dem bloßen Auge zu unterscheiden. Erkrankte Kulturen muß ich sofort entfernen, da dies in Abteilungen, in der infiziöse Krankheiten behandelt werden, hygienisch nicht zu verantworten wäre.
8.45 h Die 15 Minuten Frühstückspause reichen gerade, um zwei Brötchen und einen Kaffee hinunterzuschlingen.
9.00 h Wie in jedem Jahr werden im Krankenhaus die vor Weihnachten aufgestellten Christbäume nach Dreikönig wieder abgebaut. Das bedeutet, daß ich mit meinen Kollegen ungefähr 30 Bäume über den Aufzug ins Freie schaffen muß, ohne Besucher oder einen gerade entlassenen Patienten erneut zu verletzen.
11.00 h Nachdem wir sicher unten angekommen sind, verladen wir die Bäume auf einen VW-Bus und fahren diese zu einer in der Nähe gelegenen Deponie für Grünabfälle.
12.15 h Hungrig von der geleisteten Arbeit gehe ich in die Kantine, um eines der drei Menüs zu vertilgen, die uns täglich zur Auswahl stehen und welche durch ihre Reichhaltigkeit jedermanns Geschmack treffen.
13.00 h Nach dem Mittagessen kommen wir zu der in den Wintermonaten üblichen Beschäftigung, nämlich zum Sträucher- und Bäumeschneiden. Ob wir nun Ligustersträuche, Tamarisken, Ebereschen oder Kastanienbäume bearbeiten, die Schnittmethode

ist von Strauch zu Strauch verschieden, und zuviel abgeschnittene Äste können leider nicht mehr angeklebt werden. Nachdem wir sämtliche Baumarten kupiert haben, bestreichen wir die Schnittstellen mit einer speziellen Creme, um zu verhindern, daß die Kälte in das Innere des Baumes gelangt und dieser dann an kalten Wintertagen erfriert. Ebenso wird der Wundheilprozeß durch diesen Creme-Auftrag gefördert.

16.00 h Um einige Erfahrungen in der Botanikkunst reicher trete ich nach einem abwechslungsreichen Tag den Nachhauseweg an.

Verfasser: M. G. aus Lauterstein

D 10 Pflegenotstand und Zivildienstleistende

Seit Jahren gibt es in Deutschland unbestreitbar einen Pflegenotstand. Die Anforderungen an das Pflegepersonal sind in menschlicher, administrativer und technischer Hinsicht gestiegen, die psychischen Belastungen wachsen, der Personalmangel ist unverkennbar. Zivildienstleistende gelten als Lückenbüßer.

Zeichnung: Gerhard Mester

Aufgaben:
1. Was heißt »Lückenbüßer-Funktion«?
2. Wie beurteilen Sie die Entwicklung, sehr viele Zivildienstleistende im Pflegebereich einzusetzen?

D 11 Aus den Jahresberichten des Wehrbeauftragen

Nach Artikel 45b des Grundgesetzes gibt es den Wehrbeauftragten des Deutschen Bundestages. § 7 des Ausführungsgesetzes gibt jedem Soldaten das Recht, sich ohne Einhaltung des Dienstweges an den Wehrbeauftragen zu wenden. Der Wehrbeauftragte prüft Eingaben darauf, ob Grundrechte der Soldaten oder die Grundsätze der inneren Führung verletzt sind.

Sorgen bereiten mir nach wie vor die Umgangsformen im militärischen Alltag und dabei insbesondere verbale Entgleisungen. Es gibt kaum ein Thema, bei dem ich in ähnlicher Weise ebenso beharrlich wie erfolglos Verbesserungen angemahnt habe. Leider geht die Zahl der Vorgesetzten kaum zurück, die glauben, sich durch lautstarke Redewendungen, die häufig in persönliche Kränkungen und Beleidigungen abgleiten, Geltung verschaffen zu müssen. Es ist nicht nur der »sensible junge Mann«, der völlig zu Recht empfindlich auf Beschimpfungen und verächtliche Bemerkungen reagiert.

Quelle: Deutscher Bundestag, 11. Wahlperiode, Jahresbericht 1989 des Wehrbeauftragten, Drucksache 11/6522 vom 22. 2. 1990

Seit Mitte 1989 werden einmal im Quartal rund 4000 Soldaten vier Monate vor ihrem Ausscheiden zu den Erfahrungen und Meinungen über ihren Dienst – auf freiwilliger Basis – befragt. Die bislang erfolgten Auswertungen der Befragungen decken sich größtenteils auch mit meinen Erfahrungen. So ist in dem Erfahrungsbericht 1989/1990 unter anderem festgestellt worden: Die Zufriedenheit der Soldaten mit ihrem Dienst läßt sich dadurch steigern, daß ihnen möglichst häufig und umfassend auf allen relevanten Feldern des Dienstgeschehens Mitsprache eingeräumt wird. Darüber hinaus ergab die Befragung, daß Vorgesetzte dann besondere Akzeptanz erfahren, wenn die Ausbildung und der Dienst insgesamt mehr zivilorientiert und leistungsbezogen gestaltet und auf mehr Teamarbeit sowie einen »lockeren« Umgangston Wert gelegt werden. Entsprechende Aussagen lassen sich in vielen Jahresberichten des Wehrbeauftragten wiederfinden. Menschenführung kann nur dann zeitgemäß sein, wenn Empfindungen und Einstellungen der jungen Generation der militärischen Führung »ungeschminkt« bekannt sind. Die Befragung ausscheidender Soldaten sollte daher zu einer Dauereinrichtung werden. Hierdurch können Fehleinschätzungen vermieden und Mängel unverzüglich abgebaut werden.

Nicht nur der Wehrbeauftragte hat seit Jahren auf die Abschaffung übertriebener Formalismen, der sogenannten »alten Zöpfe«, in der Bundeswehr gedrängt. Ich nenne in diesem Zusammenhang nur die Reizworte: Grundstellung, Grußordnung, Kopfbedeckung, Marsch zum Essen...

Der Soldat muß wissen, daß militärische Ausbildung der Einsatzbereitschaft der Streitkräfte dient. Von daher sind Einschränkungen seiner staatsbürgerlichen Rechte nicht zu vermeiden...

Mit dienstlichen Notwendigkeiten können aber keinesfalls verbale Entgleisungen gerechtfertigt werden. Auch im Berichtsjahr sind mir wieder eine Reihe von Fällen vorgetragen worden, in denen Vorgesetzte sich in ehrverletzender Weise gegenüber ihren Soldaten geäußert haben. Man kann nicht oft genug und nicht deutlich genug herausstellen, daß solche Äußerungen schwere Pflichtverletzungen sind. Ein Kompaniechef, der seine Soldaten wegen Ausbildungsmängel während einer Gefechtsübung als »Schweine, Penner, Hunde« bezeichnet, verliert nicht nur seine Vertrauenswürdigkeit; er schädigt das innere Gefüge seiner Einheit und die Ehre jedes einzelnen Soldaten in einer Weise, die neben der disziplinaren Ahndung die unverzügliche Ablösung von seinem Dienstposten unabdingbar macht. Die Äußerung eines Hauptmanns, der Wehrpflichtige als »Mengenverbrauchsgüter« bezeichnet, läßt nach meiner Auffassung erhebliche Zweifel an der Vorgesetztenqualifikation aufkommen. Zu einem gut geplanten und fordernden Dienst gehört auch der richtige Ton. Es darf nicht soweit kommen, daß junge Soldaten den Umgangston als »abstoßend« empfinden.

Quelle: Deutscher Bundestag, 12. Wahlperiode, Jahresbericht 1990 des Wehrbeauftragten, Drucksache 12/230 vom 21. 3. 1991

Auch zukünftig werden für die Funktionsfähigkeit der Streitkräfte Gehorsam, Disziplin, Gemeinschaftsgefühl, Pflichtbewußtsein und Selbstlosigkeit im Dienen unverzichtbar bleiben. Allerdings sollte eine kritische Überprüfung der aus den traditionellen soldatischen Tugenden abgeleiteten Konventionen und Umgangsformen vorgenommen werden. Parallel zum Wandel bei den gesellschaftlichen Wertvorstellungen erheben in der Bundeswehr nicht nur die Wehrpflichtigen Anspruch auf mehr Selbständigkeit, größere Freiräume, Eigenverantwortung und Mitsprache...

Quelle: Deutscher Bundestag, 12. Wahlperiode, Jahresbericht 1991 des Wehrbeauftragten, Drucksache 12/2200 vom 12. 3. 1992

Aufgabe:
Fassen Sie zusammen, wodurch die Zufriedenheit der Soldaten mit ihrem Dienst steigt und wodurch die Unzufriedenheit wächst.

D 12 Haben Zivildiener Vorteile?

Fein säuberlich listete z. B. die Bundesvereinigung der Milizverbände insgesamt 18 »Vorteile« der Zivildiener gegenüber den Wehrdienern auf: Heimschlafen, kürzerer Dienst, Dienst am Wohnort, 8 Monate Durchdienen, Arbeitsmarkt bevorzugt Durchdiener, höhere Bezahlung, kein Disziplinargesetz, zumeist keine Uniformtragpflicht, freie Arztwahl, weniger Versetzungen, keine Entsprechung zum militärischen Gruß, keine Bewilligungspflicht für Auslandsreisen, elfstündige Ruhezeit, keine Lebensgefahr im Einsatzfall, keine Zwangsverpflichtung, können parteipolitisch tätig sein, kein Aufschub einer Dienstentlassung und kein außerordentlicher Zivildienst.

In dieser Liste stecken eine Reihe von Vereinfachungen, die verschleiern, daß die genannten Vorteile – soweit sie überhaupt relevant sind – auch auf viele Soldaten zutreffen. Heimschlafen ist auch für Soldaten in vielen Fällen nach der Grundausbildung möglich; Dienst am Wohnort wird gerade im Milizheer angestrebt; das Durchdienen ist für alle »Systemerhalter« beim Heer möglich; Versetzungen sind nicht nur im Zivildienstgesetz vorgesehen, sondern auch bereits verordnet worden; auch der außerordentliche Zivildienst ist gesetzlich und wird in zunehmendem Maß zu leisten sein; die Bevorzugugung von Durchdienern am Arbeitsmarkt ist wohl nicht den Zivildienern anzurechnen, sondern eher eine Teilantwort der Gesellschaft auf das Problem Militär; verlegt der Zivildiener seinen Aufenthaltsort für länger als 6 Monate ins Ausland, muß er dies melden; ist das Uniformtragen für ein Heer, das sich präsentieren will, so ein großer Nachteil?

Die meisten Vorwürfe erfahren Zivildiener wegen der angeblich so guten Bezahlung...

Es gab und gibt keine Veranlassung dazu, weil Wehr- und Zivildiener nach dem gleichen Heeresgebührengesetz besoldet werden, soweit es um unmittelbar vergleichbare Ansprüche geht; ansonsten erhält ein Teil der Zivildiener nur das in Geld, was die Soldaten in Naturalien erhalten...

Von den »Privilegien« der Zivildiener ist somit im wesentlichen geblieben: keine Kasernierung, unterschiedliche Strafbehandlung aufgrund unterschiedlicher Dienstanforderungen, ein erhöhtes Kostgeld von 18 Schilling bei Selbstverpflegung, die einmalige Auszahlung der Fahrkosten vom Wohnsitz zur Dienstverrichtungsstelle bei Antritt des Zivildienstes, das Durchdienen, gesetzlich geregelte Versetzungsgründe und keine Übung im scharfen Schuß.

Quelle: Kranebitter, Peter: Die Verweigerer, Wien 1989, S. 84ff.

Aufgabe:
Ist Ihrer Ansicht nach der Zivildienst in Österreich privilegiert?

D 13 Sind Zivildienstleistende Drückeberger?

Wer die Wirklichkeit des Zivildienstes, sei es als Zivildienstleistender, sei es als Patient in einem Krankenhaus, Altenheim oder in einer Rehabilitationseinrichtung oder als Verantwortlicher in einer Trägerorganisation, kennt, der weiß, daß der Zivildienst ein sehr ungeeigneter Dienst für Drückeberger ist. Treffender erscheint der Umkehrsatz: Drückeberger seien vor dem Zivildienst gewarnt!... Von der Tätigkeit her gesehen liegen nach allen Erfahrungen keine Anhaltspunkte dafür vor, daß Zivildienstleistende ihre staatsbürgerlichen Pflichten der Gemeinschaft gegenüber schlechter erfüllen als Wehrdiener.

Quelle: Informationsblatt des Ministeriums für Inneres »Öffentliche Sicherheit« von 7/1985, S. 20

D 14 Anzahl der Zivildienstplätze gegliedert nach Dienstleistungssparten

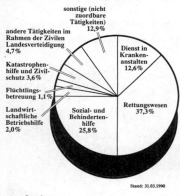

Quelle: Bundesministerium für Inneres (Hrsg.): Grundlehrgang für Zivildienstleistende, Lernbehelf, Lehrblock 2, Wien 1991

Aufgabe:
Welche Unterschiede gibt es im Vergleich mit den Tätigkeitsbereichen in Deutschland (vgl. D 3)?

D 15 In Frankreichs Armee wachsen Frust und Disziplinlosigkeiten

Minister stellt Pressebericht darüber unter hohe Strafe

Korrespondentenbericht von Hans-Hermann Nikolei

...Was war geschehen? Zahlreiche Gendarmen hatten mit anonymen Briefen über Gewerkschaftsverbot, geringen Sold, Kasernierung, überlange Arbeitszeiten und veraltetes Soldatenreglement geklagt. Verteidigungsminister Chevenement hatte ihnen daraufhin materielle Zusagen gemacht. Doch dieser Erfolg der Gendarmen setzte auch in Luftwaffe, Heer und Marine längst angestauten Unmut frei. Es hagelte Stellungnahmen an die Presse – meist anonym. Fregattenkapitän Roger Martin wagte nach 27 Dienstjahren offen, im Fernsehen das »latente Unbehagen« in der Armee anzusprechen. Die Quittung: ein Monat verschärfter Arrest...

Quelle: Süddeutsche Zeitung vom 31. 8. 1989

D 16 Die schweizerische Miliz

Der dauernde Wechsel von Mobilisierung und Demobilisierung einzelner Verbände entzieht dem Milizmilitär den Charakter einer stehenden Organisation. Segregations- und Entfremdungseffekte der »totalen Institution« werden dadurch tendenziell gemildert. Diese Wirkung wird verstärkt durch den geringen Kasernierungsgrad. Nur Schulen und Kurse von Spezialtruppen werden in Kasernen durchgeführt. Der Truppenbetrieb der Wiederholungs- und Ergänzungskurse erfolgt weitestgehend im Rahmen ziviler kommunaler Infrastruktur oder im Felde.

Quelle: Haltiner, Karl: Struktur, Tradition und Integration der schweizerischen Miliz, in: Sicherheit und Frieden, 3/1986, S. 128

PHOTO: AP

Aufgabe:
Arbeiten Sie die Besonderheiten des Milizsystems heraus.

D 17 Rollenspiel
Wer hat den härteren Dienst?

Grundlage: Tagesberichte der Wehrdienstleistenden und Zivildienstleistenden (D 6 bis D 9)

Rolle 1: Wehrdienstleistender – Biwak
Rolle 2: Wehrdienstleistender – Verwaltungsarbeit
Rolle 3: Zivildienstleistender – Rettungshelfer
Rolle 4: Zivildienstleistender – Hausmeistertätigkeit

Zwei Spielvarianten sind möglich: 1 und 3 (härterer Dienst) sowie 2 und 4 (leichterer Dienst)

Baustein E — Gesellschaftliche Akzeptanz des Wehr- und Zivildienstes

Ländervergleich

Gesellschaftliche Akzeptanz des Wehrdienstes

In Belgien, Deutschland, Frankreich, den Niederlanden, Österreich sowie der Schweiz sank die Akzeptanz während der letzten Jahre. Für Spanien gilt, daß das Militär in den vergangenen Jahrzehnten nie ein gutes Image hatte. Nur in Griechenland und in Italien genießt der Wehrdienst ein relativ hohes Ansehen.

Für den Akzeptanzverlust lassen sich folgende Gründe anführen (Einzelheiten vgl. Länderanalysen):
- Wegfall des seitherigen Bedrohungsbildes;
- Probleme der Armeeorganisation und der Menschenführung;
- Auseinandersetzungen über soldatische Leitbilder;
- regionale Probleme.

Gesellschaftliche Akzeptanz des Zivildienstes

In Belgien, Deutschland, den Niederlanden sowie in Österreich ist der Zivildienst weitgehend anerkannt. Während der letzten Jahre führten hier vor allem die Pflege- und Betreuungstätigkeiten der Zivildienstleistenden zu einem Imagegewinn.

In Frankreich ist die Akzeptanz eher schwach ausgeprägt. Gründe liegen zum einen in der unbefriedigenden institutionellen Absicherung des Zivildienstes; zum anderen gibt es zahlreiche Möglichkeiten, anstelle des herkömmlichen Grundwehrdienstes eine »angenehmere« Wehrdienstform zu wählen. Als weitere Gründe lassen sich anführen: Es ist möglich, relativ einfach um den Wehrdienst herumzukommen; die Zivildienstdauer schreckt offensichtlich potentielle Verweigerer ab.

In Italien wird dem Zivildienst bislang eine »Lückenbüßer-Funktion« zuerkannt. In dem Maße, in dem sich die Akzeptanz des Wehrdienstes relativiert, kann künftig die Akzeptanz des Zivildienstes steigen.

Für Griechenland, die Schweiz und Spanien können keine Aussagen getroffen werden. Griechenland kennt keinen Zivildienst. Die Schweiz führt den Zivildienst erst 1994 ein. In Spanien schließlich ist die Infrastruktur des Zivildienstes wenig ausgebaut (Einzelheiten vgl. Länderanalysen).

Unterrichtspraktische Anregungen und Empfehlungen

Einstiegsphase

E 1 besteht aus drei Teilen, welche die Einstellung zum Wehrdienst thematisieren. Zunächst kann in der Lerngruppe die Einstellung zum Wehrdienst diskutiert werden, wobei der Lehrer die Antwortkategorien der Umfrage als Diskussionshilfen einbringt. Erst nach dieser Diskussion wird E 1 vorgestellt. Als Alternative bietet sich an, die Äußerungen und Thesen zu präsentieren und die angeführten Themen zu bearbeiten. Im Anschluß daran erfolgt die Plenumsdiskussion über die Einstellung der Schüler zum Wehrdienst.

E 2 kann als Arbeitsvorlage präsentiert werden. Die Frage für die Betrachtung der Karikatur kann lauten: »*Was sagt die Karikatur aus?*« Anschließend können die Thesen im Plenum diskutiert werden.

Anstelle von E 1 und E 2 kann ein Assoziationsspiel gewählt werden. Jeder Schüler erhält zwei Karteikarten mit der Aufgabe, die Wortketten »Für mich ist Wehrdienst...« und »Für mich ist Zivildienst...« zu ergänzen. Die Karten werden anschließend deutlich sichtbar aufgehängt. Eine Diskussion der Meinungsäußerungen ist möglich; sie kann aber auch hinausgeschoben werden (Erarbeitungsphase).

Erarbeitungsphase

Die Meinungsumfragen E 3 und E 4 dienen der Information. Bei E 3 ist es aufschlußreich, die Antwortschwerpunkte festzustellen (Unterschiede der einzelnen Umfragen vgl. Arbeitsvorschlag). E 4 zeigt, daß die Zahl der potentiellen Kriegsdienstverweigerer seit Mitte der 80er Jahre anstieg.

Meinungen zum Wehr- und Zivildienst vermitteln E 5 bis E 7. Die Karikatur E 8 spricht die »Sinnkrise« der Bundeswehr an.

Die »Innenansichten« E 9/1 bis E 9/4 dienen der Detailinformation. Es bietet sich an, die Tabellen zusammenhängend jedem Lernenden zu präsentieren und anschließend im Plenum die Antwortschwerpunkte feststellen zu lassen.

Die Befragungsergebnisse E 10 haben gleichfalls eine informative Funktion. Besteht die Lerngruppe aus Zivildienstleistenden, können sie vor Präsentation von E 10 selbst befragt werden, warum sie Zivildienst leisten.

E 11/1 bis E 11/4 beziehen sich auf die Situation in Frankreich. Die Bearbeitung kann einzeln oder mit einem Partner erfolgen. Im Plenum werden dann die Ergebnisse vorgestellt. E 11/4 (Karikatur) hat einen illustrativen Zweck.

E 12 spricht die Lage in der Schweiz an. Die Karikatur läßt sich nicht ohne die Zeitungsmeldung verstehen. Text und Karikatur verdeutlichen, daß nicht mehr von einer uneingeschränkten Akzeptanz gesprochen werden kann.

Schlußphase

E 13 ist eine Wissensüberprüfung.

E 1 Einstellungen zum Wehrdienst

Einstellung zum Wehrdienst						
Gestellt an:	14–30jährige Männer, die ihren Wehrdienst noch nicht geleistet haben					
Antworten:	Vorgegeben					
Befragungszeitraum:	23.10.–17.11. 1986					
		Altersgruppen				
	Total %	14–16 Jahre %	17–19 Jahre %	20–22 Jahre %	23–25 Jahre %	26. Jahr %
Gerne Wehrdienst leisten	22	21	30	19	15	7
Notwendige Pflicht	30	46	28	31	22	9
Nur sehr ungern Wehrdienst leisten	22	25	26	10	23	15
Auf keinen Fall Wehrdienst leisten	23	3	12	40	40	69

Quelle: Bundesministerium der Verteidigung 1987

Panzerkanonier S. M., 3. Batterie/Panzerartilleriebataillon 315, Wildeshausen:
»Die Frage, ob man im Ernstfall die Waffe auf einen Menschen

Gefreiter R. S., Stabsbatterie/ Artillerieregiment 7, Dülmen:
»Die Entscheidung für oder gegen Wehrdienst sollte eigentlich eine Gewissensentscheidung sein, aber

richtet oder nicht, muß jeder für sich selbst entscheiden. Irgend jemand muß doch die Bundesrepublik bei einem Angriff verteidigen.

Wer Wehrdienst leistet, hat doch auch die Aufgabe, diejenigen zu schützen, die das mit ihrem Gewissen nicht vereinbaren können.«

viele leisten den Dienst nur aus Bequemlichkeit. So war es auch bei mir, denn nach der Lehre konnte ich nichts anderes machen.

Meiner Meinung nach sollte man zwischen Wehr- und Zivildienst ohne Begründung wählen können.«

Quelle: Heer 9/89 (18. Jg.)

Provokative Thesen

1. Die Einstellungen zum Wehrdienst sind äußerst heterogen.
2. Wer zur Bundeswehr geht, ist unterschiedlich motiviert.

Aufgabe:
Formulieren Sie selbst Ihre Einstellung zum Wehrdienst.

E 2 Einstellungen zum Zivildienst

Zeichnung: Marie Marcks

Provokative Thesen

1. Zivildienst ist ein Dienst für Drückeberger.
2. Zivildienst ist verlorene Zeit.
3. Ein Zivildienstleistender hat im Vergleich zum Wehrdienstleistenden den attraktiveren Dienst.
4. Wer den Wehrdienst verweigert, tut dies aus Bequemlichkeit.

Aufgabe:
Beziehen Sie zu den Thesen Stellung und formulieren Sie Ihre Einstellung zum Zivildienst.

E 3 Bedeutung der Bundeswehr (Meinungsumfrage)

Bundeswehr ist:	SINUS 1990 16–18 jährige männl. Jugendl.	EMNID 14–21 jährige männl. Jugendl.	EMNID ges. Bevölkerung
sehr wichtig	10 %	24 %	16 %
wichtig	30 %	55 %	58 %
nicht so wichtig	32 %	9 %	12 %
unwichtig	8 %		3 %
überflüssig	9 %	1 %	3 %
schädlich/ gefährlich	11 %	2 %	4 %
weiß nicht		9 %	4 %

Quelle: Bundesminister der Verteidigung, Mitteilungen an die Presse, 8.2. 1991

Aufgabe: Stellen Sie fest, wo die Antwortschwerpunkte liegen.

E 4 Haltung zum Wehrdienst

Bis Mitte der 80er Jahre zeigten 20 % der jungen Männer die Bereitschaft, sich freiwillig zu melden, oder sie befanden sich im Entscheidungsprozeß zwischen Freiwilligenmeldung und Bereitschaft zum Grundwehrdienst. Dieser Anteil ging bis 1989 auf 12 % zurück. Die Zahlen der potentiellen Wehrdienstverweigerer stiegen stetig an und übersprangen 1989 erstmals die 40 %-Marke. 1990 zeigte sich einerseits wiederum ein 40%-Anteil an potentiellen Verweigerern, andererseits aber war eine größere Anzahl als in den Jahren zuvor zum freiwilligen Dienst bereit.

E 4 Haltung zum Wehrdienst (Meinungsumfrage)
(Angaben in Prozent)

	Freiwillig	Freiwillig?	Wehrdienst	KDV?	KDV
1977	10	12	43	22	13
1978	11	12	52	15	10
1979	7	10	59	14	10
1980	9	11	58	13	9
1981	9	9	57	16	9
1982	9	10	58	14	9
1983	8	9	51	19	13
1984	9	8	53	18	12
1985	10	8	56	15	11
1986	7	9	55	16	13
1987	6	8	53	18	15
1988	7	7	53	19	14
1989	6	6	45	17	26
1990	11	7	42	15	25

Quelle: Bundesminister der Verteidigung, Informationen zur Sicherheitspolitik, Januar 1991

Aufgabe:
Lassen sich Entwicklungstrends erkennen?

Meinungen zum Wehr- und Zivildienst

E 5

Das Ansehen der deutschen Bundeswehr leidet zur Zeit unter Akzeptanzproblemen. Jahr für Jahr entscheiden sich immer mehr Jugendliche für die Kriegsdienstverweigerung... Große Teile der Öffentlichkeit, und dabei besonders viele jüngere Menschen... halten... die Gefahr eines Krieges für unwahrscheinlich... Es wird deshalb zu einem wachsenden Problem, den Sinn des Wehrdienstes in einer von Entspannung und Abrüstung geprägten Zeit den Menschen nahe zu bringen. So erklärte Hans-Georg Raeder vom Sozialwissenschaftlichen Institut der Bundeswehr in München: »Das Militär wird heute für weniger wichtig gehalten, dagegen ist das soziale Prestige der Wehrdienstverweigerer gestiegen.«

Quelle: Deutscher Bundestag, Wissenschaftliche Dienste, Ausarbeitung vom 31. 10. 1989

E 6

In seiner Rede vom 6. 6. 1989 sprach der Bundespräsident Dr. Richard von Weizsäcker das Akzeptanzproblem des Wehrdienstes an:

Der Wehrdienst ist von Natur aus eher undankbar und unscheinbar. Wer einen hilflosen, behinderten Mitmenschen täglich pflegt, hat eine schwere, aber unmittelbar einleuchtende Aufgabe. Der Sinn des Wehrdienstes dagegen bedarf neben einem vernünftigen Tagesablauf auch einer abstrakten Einsicht in seine Notwendigkeit. Routinedienst und schlichte Anwesenheit stiften nicht aus sich selbst heraus augenfälligen Sinn. Gelegentliche Erlebnishöhepunkte können überbrücken, ohne die Aufgabe im ganzen zu lösen.

E 7

Durch die gewaltig gewachsene Zahl der KDV-Antragsteller von 400 im Jahre 1961 auf 151 212 im Jahre 1991 hat sich in den zurückliegenden 30 Jahren der Zivildienst zu einem bedeutenden gesellschaftspolitischen Faktor entwickelt. Der Dienst der jungen Männer erfährt inzwischen auch eine hohe gesellschaftliche Anerkennung. Sie prägen die Qualität unseres sozialen Systems ganz erheblich mit. Aus vielen Bereichen der sozialen Versorgung alter, kranker und behinderter Menschen sind Zivildienstleistende kaum noch wegzudenken...

Vor allem in der Individuellen Schwerstbehindertenbetreuung (ISB), dem Elitefeld des Zivildienstes, sind hervorragende Leistungen vollbracht worden. So werden Tag für Tag behinderte Menschen durch Zivildienstleistende in die Lage versetzt, ihre Lebensmöglichkeiten wahrzunehmen. Rund 4000 junge Männer sind in diesem Tätigkeitsfeld zur Zeit im Dienst. Der Zivildienst in der Individuellen Schwerstbehindertenbetreuung veranschaulicht: Zivildienst ist Dienst am Menschen, und zwar höchstpersönlich und hautnah. Aber auch in den anderen Tätigkeitsfeldern des Zivildienstes sind die jungen Männer sehr direkt in Kontakt mit Menschen...

Ganz gleich, wo Zivildienstleistende eingesetzt sind, sie leisten für unsere Gesellschaft und in unserer Gesellschaft einen außerordentlich wertvollen Dienst.

Quelle: Hackler, Dieter, Bundesbeauftragter für den Zivildienst seit 1991, in: Das Parlament vom 4. 9. 1992

Aufgabe:
Diskutieren Sie die Stellungnahmen.

E 8 Wozu noch Wehrdienst?

»Sinnkrise« Zeichnung: Horst Haitzinger

Aufgabe:
Warum kann man beim Militär heute von einer Sinnkrise sprechen?

E 9 Innenansichten

E 9/1 Welcher Anteil Ihrer bisherigen Dienstzeit war Ihrer Meinung nach Gammelei? (Angaben in %)

	Heer	Luftwaffe	Marine
keine Gammelei	17,6	10,8	15,5
etwa ¼ der Zeit	31,8	28,8	23,8
etwa ½ der Zeit	25,8	26,2	29,4
etwa ¾ der Zeit	20,5	24,2	23,8
die ganze Zeit	4,3	10,0	7,5
n	1429	260	252

E 9/2 Sinn von Diensten

»Wie oft sind Sie mit Aufgaben beschäftigt worden, deren Sinn ihnen nicht klar war?«	
nie	5 %
selten	19 %
manchmal	27 %
häufig	28 %
oft	19 %

E 9/3 Wie beurteilen Sie den Sinn des Wehrdienstes für Sie persönlich? (Angaben in %)

	Heer	Luftwaffe	Marine
sehr sinnvoll	1,9	2,3	2,4
sinnvoll	9,1	6,5	8,7
Pflicht	52,9	54,6	49,6
sinnlos	17,8	15,6	18,7
sehr sinnlos	18,4	18,7	20,6
n	1436	262	252

E 9/4 Wie gerne sind Sie bei der Bundeswehr?

sehr gerne	1,2 %
gerne	5,5 %
teils/teils	23,3 %
ungerne	29,7 %
sehr ungerne	40,2 %

Quellen:
E 9/1 und E 9/3:
Befragung des Sozialwissenschaftlichen Instituts der Bundeswehr im Heer 1989. Vgl. Lippert, Ekkehard, Lagefeststellung »Der Wehrpflichtige«, in: Klein, Paul (Hrsg.); Wehrpflicht und Wehrpflichtige heute, Baden-Baden 1991, S. 28
E 9/2 und E 9/4:
Befragung 1987 im Pionierkommando 1, Münster 1987. Vgl. Drexler, German, »Qualifikation« als Mittel zur Motivierung im Wehrdienst, in: Klein, Paul (Hrsg.), Wehrpflicht und Wehrpflichtige heute, Baden-Baden 1991, S. 108/113

Aufgabe:
Stellen Sie fest, wo die Antwortschwerpunkte liegen.

E 10 Warum leisten Jugendliche Zivildienst statt Wehrdienst?

Mehrfachnennungen, Angaben in %

Einfluß von Freunden	0,2
Einfluß von Eltern	0,9
Zivildienst als »kleineres Übel«	6,6
Berufliche Gründe	7,5
Interessanter Dienst	7,5
Heimatnähe	13,2
Wegen Ernstfall	20,8
Wegen Inhalte bei der Bundeswehr	29,2
Will Menschen helfen	33,0
Zivildienst ist gesellschaftlich wichtig	52,8
Gewissensgründe	54,2
Ist Friedensdienst	60,4

Quelle: Berninghaus, Peter/Zimmermann, Eberhard, innere Überzeugung oder innerer Notstand – Die Gründestruktur Jugendlicher bei der Wehrpflichtentscheidung, in: 4/3, 1988, S. 143

E 11 Ein Blick nach Frankreich

E 11/1 Armee und Nation

Welchen Konsens ermitteln die Meinungsforscher?

Der französische Konsens über Armee und Verteidigungsstrategie scheint ungebrochen: über zwei Drittel der Franzosen hatten 1987 eine gute Meinung von den Streitkräften (67 Prozent).

Dieses Bild ergibt sich, wenn man nach den von privaten Institutionen (IFOP, SOFRES, ISL) für die französische Armee durchgeführten Meinungsumfragen urteilt. Dennoch glauben viele Befragte an ein »Abgleiten« (»perte de vitesse«) im Verhältnis zu den anderen Militärmächten; nur etwas mehr als die Hälfte identifizierte sich mit dem Satz: »Ich habe Vertrauen, denn unsere Armee ist modern und gut ausgerüstet« (52 Prozent).

Quelle: Philipps, Fritz: Armee und Nation. Welchen Konsens ermitteln die Meinungsforscher?, in: Dokumente, Zeitschrift für den deutsch-französischen Dialog, August 1988, H. 4, S. 280f.

E 11/2 Jugend und Verteidigungspolitik in Frankreich

Zusammenfassende Auszüge aus einer Meinungsumfrage bei 15- bis 25jährigen Schülern und Studenten vom Januar 1985.

• 48,1% der Befragten schätzen die Streitkräfte als akzeptabel, 13,2% als gut ein, 37,9% haben einen negativen Eindruck.

- 55% dieser Altersgruppe halten eine Verteidigung ohne Wehrpflicht für unvorstellbar (bei den Schülern sind es sogar 65,8%).
- Nur 6% wollen vom Recht der Wehrdienstverweigerung aus Gewissensgründen Gebrauch machen (1979 noch 13%).

Quelle: Information für die Truppe 9/1985

E 11/3 Umfrage in Frankreich

Der Militärdienst ist »verlorene Zeit«

PARIS (dpa): Die uneingeschränkte Zustimmung der »Grande Nation« zu ihren Streitkräften ist dahin. 40 Prozent der Franzosen halten heute den Militärdienst für »nicht mehr notwendig«, und 38 Prozent meinen gar, er sei »verlorene Zeit«. Nur eine knappe Mehrheit von 53 Prozent sieht den Militärdienst noch als notwendig an. Dies geht aus einer Umfrage des »Figaro« hervor. Mit klarer Mehrheit von 63 Prozent sprachen sich Intellektuelle und leitende Angestellte gegen den Militärdienst aus. Dagegen erklärten 73 Prozent der Rentner und 65 Prozent der Bauern den Dienst als nützlich.

Quelle: Heilbronner Stimme vom 11. 4. 1990

Aufgabe:
Formulieren Sie wesentliche Ergebnisse der Umfragen.

E 11/4

»Dienen
für nichts,
einverstanden!
Aber
dann
nicht lange!«

Zeichnung: Pessin;
Quelle:
Le Monde vom
11. 7. 1991

E 12 Die Situation in der Schweiz

Quelle: EFEN, Nebelspalter

Schweiz: Jeder dritte stimmte gegen Armee

Bern (dpa): Die neutrale Schweiz behält ihre Armee, obwohl mindestens jeder dritte Bürger sie abschaffen wollte. In einer als historisch eingestuften Abstimmung verwarfen die Schweizer am Sonntag wie erwartet die Volksinitiative der »Gesellschaft für eine Schweiz ohne Armee«. 64,4 Prozent sprachen sich gegen die Abschaffung der Armee aus, überraschend viele – 35,6 Prozent – für eine völlige Abrüstung des Landes. Diese »Jahrhundert-Abstimmung« brachte die höchste Wahlbeteiligung (68,1 Prozent) in der Schweiz seit 1974. Das mit Spannung erwartete Ergebnis macht deutlich, daß mehr als eine Million Schweizer ihrer Milizarmee ablehnend gegenüberstehen.

Quelle: Heilbronner Stimme vom 27. 11. 1989

Aufgabe:
Auch in der Schweiz gibt es Kontroversen über die Akzeptanz der Armee. Versuchen Sie, eine kurze Situationsbeschreibung zu liefern.

E 13 Überprüfen Sie Ihr Wissen

4 aus 6	
Die meisten Wehrdienstleistenden in Deutschland leisten gerne Wehrdienst.	☐
Die Bundeswehr wird von der Bevölkerungsmehrheit für wichtig befunden.	☐
Das Ansehen der Bundeswehr leidet zur Zeit unter Akzeptanzproblemen.	☐
In Frankreich gibt es eine starke Minderheit, die den Wehrdienst für nicht mehr notwendig hält	☐
In der Schweiz ist die Zustimmung zur Armee ungebrochen.	☐
Der Zivildienst in Deutschland ist gesellschaftlich weitgehend anerkannt.	☐

Baustein **F**
Wehrgerechtigkeit
Frauen in den Streitkräften
Diskussion um
allgemeine Dienstpflicht

Ländervergleich

Wehrgerechtigkeit

Belgien: Weniger als die Hälfte eines Musterungsjahrganges leistet den Grundwehrdienst ab. Viele Wehrpflichtige werden zurückgestellt, befreit oder ausgemustert. Es gibt einen starken Zurückstellungsstau.

Deutschland: Infolge des Beitritts der ehemaligen DDR gibt es mehr Wehrpflichtige. Gleichzeitig wird bis Anfang 1995 die Friedensstärke der Bundeswehr erheblich reduziert. Da der Anteil der Berufs- und Zeitsoldaten nicht gesenkt wird, bedeutet dies, daß viele Taugliche nicht zum Grundwehrdienst herangezogen werden.

Frankreich: Zahlreiche Wehrpflichtige werden aus medizinischen oder psychischen Gründen befreit. Über die Hälfte davon könnte jedoch auf weniger anstrengenden Dienstposten eingebsetzt werden. Außerdem kommt es öfters vor, daß junge Männer aus höheren sozialen Schichten keinen Wehrdienst ableisten oder eine zivile Form des Wehrdienstes bevorzugen, was ihnen berufliche Vorteile bringen kann (vgl. Material F 14/2).

Griechenland: Viele junge Griechen setzen sich ins EG-Ausland ab (Details vgl. Länderanalyse).

Italien: In den letzten Jahren entzogen sich manche der Einberufung, indem sie in die Bundesrepublik oder in andere Länder auswichen. Es kam auch vor, daß Taugliche aus geburtenstarken Jahrgängen nicht eingezogen wurden. Für sozial gut Gestellte ist die Chance höher, dem Wehrdienst durch Zurückstellung zu entgehen.

Niederlande: Deutlich weniger als die Hälfte eines Musterungsjahrganges wird eingezogen. Viele werden ausgemustert oder als Folge von Personalkürzungen nicht zum Grundwehrdienst herangezogen.

Österreich: Neben Zurückstellungen und Befreiungen muß die »Wehrungerechtigkeit von innen her« angeführt werden: Nahezu die Hälfte aller Eingezogenen wird zur »Systemerhaltung« abgeordnet und mit nicht-militärischen Aufgaben betraut. Diese Soldaten kommen sich dann deplaziert vor.

Schweiz: Hier wird die Wehrungerechtigkeit mit einer besonderen Maßnahme kompensiert. Jeder Schweizer, der keinen Wehr- oder Zivildienst ableistet, gleich aus welchen Gründen, muß Militärpflichtersatz bezahlen (Sondersteuer).

Spanien: Bisher gab es Freilose, die vom Wehrdienst befreiten. Dies wurde als ungerecht empfunden.

Die zur Wehrungerechtigkeit führenden Gründe lassen sich somit wie folgt zusammenfassen:
- Befreiungen und Ausmusterungen (Belgien, Frankreich, Niederlande, Österreich);
- Zurückstellungen (Belgien, Österreich);
- Reduzierung der Truppenstärken (Deutschland, Niederlande);
- soziale Kriterien (Frankreich, Italien);
- Ausreise ins Ausland (Griechenland, Italien);
- Freilose (Spanien).

Die Betrauung mit nicht-militärischen Aufgaben kann bei Grundwehrdienstleistenden zum Gefühl einer »inneren Wehrungerechtigkeit« führen (insbesondere in Österreich).

In der Schweiz wird die Wehrungerechtigkeit mit einer Wehrsteuer kompensiert. Dies ist aber umstritten.

Frauen in den Streitkräften

In den meisten europäischen Staaten können Frauen auf freiwilliger Basis Wehrdienst ableisten. Ein Kombattanten-Status für Frauen besteht lediglich in Schweden und Dänemark. Kampfunterstützungsfunktionen haben Frauen z. B. in Großbritannien, Griechenland und in Norwegen, wohingegen beispielsweise in Belgien, Frankreich, den Niederlanden und in der Schweiz eine Verwendung in Kampfverbänden ganz entfällt.

In nennenswertem Umfang (Frauenanteil am Gesamtumfang der Streitkräfte mindestens zwei Prozent) dienen Frauen in Belgien, Dänemark, Finnland, Frankreich, Großbritannien, Norwegen, Schweden sowie in der Schweiz. In Griechenland und in den Niederlanden bewegt sich der Anteil um ca. ein Prozent. In der italienischen Armee dienen überhaupt keine weiblichen Soldaten. In den Armeen der übrigen Länder ist der Frauenanteil äußerst gering.

Für die Bundesrepublik Deutschland gilt: Es gibt keine Wehrpflicht für Frauen (Artikel 12a, Absatz 1 Grundgesetz), Frauen dürfen keinen Dienst mit der Waffe leisten (Artikel 12a,

Absatz 4 Grundgesetz). Das Grundgesetz schließt einen freiwilligen waffenlosen Dienst für Frauen jedoch nicht aus. Zur Zeit leisten weibliche Sanitätsoffiziere (bzw. Offiziersanwärterinnen) einen freiwilligen Wehrdienst als Berufs- oder Zeitsoldaten ab.

Seit einiger Zeit wird in Deutschland und in anderen Ländern darüber diskutiert, ob für Frauen in der Armee nicht weitere Verwendungsmöglichkeiten geschaffen werden sollten. In verschiedenen Ländern gibt es Diskussionen um die Einbeziehung von Frauen in eine allgemeine Dienstpflicht. Hierüber wird inzwischen auch in Deutschland diskutiert.

Allgemeine Dienstpflicht und Pflichtjahr

Grundsätzlich gibt es drei Möglichkeiten, um die Wehrungerechtigkeit zu beseitigen oder abzumildern:
- Verkürzung der Grundwehrdienstdauer mit der Folge, daß in einem bestimmten Zeitraum mehr Wehrpflichtige eingezogen werden können;
- Einführung einer Berufsarmee; hierzu gehört auch die zeitweilige Aussetzung der Wehrpflicht;
- Einführung einer allgemeinen Dienstpflicht (»Pflichtjahr«); Wehrpflichtige können nach freier Wahl den regulären Wehrdienst oder einen Dienst im ökologischen, sozialen, kulturellen bzw. erzieherischen Bereich ableisten. Dabei unterscheidet man zwei Varianten: allgemeine Dienstpflicht für Männer oder allgemeine Dienstpflicht für Männer und Frauen.

Nur in Griechenland und in Spanien finden keine breiteren öffentlichen Diskussionen über Alternativen zur Wehrpflicht statt. Dies hängt möglicherweise damit zusammen, daß der Wehrdienst in diesen Ländern noch stark von traditionellen Leitbildern bestimmt wird. Nicht auszuschließen ist, daß sich dies in naher Zukunft ändert.

Unterrichtspraktische Anregungen und Empfehlungen

Einstiegsphase

Die Karikatur und der begleitende Text F 1 dienen dazu, den zeitgeschichtlichen Bezug zum Thema »Wehrgerechtigkeit« herzustellen. Karikatur und Text lassen erkennen, daß Anfang der 70er Jahre Zurückstellungen zur Wehrungerechtigkeit führten. In Ergänzung dazu steht Karikatur F 2. Sie führt zu der Frage, warum heute die Probleme mit der Wehrgerechtigkeit zunehmen.

Erarbeitungsphase

Detailinformationen zum Problem der mangelnden Wehrgerechtigkeit liefern F 3 und F 4.

Karikatur F 5 weist auf eine mögliche Lösung des Problems der Wehrungerechtigkeit hin: Die Einführung eines Pflichtjahres. Für die Erarbeitung des Pro und Kontra eignet sich die Plenumsdiskussion.

Meinungen und Kommentare zum Pflichtjahr (Allgemeine Dienstpflicht) sind in den Texten F 6/1 bis F 6/2 enthalten. Für die Bearbeitung bietet sich ein arbeitsteiliges Verfahren an.

Empirisch belegen läßt sich die Akzeptanz eines Gesellschaftsdienstes mit den Diagrammen F 7. Präsentation und Aufgabenbearbeitung können im Plenum erfolgen.

Der Widerspruch gegen eine allgemeine Dienstpflicht wird in F 8 formuliert.

Die Textinformationen und »Pro und Kontra« (F 9) können die Basis sein für ein Streitgespräch zum Thema »Allgemeine Dienstpflicht für Männer und Frauen«. Es werden dabei zwei Gruppen gebildet, die jeweils das Für und Wider vertreten.

Andere Lösungsmöglichkeiten zum Problem der schwindenden Wehrgerechtigkeit werden in F 10 und F 11 aufgezeigt.

Das Pro und Kontra eines Pflichtjahres für Frauen wird im Argumentationskatalog F 12 aufgelistet. In Form einer Debatte können die Pro- und Kontra-Argumente aufeinandertreffen. Der Lehrer kann selbst darüber befinden, ob die einzelnen Punkte des Katalogs zuvor mit den Schülern durchgesprochen werden sollen. Möglich ist es auch, vor Präsentation von F 12 die Schüler eigenständig Argumente finden zu lassen.

F 13 (»Kommission empfiehlt: Frauen zur Armee«) ist primär ein informatives Element. Die genannten Empfehlungen können die Diskussion bereichern.

Wichtige Informationen für Frankreich liefern die Texte F 14/1 bis F 14/3. F 14/2 und F 14/3 enthalten auch kommentierende Bestandteile. Für die Analyse bietet sich Einzel- oder Partnerarbeit mit einem sich anschließenden Plenumsgespräch an.

Schlußphase

Die spielerische Zuordnungsaufgabe F 15 dient der Wissensüberprüfung. Schwieriger und anspruchsvoller ist Memory F 16. Bei dieser Form der Wissensüberprüfung ist die Partnerarbeit vorzuziehen.

F 1 Damals schon ein Problem...

Vor 20 Jahren: Wehrgerechtigkeit

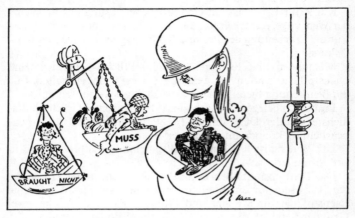

Karikatur: W. Hartung, Die Welt vom 2. 1. 1970

Die auf Initiative von Verteidigungsminister Schmidt eingesetzte unabhängige »Wehrstrukturkommission« legte am 3. Februar 1971 ihren Bericht »Wehrgerechtigkeit in der Bundesrepublik Deutschland« vor. Das Gremium unter Vorsitz von Dr. Karl Mommer schlug vor, den Grundwehrdienst von 18 auf 16 Monate zu verkürzen und Theologiestudenten, jüdische Mitbürger und bestimmte Berufe nicht mehr länger freizustellen. Die Altersgrenze für die Einberufung sollte vom 25. auf das 30. Lebensjahr neu festgesetzt werden. Die alte Regelung hatte dazu geführt, daß viele Wehrpflichtige, die eine zeitweilige Zurückstellung erwirkt hatten, am Ende weder zum vollen noch einem verkürzten Grundwehrdienst einberufen worden waren.

Quelle: Information für die Truppe von 2/1991

Aufgabe:
Warum gab es vor 20 Jahren Probleme mit der Wehrgerechtigkeit?

F 2   ... und heute wieder ein Lotteriespiel

Zeichnung: Jupp Wolter

Aufgabe:
Überlegen Sie, warum heute die Probleme mit der Wehrgerechtigkeit zunehmen.

F 3   Wie ist es heute um die Wehrgerechtigkeit bestellt?

Zu viele Soldaten

Von Heinz Peter Finke, Bonn

Wird die gesamtdeutsche Armee noch kleiner, sind nicht nur 15 Monate, sondern auch wohl zwölf Monate noch zu viel, um alle jungen Männern einzuziehen.

Eine Grundwehrdienstzeit von weniger als einem Jahr bringt allerdings das Problem mit sich, wie gut die Bundeswehr dann noch funktionieren kann. Jede Armee ist heute ein so hochtechnisiertes Unternehmen, daß die Bedienung vieler Geräte, erst recht ihre Beherrschung, nicht in einem Wochenendkurs, nicht einmal in einem halben Jahr erlernt werden kann ...

Quelle: Südwest Presse vom 26. 6. 1990

F 4 Im Hintergrund: Zivi-Einberufungen

Pardon wird nicht gegeben

Zivildienstleistende werden gegenüber Wehrdienstleistenden benachteiligt. Die vom Gesetzgeber geforderte Wehrgerechtigkeit, die allen Rekruten und Zivildienstleistenden eine gleiche Behandlung garantieren soll, scheint für Zivildienstleistende (Zivis) nicht immer zu gelten. Zivis werden insgesamt häufiger eingezogen und seltener vom Dienst zurückgestellt als ihre Altersgenossen, die sich für den Dienst in der Bundeswehr entschließen. Das berichtet die »Zentralstelle für Recht und Schutz der Kriegsdienstverweigerer aus Gewissensgründen e.V.« (Zentralstelle KDV).

»Von den tauglichen Kriegsdienstverweigerern ziehen wir 98 bis 99 Prozent zum Dienst heran«, sagt Josef Opladen vom Bundesamt für Zivildienst. Bei der Bundeswehr sieht die Lage angesichts der Abrüstung und der beschlossenen Verringerung der Bundeswehr auf 370000 Soldaten bis 1994 völlig anders aus: Der FDP-Bundestagsabgeordnete Hans-Joachim Otto geht davon aus, daß auf Dauer nur noch ein Drittel der tauglichen Männer eines Jahrgangs zum Dienst mit der Waffe herangezogen werden.

Die Zentralstelle KDV rechnet für die kommenden Jahre mit etwa 400000 Wehrpflichtigen pro Jahrgang, von denen rund 250000 tauglich sein dürften, aber nur 130000 einberufen werden. In den vergangenen zehn Jahren habe es pro Geburtsjahr etwa 300000 taugliche Wehrpflichtige gegeben, doch nur 185000 seien pro Jahr eingerückt...

Quelle: Frankfurter Rundschau vom 23. 7. 1991

Aufgabe:
Beschreiben Sie, warum von einer Wehrgerechtigkeit nicht mehr gesprochen werden kann und benennen Sie die wesentlichen Probleme.

F 5 Wundermittel Pflichtjahr

Zeichnung: Buchegger/Schwäbisches Tagblatt vom 11. 2. 1992

Aufgabe:
Arbeiten Sie die Kernaussage der Karikatur heraus und beziehen Sie Stellung.

F 6 Allgemeine Dienstpflicht – Meinungen und Kommentare

F 6/1 Alle Männer müssen dienen

Plädoyer für eine Allgemeine Dienstpflicht
in der Bundesrepublik/Von Florian Gerster

Trotz dieser grundsätzlichen Argumente für die Wehrpflichtarmee läßt sich nicht leugnen, daß die hohe Zahl der Kriegsdienstverweigerer dieses Konzept in ernste Schwierigkeiten bringen kann. Die Verweigererquote und die durch sinkende Truppenstärke bei gleichzeitig geburtenstarken Jahrgängen steigende Wehrungerechtigkeit machen neue Lösungsansätze notwendig, um das Modell Wehrpflichtarmee zu bewahren. Mein Vorschlag zur Lösung des Problems ist die Allgemeine Dienstpflicht. Sie bedeutet, daß künftig jeder junge Mann zu einem Pflichtdienst für die Gesellschaft herangezogen werden müßte. Die Wahlmöglichkeiten dürften sich dann nicht mehr nur auf Wehr- oder Zivildienst beschränken, sondern auch andere Bereiche – etwa im Katastrophen- und Umweltschutz – umfassen.

Eine Konkurrenz mit alternativen Diensten wäre nicht das Schlechteste, was der Bundeswehr widerfahren könnte. Sie wäre gezwungen, deutlich für sich zu werben. Umgekehrt würde die Entscheidungsfreiheit für den jeweiligen Dienst diejenigen Männer vor peinlichen Befragungen und längeren Dienstzeiten bewahren, die sich gegen den Dienst in den Streitkräften entscheiden. Weiterer Vorteil eines solchen Modells: Nahezu jeder junge Mann, wenn er nicht gerade durch besondere körperliche Mängel für sämtliche Dienste untauglich wäre, müßte seiner Dienstpflicht gegenüber dem Staat nachkommen. Dem derzeitigen, unhaltbaren Zustand, bei dem nur eine Minderheit der Wehrpflichtigen überhaupt einberufen wird, wäre damit abgeholfen.

Quelle: Die Zeit vom 9. 8. 1991. Florian Gerster, Major der Reserve, ist Minister für Bundesangelegenheiten und Europa des Landes Rheinland-Pfalz.

Aufgabe:
Arbeiten Sie die Argumente für eine allgemeine Dienstpflicht heraus.

F 6/2 SZ-Gespräch mit Alois Glück

CSU-Politiker schlägt soziale Dienstpflicht vor
Ausgleich für schwindende Wehrgerechtigkeit nötig, sagt der Fraktionschef im Landtag

sc München (Eigener Bericht) – Junge Männer, die nicht zur Bundeswehr oder zum Zivildienst herangezogen werden, sollten in Zukunft einer allgemeinen Dienstpflicht unterworfen sein. Das hat der Vorsitzende der CSU-Fraktion im bayerischen Landtag, Alois Glück, in einem SZ-Gespräch vorgeschlagen. Dieses »Jahr für das Gemeinwohl« könnten sie ähnlich wie die Ersatzdienstler ebensogut im Sozialbereich, im Umweltschutz oder in der Entwicklungshilfe zubringen.

Ausgangspunkt für Glücks Überlegung ist die schwindende Wehrgerechtigkeit als Folge der Vergrößerung der Bundesrepublik und der Verkleinerung der Bundeswehr. Der Wehrdienst, der zum 1. Oktober vergangenen Jahres von 18 auf 12 Monate verkürzt worden war, lasse sich nicht beliebig weiter beschneiden. »Ohne ordentliche Ausbildung gefährden sich Leute im Umgang mit hochkompliziertem Gerät wie dem Gepard-Panzer sonst selbst«, warnte der CSU-Politiker.

Sich freizukaufen, ähnlich wie es mit der Feuerwehrabgabe in kleineren Gemeinden geschieht, lehnte Glück als unsozial ab. Besser sei es, wenn jeder prinzipiell ein Jahr opfern müsse und in diesem Jahr persönliche Erfahrungen beispielsweise im sozialen Bereich oder in der Entwicklungshilfe sammele und damit einen »unmißverständlichen eigenen Beitrag« leiste. Das wirke einer Tendenz entgegen, soziale Probleme über bezahlte Funktionen jeweils andere erledigen zu lassen. »Bei uns wird viel soziale Fernwärme verteilt«, kritisierte Glück. »Ohne individuelle menschliche Zuwendung gibt es keine menschliche Welt.«

Junge Frauen in die vorgeschlagene allgemeine Dienstpflicht einzubeziehen, lehnte Glück aus zwei Gründen ab: Diejenigen, die Kinder aufzögen, erbrächten ohnehin schon einen Beitrag zur Gemeinschaft. Frauen, die sich für andere berufliche Wege wählten, hätten noch immer mit Benachteiligungen zu kämpfen. »Soweit ist es mit der Gleichberechtigung bei uns noch nicht«, urteilte er. Wahlfreiheit zwischen militärischem und zivilem Dienst hatte im Januar auch der SPD-Bundestagsabgeordnete Florian Gerster vorgeschlagen.

Quelle: Süddeutsche Zeitung vom 22. 6. 1991

Aufgaben:
1. Arbeiten Sie die Argumente für eine Allgemeine Dienstpflicht heraus. Nehmen Sie dazu Stellung, ob Frauen in diese Dienstpflicht einbezogen werden sollten oder nicht.
2. Welche anderen denkbaren Möglichkeiten, die Wehrungerechtigkeit abzubauen, gibt es? Warum lehnt sie der Verfasser ab?

F 7 Die Akzeptanz eines Gesellschaftsdienstes

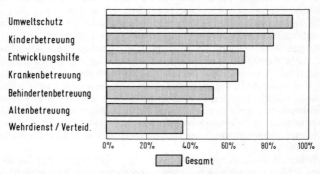

Quelle: Sozialwissenschaftliches Institut der Bundeswehr (SOWI); Abdruck in: Information für die Truppe 2/1991, S. 17; 19. Befragter Personenkreis: Junge Erwachsene zwischen 18 und 28 Jahren

Generelle Akzeptanz eines Gesellschaftsdienstes

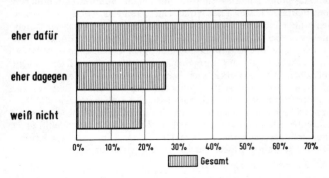

Quelle: Sozialwissenschaftliches Institut der Bundeswehr (SOWI); Abdruck in: Information für die Truppe 2/1991, S. 17; 19. Befragter Personenkreis: Junge Erwachsene zwischen 18 und 28 Jahren

Aufgabe:
Welche Tendenzen lassen sich erkennen?

F 8 Die Last mit dem Dienen

Widerspruch gegen eine Allgemeine Dienstpflicht
Von Margret Funke-Schmitt-Rink

Und wenn Männer wie Frauen eine Allgemeine Dienstpflicht ableisten müßten? Auch eine solche Regelung liefe dem Gleichstellungsgebot des Grundgesetzes zuwider, weil die Frauen in unserer Gesellschaft durch Mutterschaft gegenüber den Männern ohnehin benachteiligt sind.

Gegen eine Allgemeine Dienstpflicht sprechen aber nicht nur juristische Gründe, sondern auch Schwierigkeiten bei der praktischen Umsetzung. Von den Befürwortern dieser Pflicht wird stets betont, daß sie von einer freiwilligen Entscheidung für einen der angebotenen Dienste ausgehen. Indessen steht zu befürchten, daß in der Praxis eine Quotierung unumgänglich und damit die Freiheit der Wahl zwischen den einzelnen sozialen Diensten aufgehoben sein wird. Womöglich fänden sich unter diesen Umständen auch nicht mehr genügend Bewerber für die Bundeswehr.

Weitere Schwierigkeiten sind zu erwarten. Dienstpflichtige als nicht oder schlecht ausgebildete, kaum motivierte Pfleger würden für Schwerkranke und Schwerbehinderte eher eine Gefahr denn einen Nutzen bedeuten. Fachliches Können ist nun einmal nicht im Schnellkurs zu erwerben. Der vermehrte Einsatz unausgebildeter Kräfte würde wegen der notwendigen verstärkten Anleitung und Überwachung zu einer noch größeren Belastung für das Fachpersonal führen.

Quelle: Die Zeit vom 11. 10. 1991 (Margret Funke-Schmitt-Rink ist jugendpolitische Sprecherin der FDP-Bundestagsfraktion)

F 9 Allgemeine Dienstpflicht für Männer und Frauen Pro und Contra

Pro	Contra
– Wehrgerechtigkeit – Chancengleichheit – Berufliche Alternativen werden erkundet. – Personalmangel wird beseitigt – Gesellschaftlicher Beitrag eines jeden einzelnen.	– Zwangsverpflichtung – Dienstpflichtige mit schlechter Motivation – Diskriminierung der Frauen – Vermehrter Einsatz unausgebildeter Kräfte führt zur Mehrbelastung des Fachpersonals – In der Praxis sind Quotierungen zu befürchten; Wahlfreiheit ist dann nicht mehr gewährleistet.

F 10 Berufsarmee als Antwort auf die schwindende Wehrgerechtigkeit?

Junge Liberale treten für eine Freiwilligenarmee ein

FDP-Nachwuchs erhofft sich so mehr Wehrgerechtigkeit

Konstanz (lsw). Der Landeskongreß der Jungen Liberalen (Julis) Baden-Württembergs hat sich am Wochenende in Konstanz bei einer Abstimmung mit knapper Mehrheit für die Einführung einer Freiwilligenarmee ausgesprochen.

Aufgrund der schrumpfenden Sollstärke der Bundeswehr erhofft sich die FDP-Nachwuchsorganisation hiervon mehr Wehrgerechtigkeit. Es könne nicht angehen, meinte die FDP-Bundestagsabgeordnete und Juli-Bundesvorsitzende Birgit Homburger, »daß zukünftig nur noch jeder zweite zum Wehrdienst eingezogen wird«...

Quelle: Südwest Presse vom 23. 9. 1991

Aufgabe:
Ist die Einführung einer Berufsarmee das geeignete Wehrsystem, um die Wehrgerechtigkeit zu gewährleisten?

F 11 Das Wehrsystem der Zukunft

Das Wehrsystem der Zukunft muß ein duales sein: Eine professionelle Armee, zusammengesetzt aus Berufssoldaten und »Zeitfreiwilligen«, sowie eine Miliz der Heimatverteidigung, bestehend aus ehemaligen Angehörigen der Berufsarmee und aus jungen Männern, die aus Neigung und wegen materieller Anreize Aufgaben erfüllen, die jenen des heutigen Territorialheeres ähneln. Man sollte sich, durch die Beibehaltung der Wehrerfassung und die gesetzlich entsprechend formulierte Festschreibung einer Wehrpflicht, nicht der Möglichkeit begeben, in einer existenzbedrohenden Situation auch wieder Wehrpflichtige einberufen zu können. Es gibt genug Modelle in der westlichen Welt, zum Beispiel das amerikanische System der aktiven Armee, der Reservisten und der Nationalgarde. Notabene, ein solches System ist kein Wundermittel für die Kürzung des Verteidigungsetats um 50 Prozent oder sogar mehr. Eine Berufsarmee ist in manchem kostengünstiger, in manchem teurer als die Wehrpflicht-Streitmacht. Milliarden-Einsparungen gibt es vor allem bei der Verkleinerung der Truppe und der Abrüstung großer Waffensysteme. Aber auch hier hat eine professionelle Armee einen Vorteil: Sie kann, dem Grad ihrer militärischen Effizienz entsprechend, kleiner sein als jede Wehrpflicht-Armee.

Eines brächte die Einführung der Berufsarmee aber notwendigerweise mit sich. Dem derzeit so dringend benötigten zivilen Ersatzdienst würde mit der Abschaffung der Wehrpflicht die gesetzliche Grundlage entzogen. Hier müßten Milliarden investiert werden, um die »billigen« Ersatzdienstleistenden durch gewerbliche Arbeitnehmer zu substituieren. Kann die Bundesrepublik sich aber auf Dauer wirklich den Luxus der derzeitigen Situation leisten, daß der Wehrdienst nur deswegen bestehen bleibt, weil man auf den Ersatzdienst glaubt nicht verzichten zu können?

Quelle: Kister, Kurt/Klein, Paul: Keine Zukunft für die Wehrpflicht? In: Klein, Paul (Hrsg.): Wehrpflicht und Wehrpflichtige heute, Baden-Baden 1991, S. 127

Aufgabe:
Nehmen Sie zu den Ausführungen Stellung.

F 12 Pflichtjahr für Frauen

Argumentationskatalog Pro und Contra

Pro	Contra
• *Gleichstellung von Mann und Frau hinsichtlich der Wehrpflicht* • *Gleichheitsgrundsatz: Argumentation mit dem Verfassungsrecht* • *Beseitigung der Wehrungerechtigkeit* • *Linderung der Jugendarbeitslosigkeit vor allem in der Ex-DDR* • *Umschichtungen vom militärischen Bereich auf die sozialen Bereiche* • *Mehr junge Menschen für soziale Berufe gewinnen* • *Überalterung unserer Gesellschaft hat vielfältige soziale Aufgaben zur Folge* • *Unermeßlich hohe Pflegekosten, die keiner mehr bezahlen kann* • *Sozialer Frieden in Deutschland muß gesichert werden.* • *Soziale Dienste entsprechen der weiblichen Veranlagung.* • *Kostengünstiger Weg zur Umgehung des Tiefs im sozialen System* • *Es besteht die Chance, daß die Arbeitslosenquote sinkt.*	• *Frauen leisten durch Kindererziehung und Familienversorgung ohnehin ihren sozialen Beitrag.* • *Durch die Belastungen haben Frauen Nachteile in Bildung und Beruf.* • *90 % aller Pflegebedürftigen werden jetzt schon von Frauen zu Hause fürsorglich betreut.* • *Mängel im sozialen System kaschieren – auf dem Rücken der jungen Frauen für ein Almosen* • *Schon in der Nachkriegszeit waren Frauen die Lückenbüßer und Retter der Nation.* • *Verschiebung von Qualität zur Quantität im sozialen Dienst* • *Der Platz am Krankenbett ist nicht der richtige Ort, humane Fähigkeiten zu erlernen, wo schon Elternhaus, Schule und Medien versagt haben.* • *Menschliche Zuwendung läßt sich nicht durch Zwang verordnen.* • *Pflege wird dadurch abgewertet.* • *Gering qualifizierte Arbeitskräfte sind Lohndrücker.*

F 13 Zur Diskussion gestellt

Kommission empfiehlt: Frauen zur Armee

Hamburg. (dpa) Die von der Bundesregierung eingesetzte Expertenkommission für die künftigen Aufgaben der Bundeswehr hat sich für den Einsatz von Frauen in den Streitkräften »über den Sanitätsdienst hinaus« ausgesprochen. In ihrem Abschlußbericht, der an diesem Dienstag Bundeskanzler Helmut Kohl übergeben wird, plädiert das Gremium zugleich dafür, die Aufstellung einer Freiwilligen-Armee ernsthaft zu prüfen, falls die Bundeswehr künftig noch unter die für 1994 vorgesehene Zahl von 370000 Mann schrumpfen sollte. Mittelfristig empfiehlt die Kommission jedoch, an der allgemeinen Wehrpflicht mit einem zwölfmonatigen Grunddienst festzuhalten. Die Bundesregierung sollte prüfen, ob jungen Männern die Wehr-, Ersatzdienst- oder einen anderen Dienst leisten, zeitlich begrenzte Steuervorteile eingeräumt werden können. Befürwortet wird von der unabhängigen Expertenkommission auch ein künftiger Einsatz der Bundeswehr im Rahmen der NATO, in zukünftigen europäischen Sicherheitsstrukturen sowie im Rahmen der Vereinten Nationen.

Quelle: Reutlinger Generalanzeiger vom 24. 9. 1991

Aufgaben:
1. Nehmen Sie zum Einsatz von Frauen in den Streitkräften Stellung.
2. Die Kommission empfiehlt, die Aufstellung einer Berufsarmee zu überprüfen. Gleichzeitig wird jedoch gesagt, an der Wehrpflicht solle festgehalten werden. Liegt hierin ein Widerspruch?

F 14 Ein Blick ins Nachbarland Frankreich

F 14/1 Franzosen drücken sich vor Wehrdienst

Viele Möglichkeiten, dem Militär zu entgehen

Von Uwe Karsten Petersen

Im Vorjahr wurde jeder vierte gemusterte Franzose nicht zum Waffendienst in die Kaserne gerufen. Familienernährer, Waisenkinder und Betriebsinhaber brauchten nicht zum zwölfmonatigen Wehrdienst antreten. Knapp 100000 Männer wurden aus gesundheitlichen Gründen vom Wehrdienst befreit. Die Hälfte von ihnen hätte jedoch auf weniger anstrengenden Militärposten (Schreibstuben, Küche und dergleichen) eingesetzt werden können, heißt es bei den Fachleuten.

Ein beachtlicher Teil der den Fahnen entronnenen Franzosen hat das Abitur. Viele dürften aufgrund von »guten Beziehungen« dem Kasernenalltag entgangen sein, mutmaßen Politiker und Militärs.

Für hochschuldiplomierte Franzosen gibt es verlockende Möglichkeiten zur Ableistung eines Wehrdienstes besonderer Art. Sie können als Entwicklungshelfer in die Dritte Welt geschickt werden. Jungmediziner zieht es bevorzugt in die Südsee und zu den sonstigen überseeischen Departements Frankreichs.

Wissenschaftler und Lehrer können sich im Ausland fortbilden. Ingenieure und diplomierte Kaufleute dürfen in den Auslandsfilialen von einheimischen Unternehmen auf die erste Stufe ihrer Karriereleiter treten. Auf diese Weise soll das traditionelle Minus in der französischen Außenhandelsbilanz verringert werden, begründet die Regierung diese Form des Wehrdienstes. Sie hat jedoch das Pech, daß die Minuszahlen unverändert nicht schrumpfen.

Der Dienst bei Gendarmerie, Feuerwehr oder Polizei erspart ebenfalls den unbeliebten Einzug in die Kaserne. Eine weitere Ausweichmöglichkeit bietet der Zivilschutz.

Quelle: Westfalenpost vom 2. 11. 1989

Aufgabe:
Fassen Sie die Möglichkeiten zusammen, in Frankreich den normalen Wehrdienst zu umgehen.

F 14/2 Die verschiedenen Wehrdienstformen in Frankreich

In einem Zeitungsbeitrag äußert sich General Pierre Morisot zu den verschiedenen Wehrdienstformen in Frankreich, welche der Wehrgerechtigkeit zuwiderlaufen. Er schreibt u. a.:

... Zivile Wehrdienstformen (Entwicklungshilfe, Polizei, Verweigerer), pseudomilitärische Formen (Wissenschaftliche Dienste, Sportler) oder paramilitärische Formen (Gendarmerie, Feuerwehrleute), werden oft höher angesehen als der normale Dienst. Diese Dienste machen zwar im ganzen einen geringen Prozentsatz aus (weniger als 10%). Sie sind aber eine sehr starke soziale und intellektuelle Schnittstelle. Ihnen haftet ein unleugbarer Effekt der Eliteauswahl an...

Quelle: Le Figaro vom 20. 6. 1989 (ins Deutsche übersetzt)

F 14/3 Wehrgerechtigkeit

... Die aktive Truppe hat sich an einen Überfluß von Wehrpflichtigen gewöhnt. Dieser Luxus führt dazu, nur die zu nehmen, die von vornherein geeignet und auch willig erscheinen. Wollte man die großzügige Handhabung der Freistellung ... aber abbauen, so müßte man die Bedingungen des Dienstes verbessern, um sich nicht in Gestalt derjenigen, die das System bisher verschonte, disziplinare Probleme einzuhandeln.

Um möglichst viele Wehrpflichtige einberufen zu können, hat man in den letzten Jahren die Formen des Wehrdienstes stark variiert. Das bedeutet, daß diejenigen, die gut informiert sind, sich häufig eine angenehme Form des Dienstes heraussuchen können.

Die Formen des Wehrdienstes reichen zwischenzeitlich auch in Bereiche hinein, die mit der Verteidigung nur noch wenig zu tun haben. Dies wirft die Frage auf, ob es noch gerechtfertigt ist, nur Männer einzuziehen, oder ob im Sinne der Gleichbehandlung der Geschlechter nicht auch junge Frauen einen Dienst ableisten sollten.

Quelle: Gentric, Alain: Die Bevölkerungsentwicklung und ihre Folgen für die französischen Streitkräfte, in: Klein, Paul (Hrsg.): La sensibilité des Armées à l'évolution de la societé en France..., München 1989, S. 315ff.

Aufgabe:
Warum gibt es in Frankreich Probleme mit der Wehrgerechtigkeit?

F 15   4 + 4

richtig   falsch

1. Jeder junge Mann muß Wehrdienst leisten.
2. Auch Frauen leisten Zivildienst.
3. In verschiedenen Ländern Europas gibt es eine Wehrungerechtigkeit.
4. Die Einführung einer allgemeinen Dienstpflicht würde bedeuten, zwischen verschiedenen Diensten auswählen zu können.
5. Es gibt in Deutschland und in anderen Ländern Diskussionen über die Beibehaltung der Wehrpflicht.
6. In Frankreich ist es sehr schwierig, die Wehrpflicht zu umgehen.
7. In der Schweiz gibt es eine Wehrersatzsteuer.
8. In Österreich gibt es eine allgemeine Dienstpflicht.

Aufgabe:
Ordnen Sie die Aussagen den Kategorien »richtig« oder »falsch« zu.

F 16 Memory

Zu den Themen Wehrgerechtigkeit, Frauen in den Streitkräften, allgemeine Dienstpflicht

Verkürzung des Wehrdienstes 1	Schweiz 2	Frankreich 3	Wehrgerechtigkeit 4
Einsatz von Frauen in den Streitkräften 10			Allgemeine Dienstpflicht 5
Berufsarmee 9	Losverfahren 8	Wehrsteuer 7	Beibehaltung der Wehrpflicht 6

a Ein großes Problem angesichts verminderter Truppenstärken
b In diesem Land laufen verschiedene Wehrdienstformen der Wehrgerechtigkeit zuwider.
c Wer wenig Geld hat, wäre benachteiligt.
d Im Zuge der Gleichberechtigung wird darüber nachgedacht.
e Eine Möglichkeit, um mehr Wehrpflichtige einzuziehen
f Umstrittenes Verfahren, bei dem es auf den Zufall ankommt
g Möglichkeit, die die Wahl zwischen verschiedenen Diensten läßt
h Die Wehrgerechtigkeit wird dabei zu einem Problem.
i Möglichkeit, die mit der Wehrpflicht zusammenhängenden Folgeprobleme zu beseitigen; Soldaten dienen als Freiwillige länger.
j Hier gibt es eine Wehrersatzsteuer.

Aufgabe:
Ordnen Sie zu.

Baustein G Ergebniszusammenfassung

Unterrichtspraktische Anregungen und Empfehlungen

G 1 bis G 3 sind Ergebniszusammenfassungen der in den Bausteinen A bis F behandelten Inhalte. Bei G 1 geht es darum, die angefangenen Sätze zu vervollständigen. Methodisch kann dabei in unterschiedlicher Weise vorgegangen werden. Der Lehrer liest die angefangenen Sätze vor, die Schüler müssen rasch ergänzen. Eine andere Möglichkeit ist, zwei Schülern das Blatt G 1 zu geben. Die Ergänzungen werden dann paarweise vorgenommen. Anschließend erfolgt ein Vergleich im Plenum. Selbstverständlich ist auch eine Einzelbearbeitung möglich.

Einen gewissen Aufwand erfordert das Textpuzzle G 2. Der Lehrer schreibt jedes der 38 Wörter auf eine einzelne Karteikarte. Für die Textzusammensetzung werden dann drei oder vier Gruppen gebildet. Jede Gruppe erhält einen Satz mit 38 Karteikarten. Aufgabe ist es, die 38 Wörter zu dem in G 2 genannten Satz zusammenzusetzen. Anschließend erfolgt die Präsentation der Lösung im Plenum.

Abschlußtest G 3 ist eine Wissensüberprüfung.

G 1 Blitzantworten
Satzergänzungen
Abschluß der Unterrichtsbausteine

1. Wehrpflichtig ist ...
2. Zivildienst ist ...
3. Der Zivildienst in Deutschland dauert ...
4. Der Grundwehrdienst in Deutschland dauert ...
5. Zum Wehrdienst kommen noch ...
6. Der Zivildienst in Frankreich dauert ...
7. In der Schweiz gibt es einen Zivildienst seit ...
8. Die Armee Großbritanniens ist ...
9. Die Armee der Schweiz ist ...
10. Der Unterschied zwischen Wehrpflichtigen und Zeitsoldaten besteht darin, daß ...
11. Wer den Wehrdienst verweigert, muß ...

12. Der Zivildienst ist ein Ersatzdienst, weil...
13. Für eine Berufsarmee spricht...
14. Für eine Wehrpflichtarmee spricht...
15. Unter allgemeiner Dienstpflicht versteht man...
16. Der Kriegsdienst mit Waffen für Frauen ist...
17. Der Einsatz im Zivildienst erfolgt vor allem...
18. Der Wehrbeauftragte des Deutschen Bundestages...
19. Das Bundesverfassungsgericht meint zur Dauer des Zivildienstes...
20. Die Streitkräfte in den verschiedenen europäischen Ländern haben die Aufgabe...
21. Die Bundeswehr darf laut Grundgesetz nicht...
22. In Österreich dauert der Wehrdienst...
23. Die Zivildienstleistenden in Österreich heißen auch...
24. In Frankreich gibt es mehrere Möglichkeiten...
25. Eine Wehrersatzsteuer gibt es...

G 2 Textpuzzle
Lernspiel zum Abschluß der Bausteine

Während die Ableistung des Wehrdienstes die primäre Form der Erfüllung der Wehrpflicht ist, handelt es sich beim zivilen Ersatzdienst um den Dienst eines Wehrpflichtigen, der sich aufgrund des Rechts auf Kriegsdienstverweigerung aus Gewissensgründen gegen den Wehrdienst entschieden hat.

G 3 Abschlußtest

1. In welchen beiden Formen kann in Deutschland die Wehrpflicht erfüllt werden?
2. Erläutern Sie, warum die Kriegsdienstverweigerung in den meisten europäischen Ländern keine freie Alternative ist, sondern besonders begründet werden muß.
3. Nennen Sie mindestens jeweils drei Argumente für eine Berufsarmee und für eine Wehrpflichtarmee.
4. Die Einführung einer allgemeinen Dienstpflicht wird in mehreren Ländern diskutiert. Auch die Frauen könnten dabei herangezogen werden. Nennen Sie mindestens jeweils zwei Argumente, die für und gegen die Einbindung von Frauen in eine allgemeine Dienstpflicht sprechen.
5. Finden Sie den richtigen Oberbegriff zu folgenden Begriffen:

Rekrut, 12 Monate, Dienstalltag, Manöver, Grundausbildung, Wehrpflicht
Der Oberbegriff lautet _____

6. Es gibt verschiedene Wege, um die Wehrungerechtigkeit zu beseitigen oder abzumildern. In der Auflistung sind zwei solcher möglichen Maßnahmen enthalten. Bitte kreuzen Sie an.
   - ☐ Verlängerung der Grundwehrdienstdauer
   - ☐ Einführung einer Berufsarmee
   - ☐ Verringerung der Truppenstärken
   - ☐ Einführung einer allgemeinen Dienstpflicht
7. Die Akzeptanz der Bevölkerung gegenüber den Streitkräften hat nachgelassen. Geben Sie für diese Entwicklung eine Erklärung.
8. Nennen und erläutern Sie zwei verschiedene mögliche Motive von Kriegsdienstverweigerern.
9. Zivildienstleistende sind vorrangig in _____ Bereichen tätig.
10. Warum gibt es in Frankreich weniger Zivildienstleistende als in Deutschland? Versuchen Sie, eine Erklärung zu finden.
11. Der einzige EU-Staat, in dem es keinen Zivildienst gibt, ist _____
12. Ab 1994 gibt es in _____ einen Zivildienst.
13. Erklären Sie den Unterschied zwischen Wehrpflicht und Grundwehrdienst.
14. Nur vier der nachfolgenden acht Behauptungen sind richtig. Kreuzen Sie die richtigen Sätze an.

   a ☐ Mehrere Staaten in Europa haben eine Berufsarmee.
   b ☐ In Österreich gibt es keine Wehrpflicht, da Österreich ein neutrales Land ist.
   c ☐ Die allgemeine Dienstpflicht ist in Europa weit verbreitet.
   d ☐ In Frankreich gibt es zahlreiche Möglichkeiten, den Wehrdienst abzuleisten.
   e ☐ Die Akzeptanz des Zivildienstes sank in den letzten Jahren.
   f ☐ Der Zivildienst dauert in den meisten europäischen Ländern länger als der Grundwehrdienst.
   g ☐ Nur in wenigen europäischen Ländern gibt es eine Wehrungerechtigkeit.
   h ☐ Der Zivildienst ist in den meisten europäischen Staaten kein alternativer Dienst zum Wehrdienst, sondern vielmehr ein Ersatzdienst.

Anhang

Dokumenten- und Literaturverzeichnis

Aus Platzgründen wurden in diesem Verzeichnis diejenigen Quellen weggelassen, welche bereits im Text- und Materialteil vollständig identifizierbar sind. Pressequellen werden im Anhang gesondert aufgeführt.

ABC der Militärverweigerung in der Schweiz, hrsg. von der Beratungsstelle für Militärverweigerer, Zürich 1990
amnesty-international, Info London (Periodikum)
amnesty-international, Info External London (Periodikum)
amnesty-international: Kriegsdienstverweigerung aus Gewissensgründen, London, Januar 1991 (Übersetzung)
Allgemeine Schweizer Militärzeitschrift
Archiv der Gegenwart (laufend ergänzte Chronologie)
Auvray, Michel: Rapport sur le service national, in: Damocles Nr. 43/1990, S. 21-24
Bailer-Galanda, Brigitte: Information der Gesellschaft für politische Aufklärung (Periodikum)
Becker, Johannes M.: Das Ende des militärischen Flirts?, in: Deutsch-Französisches Institut (Hrsg.), Frankreich-Jahrbuch 1991, Opladen 1991, S. 219-224
Beutel, Joachim: Die Verwaltungsdienste in den niederländischen Streitkräften, in: Bundeswehrverwaltung 5/1990, S. 106-114
Biesemans, Sam: Belgien schafft die Wehrpflicht ab – werden andere Länder folgen?, in: 4/3, Fachzeitschrift zu Kriegsdienstverweigerung, Wehrdienst und Zivildienst, 1992, S. 133f.
Birckenbach, Hanne-Margret: Mit schlechtem Gewissen – Wehrdienstbereitschaft von Jugendlichen, Baden-Baden 1985
Birckenbach, Hanne-Margret: »Mit schlechtem Gewissen zum Wehrdienst?« Zur Wehrdienstbereitschaft von Jugendlichen, in: Arbeitsgemeinschaft für Wehrpflichtige (Hrsg.): Dokumentation zur Tagung »Zum Dienst des Soldaten in der heutigen Gesellschaft« (Gustav-Stresemann-Institut, März 1989), Düsseldorf 1989, S. 16-19
Bollardt, Gerhard: Nach Schweizer Muster, in: Wochenpresse, 12. 1. 1990, S. 18-19
Bouleau, Lucien: Kriegsdienstverweigerung und Zivildienst in Frankreich, in: wub – was uns betrifft, 2/1990, S. 11
Brecht, Hans-Theo: Kriegsdienstverweigerung und Zivildienst, München 1987
Bronisch, Gerhard: Zum Dienst des Soldaten in der heutigen Gesellschaft, in: Arbeitsgemeinschaft für Wehrpflichtige (Hrsg.): Dokumentation zur gleichlautenden Tagung des Gustav-Stresemann-Instituts vom März 1989, Düsseldorf 1989, S. 12-15

Buchbender, Ortwin/Bühl, Hartmut/Quaden, Heinrich: Sicherheit und Frieden, Herford 1987

Bundesministerium für Landesverteidigung: Arbeitsübereinkommen der Bundesregierung für die XVII. Gesetzgebungsperiode, Bereich Landesverteidigung, Wien 1991

Bundesministerium für Landesverteidigung, Bundesheerreform HG-NEU, Wien 1992 (Kurzinformation)

Bundesvereinigung der Milizverbände, Informationsbroschüre, Wien 11/1987

Centre Jeunesse Défense, les obligations de milice, Informationsbroschüre, Brüssel 1990

Döpfner, Mathias: Das Versuchslabor Europas, in: FAZ vom 11. 4. 1992

Drexler, German: »Qualifikation« als Mittel zur Motivierung im Wehrdienst, in: Klein, Paul (Hrsg.): Wehrpflicht und Wehrpflichtige heute, Baden-Baden 1991, S. 103–123

Dubs, Rolf: Militärische Ausbildung – wohin?, in: Neue Zürcher Zeitung vom 6. 3. 1993

EAK-Dokumentation, Evangelische Arbeitsgemeinschaft zur Betreuung der Kriegsdienstverweigerer/EAK (Hrsg.): Europäische Kirchen und Militärdienstverweigerung aus Gewissensgründen, Tagungsdokumentation, Reihe EAK-Kongreßdokumentationen Nr. 8, Bremen 1990

Eneau, Bernard: Le service civil aujourd'hui, in: Service civil et Développement de la vie associative, Lyon vom 18. 5. 1989, S. 69–71

Eschler, Stephan: Kriegsdienstverweigerung und Zivildienst in Ostdeutschland, in: 4/3, Fachzeitschrift zu Kriegsdienstverweigerung, Wehrdienst und Zivildienst, 1992, S. 10–12

Fernau, Heribert: Militärische Sicherheitspolitik unter Reformdruck, in: Truppendienst, 1990, S. 313–316

Gasteyger, Curt: Richtlinien einer künftigen Sicherheitspolitik, in: Neue Zürcher Zeitung vom 22. 5. 1990

Gasteyger, Curt: Ein gesamteuropäisches Sicherheitssystem, in: Europa-Archiv 1992, S. 475–482

Geissler, Beat M.: Motiviert, Herr Offizier? Beiheft zur Allgemeinen Schweizerischen Militärzeitschrift, Nr. 7/8, 1990

Hallerbach, Rolf: Belgien im Wettlauf um »Friedensdividende«, in: Europäische Wehrkunde 1990, S. 166f.

Haltiner, Karl: Struktur, Tradition und Integration der schweizerischen Miliz, in: Sicherheit und Frieden, 1986, S. 126–133

Harrer, Manfred u.a.: Zivildienstgesetz, Kommentar mit ergänzenden Vorschriften, Leverkusen 1986

Heer, Die Truppenzeitschrift

Heinemann, Winfried: »Die Schweiz ist eine Armee«, in: Wehrausbildung, 1988, S. 299–301

Hessel, Friedrich: Gedanken zur Reformdiskussion um das Bundesheer, in: Truppendienst, 1990, S. 309f.

IAP-Dienst Sicherheitspolitik (Periodikum)

Jäger, Uli: Was Jugendliche über Kriegsdienstverweigerung, Wehr- und

Zivildienst denken, in: 4/3, Fachzeitschrift zu Kriegsdienstverweigerung, Wehrdienst und Zivildienst, 1992, S. 88–91
Jahresbericht 1989, Deutscher Bundestag, Unterrichtung durch den Wehrbeauftragten, Drucksache 11/6522
Jahresbericht 1990, Deutscher Bundestag, Unterrichtung durch den Wehrbeauftragten, Drucksache 12/230
Jahresbericht 1991, Deutscher Bundestag, Unterrichtung durch den Wehrbeauftragten, Drucksache 12/2200
Kägi, Erich: Bürger und Soldat, in: Bühl, Hartmut/Vogel, Friedrich (Hrsg.): Wehrdienst aus Gewissensgründen, Herford und Bonn 1987, S. 283–292
Klein, Paul: Wertewandel und Folgen für den Dienst des Soldaten, in: Arbeitsgemeinschaft für Wehrpflichtige (Hrsg.): Dokumentation zur Tagung »Zum Dienst des Soldaten in der heutigen Gesellschaft« (Gustav-Stresemann-Institut, März 1989), Düsseldorf 1989, S. 20f.
Kranebitter, Peter: Die Verweigerer, Wien 1989
Lapins, Wulf-W.: Die Bundeswehr vor neuen Aufgaben und Herausforderungen, in: Aus Politik und Zeitgeschichte B 13/1992, 20. 3. 1992, S. 37–46
Lapp, Peter Joachim: Ein Staat – eine Armee, von der NVA zur Bundeswehr, in: Forum Deutsche Einheit Nr. 9, hrsg. von der Friedrich-Ebert-Stiftung, Bonn 1992
Leimbacher, Urs: Die Diskussion um die Abschaffung der Schweizer Armee, in: Heisenberg, Wolfgang/Lutz, Dieter S. (Hrsg.): Sicherheitspolitik kontrovers, Schriftenreihe der Bundeszentrale für politische Bildung, Bd. 290/II, S. 260–272
Lingens, Peter Michael: An ein Heer muß man glauben, in: Wochenpresse vom 12. 1. 1990, S. 20f.
Lingens, Peter Michael: Marizzis teures Heer, in: Wochenpresse vom 23. 2. 1990, S. 6f.
Lippert, Ekkehard: Funktionserweiterung der Streitkräfte, in: Information für die Truppe, 7/1991, S. 40f.
Loch, Kaspar: Die neuen Feinde sieht man nicht, in: Politik und Wirtschaft vom 16. 5. 1990
Mayer, Walter: Zur neuen Heeresgliederung, in: Truppendienst, 1992, S. 443–447
Molina, Miguel A.: L'Objection de Conscience dans l'Etat Espagnol, in: Le Journal des Objecteurs, Mai 1991, S. 14–16
Naumann, Klaus: Den Wandel annehmen, in: Der Mittler-Brief, Informationsdienst zur Sicherheitspolitik, 1/1992, S. 1–8
Ortner, Christian S.: Österreich braucht keine Armee, in: Wochenpresse vom 12. 1. 1990, S. 22f.
Philipps, Fritz: Armee und Nation, in: Dokumente, 4/1988, S. 280–286
Picht, Robert, Frankreich 1990/91, Rolle und Rang in einer veränderten Welt, in: Deutsch-Französisches Institut (Hrsg.): Frankreich-Jahrbuch 1991, Opladen 1991, S. 9–31
Pilz, Peter: Die militärische Landesverteidigung ist am Ende, in: Der Standard vom 4. 4. 1990

Raichle, Ulrich: Zivildienst – Entwicklung und soziale Bedeutung, Stuttgart 1992 (zugleich. Diss. Tübingen 1992)

Reeb, Hans-Joachim: Bundeswehr – wozu? Reihe Deutschland-Report der Konrad-Adenauer-Stiftung, Nr. 16, St. Augustin 1992

The right to refuse to kill, bureau européen de l'objection de conscience (Hrsg.), Brüssel, Juli 1990 (Periodikum)

Sag Nein (Periodikum)

Schmidlin, Gabriella: Warten auf Umstrukturierung, in: Forum, 3/1990, S. 35–37

Schubert, Ralf: »Die Gewissensbeschwerder«, in: Der Zivildienst, 1/2/1986, S. 28–32

Schürnbrand, Boris/Zilly, Dietrich: Verbesserung der Betreuung im Zivildienst, Horgenzell 1993 (Umfrage von 1992)

Le Service Civil Aujourd'hui, Info Nr. 18/1989 du CCSC/Comité de coordination pour le service civil, Evry 1989

Sicherheit und Frieden, Vierteljahresschrift

Spannocchi, Emil: Plädoyer für eine zeitgemäße Umrüstung, in: Der Standard vom 4. 4. 1990

Vereniging Dienstweigeraars, Amsterdam, Information Juni 1991

Voigt, Stefan: Wehrdienstverweigerung à la française, in: Dokumente, 1/1984, S. 54f.

Wehling, Hans-Georg: Konsens à la Beutelsbach? in: Schiele, Siegfried/Schneider, Herbert (Hrsg.): Das Konsensproblem in der politischen Bildung, Stuttgart 1977, S. 173–184

Wehling, Hans-Georg: Zehn Jahre Beutelsbacher Konsens – Eine Nachlese, in: Schiele, Siegfried/Schneider, Herbert (Hrsg.): Konsens und Dissens in der politischen Bildung, Stuttgart 1987, S. 198–204

wub – was uns betrifft, Zeitschrift für Kriegsdienstverweigerer und Zivildienstleistende

Zeitschrift für Antimilitarismus

Der Zivildienst, hrsg. vom Bundesamt für den Zivildienst (Zeitschrift)

Tages- und Wochenpresse inkl. Abkürzungen

Abendzeitung München
Algemeen Dagblad – Rotterdam
Badische Neueste Nachrichten
Basler Zeitung
Darmstädter Echo
FAZ/Frankfurter Allgemeine Zeitung
Le Figaro – Paris
FR/Frankfurter Rundschau
The Greek American
HNA/Hessische Niedersächsische Allgemeine
Hannoversche Allgemeine Zeitung
Heilbronner Stimme
Libération – Paris
Mannheimer Morgen
Le Monde – Paris
Neue Presse Hannover
NZZ/Neue Zürcher Zeitung
Die Presse – Wien
profil – Wien
Reutlinger Generalanzeiger
Rheinischer Merkur
Rheinpfalz
Die Schweizer Woche
Siegener Zeitung
Le Soir – Brüssel
Der Spiegel
Der Standard – Wien
Stern
Stuttgarter Nachrichten
Stuttgarter Zeitung
Südkurier
SWP/Südwest Presse
SZ/Süddeutsche Zeitung
Der Tagesspiegel
Die Tageszeitung
WAZ/Westdeutsche Allgemeine Zeitung
Die Welt
Westfalenpost
Wochenpresse – Wien
Die Zeit

Ausgewählte Adressen

Dokumentations- und Fachinformationszentrum der Bundeswehr, Friedrich-Ebert-Allee 34, 53113 Bonn
Streitkräfteamt, Postfach 1140, 53333 Meckenheim
Sozialwissenschaftliches Institut der Bundeswehr, Winzererstr. 52, 80797 München
Zentralbibliothek der Bundeswehr, Uerdinger Str. 50, 40474 Düsseldorf
Deutsche Friedensgesellschaft – Vereinigte Kriegsdienstgegner, Schwanenstr. 16, 42551 Velbert
Bundesamt für den Zivildienst, 50964 Köln
Evangelische Arbeitsgemeinschaft zur Betreuung von Kriegsdienstverweigerern (EAK), Carl-Schutz-Str. 17, 28209 Bremen
Selbstorganisation der Zivildienstleistenden, Vogelsbergstr. 17, 60316 Frankfurt
Katholische Arbeitsgemeinschaft für Kriegsdienstverweigerung und Zivildienst (KAK), Mühlheimer Ufer 1, 51063 Köln
Zentralstelle für Recht und Schutz der Kriegsdienstverweigerer aus Gewissensgründen e.V., Dammweg 20, 28211 Bremen
Centre Jeunesse Défense, Rue Joseph II, 114, B-1040 Bruxelles
Mouvement des Objecteurs de Conscience, 24, rue Crémieux, F-75012 Paris
Movimento Nonviolento, CP 201, I-06100 Perugia
Vereniging Dienstweigeraars, Postbus 4802, NL-1009 AV Amsterdam
Schweizer Militärverweigerer-Vereinigung, Postfach 2, CH-3000 Bern 11
Arbeitsgemeinschaft für Wehrdienstverweigerung und Gewaltfreiheit, Schottengasse 3A/1/4/59, A-1010 Wien
Thanasis Reppas, Rechtsanwalt, 10 Lykourgou St., GR-10551 Athen
MOC, San Cosme y San Damian, 24-2, E-28012 Madrid
Centre de Documentation et de Recherche sur la Paix et les Conflits, B.P. 1027, F-69201 Lyon Cedex 01
Service d'Information et de relations publiques des Armées 19, bd. Latour-Maubourg, F-75326 Paris
amnesty international, 53108 Bonn
Clearing-Stelle KDV, amnesty international, Achtermannstr. 24, 48143 Münster
amnesty international, 1 Easton Street, GB-London WC 1 X 8DJ
War Resisters International, 55 Dawes Street, GB-London SE 17 1EL
European Bureau for Conscientious Objection, 35 rue van Elewijck, B-1050 Brussels
Europarat, BP 431 R 6, F-67006 Strasbourg Cedex
European Parliament, Tower bldg. 138, L-2929 Luxembourg
Die Adressen der ausländischen Botschaften in der Bundesrepublik sind zu erfahren beim Auswärtigen Amt, Adenauerallee 99–103, 53113 Bonn
Die Adressen der Verteidigungsministerien der europäischen Staaten sind zu erfragen beim Bundesministerium der Verteidigung, Hardthöhe, 53125 Bonn